o2

张远山作品集

人文动物园
人类素描

北京出版集团
北京出版社

本卷总目

人文动物园

张　伟／木刻插画

本书说明

《人文动物园》所收动物小品100篇，选自1993年至1999年所写大量动物小品。这些动物小品发表、转载于全国上百家报刊，入选多种散文选本、杂文选本，中小学语文考卷经常选用。

《张远山作品集》之前，《人文动物园》有六种版本。上海文化出版社1999年7月第1版，2001年2月第2版，入选教育部"中学生课外读物100种"。少年儿童出版社2006年8月第3版，入选教育部"捐赠贫困地区中小学优秀课外读物计划"，作者放弃捐赠之书版税。台湾海鸽出版社2002年3月出版上册50篇，书名《人文动物园》；2002年6月出版下册50篇，书名《动物的寓言》。美国亚马逊网站2016年以后另有限量定制版。

本次收入《张远山作品集》，文字略有修订，小异以往各版。100篇分为十类，每类10篇，异于以往各版。张伟木刻插画20幅，异于以往各版。

目 录

四

羽族（下）

五

水族

没有故事的寓言

伊索寓言，故事丰满而寓意浅显，而且有一条说教的尾巴。先秦诸子寓言，故事贫瘠而寓意深刻，尽管没有说教的尾巴，但也是说教的。可见，中外传统寓言尽管略有差异，但都具备两大要素：故事和说教。按理，我应该在借鉴中外两种不同寓言的基础上，创作一种兼具两者之长而去两者之短的新寓言，比如有伊索式丰满叙事而放弃说教性尾巴，有庄子式深刻而避免故事的简陋。然而，我的寓言没有故事。

我的寓言与传统寓言的最大不同，不是没有故事，而是没有说教。对传统寓言来说，讲故事不是目的，用故事来说教才是目的。寓言的全盛时代还没有小说，因此寓言的微型叙事，满足了人类爱听故事的固有愿望。故事是糖衣，说教则是糖衣下的药丸。我不卖说教的药丸，所以不需要故事的糖衣。现代读者倘若热衷故事，不妨去读小说。

没有故事的纯粹说教是可能的，没有说教的大型故事（比如小说）也是可能的，而且往往是成功的。然而没有说教的微型寓言故事，却是不可能的，因为读者无法理解，作者为何偏偏要讲这个小故事，而非另外的小故事？

有说教的大型故事（比如小说）也是可能的，但一定是失败的，因为大型故事的丰富性，必将挣脱说教的简单性。丰满多歧的故事，必然颠覆任何说教。

我的动物寓言与传统寓言，毕竟也有相通之处，那就是拟人。动物寓言可以不讲故事，可以拒绝说教，但是必须拟人。只要拟人，就是寓言。

1997年11月3日

虫类（上）

蝴蝶

蝴蝶轻飏，她是生命的灵魂。

蝴蝶美丽，她是天堂的花朵。

"踏花归去马蹄香"，蝴蝶是生命的坐骑。

"霓为衣兮风为马"，蝴蝶是灵魂的羽翼。

"穿花蛱蝶深深见，点水蜻蜓款款飞"，蝴蝶是爱情的信使。

"庄生晓梦迷蝴蝶，望帝春心托杜鹃"，蝴蝶是智慧的物化。

当初大地上生命稀少，但大部分生命都有灵魂，他们的灵魂轻扬而美丽，于是天空中蝴蝶翻飞如彩霞。

如今大地上生命拥挤，但大部分生命没有灵魂，他们的肉体滞重而丑陋，于是天空中蝴蝶寥落如晨星。

珍惜生命的人们，爱护蝴蝶吧！珍惜灵魂的人们，爱护蝴蝶吧！

因为爱护蝴蝶，就是爱护生命；因为爱护蝴蝶，就是爱护灵魂。

当我们肉身死去，灵魂就会飞升，进入天堂，开满上帝的花园。

蜗牛

世上最自卑的就数蜗牛了，他终生背着巨大的罪恶感。

世上最自负的就数蜗牛了，他终生负着沉重的纪念碑。

蜗牛是悲观主义者，因此带着房子旅行。他疑心，没人愿意与自己分享卧榻。

蜗牛是乐观主义者，因此带着房子走路。他相信，到处都是阳光灿烂的家园。

蜗牛心情忧郁，在走过的地方留下隐约可辨的印迹。他想隐瞒过去的出身，过去的卑微。

蜗牛心胸坦荡，为过去的行迹涂上清晰可辨的光环。他不隐瞒走过的弯路，犯过的错误。

蜗牛就是如此矛盾。

因为蜗牛就是芸芸大众。蜗牛从来都是奴隶，是餐桌上的美味佳肴。他们不得不自卑，不得不悲观，不得不忧郁。

蜗牛被告知创造了历史。蜗牛突然成了主人，成了世界的名誉主席。他们很愿意自负，很愿意乐观，很愿意坦荡。

何时蜗牛不再是名为主人的奴隶，何时蜗牛才能不矛盾，才能扔掉罪恶感，也扔掉那纪念碑——它们都是自由的枷锁。

苍蝇

上帝为狼创造了羊，为羊创造了草。上帝为猫创造了鱼，为鱼创造了虾。赞美上帝，他的一切创造都是合理的。

上帝眷爱人类，他为人类创造了一切幸福，觉得意犹未尽。为了进一步表达对人类的溺爱痴恋，上帝创造了可爱的苍蝇。

你用餐前，苍蝇自告奋勇品尝每一碗饭，每一碟菜，检查是否有毒，以免你吃了拉稀——但他非常客气，坚决不肯吃饭。

你喝茶前，苍蝇在茶杯口绕场一周，舔咂一遍，算是打扫卫生，以免你喝了得肝炎。

你喝酒前，苍蝇奋不顾身跳进酒里，扑进汤里，宁愿自己淹死，也不让你喝坏身体。

你被可恶的蚊子咬得浑身痒痒，一番狠抓猛挖，不慎弄破了皮肤。苍蝇就来亲吻你的伤口，无限周到，极度细致，像慈母一样永不厌烦。

你午睡时，苍蝇不肯安安静静睡自己的觉，而像热恋的情人一样不知疲倦，亲吻你的眼睫，亲吻脸颊，亲吻额头，亲吻耳背，亲吻脖子，亲吻胸部，亲吻手，亲吻脚，亲吻大腿，甚至亲吻你的屁股。尽管他如此热情，但你不想与他作爱，只好在大热天，穿上衣裤，蒙头装睡——不理他。但他确实爱你，每时每刻围着你转，在你耳边唱着情歌，从这只耳朵，唱到那只耳朵。

有人说：苍蝇是上帝的造物中最不合理的东西。

还有人说：苍蝇根本不是东西！苍蝇仅是上帝的耳屎，想要钻进人的耳朵，是因为怀念故乡。

蟑螂

魔鬼为草创造了羊，为羊创造了狼。魔鬼为虾创造了鱼，为鱼创造了猫。诅咒魔鬼，他的一切创造都是恶毒的。

魔鬼仇恨人类，他为人类带来了一切苦难，还嫌不够解恨。为了进一步发泄对人类的深仇大恨，魔鬼创造了可怕的蟑螂。

蟑螂穿一件油光可鉴的紫绛色晚礼服，但他不敢出席任何公开的晚会。蟑螂永远鬼鬼祟祟，见不得阳光，更不敢见人。

白天他不知道躲在哪里，一到夜晚立刻贴着墙根出动。他转动两条长长的触须，惊恐不安地左右查探。如果你突然出现，看他逃跑得多快吧！上帝的造物不可能对人如此恐惧。蟑螂是如此愚蠢，为了躲避你，甚至惊惶得不辨方向，直向你的脸上飞来。

没有任何恶臭比蟑螂更臭，没有任何动物比蟑螂更令人恐惧。我对蟑螂的恐惧，远远超过了对魔鬼的恐惧。看见蟑螂，我就头皮发麻，歇斯底里。我对蟑螂的恐惧，不是出于胆怯，而是极度厌恶。蟑螂碰过的东西，我决不再碰，只能烧毁。被蟑螂爬过的手，永远洗不干净。唯一的办法，是把手臂砍了。

如果让我想象世界末日的恐怖，就是到处爬满了蟑螂。因为蟑螂的缘故，我永远不会宽恕魔鬼。

蚊子

据说人是万物之灵长，可是谁会愿意做蚊子的首领呢？人类的科学不仅能够消灭物种，甚至可以毁灭地球，然而无往不胜的科学，竟对小小的蚊子束手无策。

我坐在家里写作，虎豹豺狼对我毫无威胁，所以我可以心平气和地赞美他们。我幼年最痛恨的蟑螂与老鼠，现在家里没有，所以我对他们的抨击属于历史清算。苍蝇固然还会时常骚扰我，但是并不咬我，而蚊子几乎每时每刻都在咬我。由于地球气候转暖，由于城市温室效应，由于冬天的暖气空调，在我一季如春、三季如夏的家里，蚊子一年四季、昼夜不停地对我千叮咛万嘱咐。据说如果他在叮我之前，曾经叮过艾滋病患者，那么我就可能被传染。但我不怕艾滋病，不怕任何东西，只怕痒。我也不在乎蚊子吸我一点血，但我不能原谅蚊子在吸了我的血以后，还恩将仇报地让我奇痒无比。这种无法忍受的奇痒，迫使我站起来，离开写字台。除了蚊子，世上没有任何力量能够让我停止写作。我点了最原始的盘状蚊香，没用。我点了最先进的电蚊香片，还是没用。

二十年前的蚊子还懂点礼貌，从来不叮人脸。现在的蚊子却叮得我脸上红红白白，高高低低，使我时常不敢出门见人。幸亏我在家工作，并非每天非出门不可。但我在脸上没敌情时上街，发现许多丽人脸上也高高低低，红红白白。我不明白科学家为何不肯承认：人类不可能消灭蚊子。因为只有认输，他们才会不再愚蠢地用各种药物去激怒蚊子，导致蚊子更加疯狂地向人类报复。科学家发明的所有灭蚊药，都成了蚊子的营养食谱和繁殖激素。科学家发明的灭蚊药越多，蚊子就越多越强壮。科学家应该立刻停止发明任何灭蚊药，彻底认输，然后发明一种新的药物，这种药物的用途并非灭蚊，而是让人在被蚊子叮咬以后，不再痒。

尽管提倡尊重兽权是我撰写本书的动机之一，但我奉劝动物保护协会的先生女士们，不必自作多情地保护蚊子，蚊子不需要任何人保护。哪怕地球上的生物全部灭绝，蚊子也会繁荣昌盛，从胜利走向胜利。如果真有末日审判，那么站在被告席上的唯一造物，一定是蚊子。只有蚊子，才会活到世界末日。

虱子

在繁体字中，虱比風只少一撇。虱子是风月无边的象征，风流洒脱的别名。因此虱子与吟风弄月的诗人骚客，结下了不解之缘。

六朝名士有"扪虱而谈"的佳话。虱子是座谈会上的自备"零食"，身上没几个虱子，简直不配参加学术研讨会。名士们宽袍博带，在任何场合，都会旁若无人地把手伸到身体的任何部位捉虱子。一旦手到擒来，立刻丢进嘴里，像嗑瓜子那样咯巴一下咬出脆响。理由是虱子吃他的血，必须以牙还牙。如此充满血腥的座谈，尽管标榜为清谈，却也难免血口喷人，极有可能虱从口入，祸从口出。由于有此弊端，后人开"只谈风月"的茶话会，就改咬虱子为嗑瓜子，这样比较安全。按照竹林名士刘伶的说法，人就是钻在天地裤裆里的虱子。爱吃虱子的名士，注定要被"以百姓为刍狗"的传统文化吃掉。不过传统是一把温文尔雅的软刀子，杀人不见血，吃人不觉腥。

现代中国的名士，尽管不再把虱子当作自备零食，但是有人在比较中西服装优劣之时，仍然认为西服不便于挠痒痒。穿长衫的最大优点，就是身上任何地方一旦痒痒，随时可以抓挠。可见即便穿上了洋装，传统的虱子还会不断咬噬现代人的身体。即便身上不再有虱子，传统的痒痒还会不断骚扰现代人的灵魂。

由于无穷无尽的传统虱子捉不胜捉，灭不胜灭，所以现代人索性不再为虱子劳神，因为奇妙的辩证法，认为虱多不痒。痒痒一旦超过临界点，身体就会麻木，灵魂就会休克，天下就会太平。如果有人胆敢搔到传统的痒处，麻木的人们就认为你触到了他们的痛处。于是温文尔雅的他们，就会立刻武装到牙齿，咯巴一声把你咬死，不避血腥把你吃掉。

可见虱子是受中国传统熏陶最深的文化动物，因为他吸过所有浸淫于传统文化的名士之血。可惜名士尽管狂放，却没多大战斗力，他们都患贫血。中国的新文化，需要的不是名士，而是战士。战士的格言是："我以我血荐轩辕。"

螳螂

　　螳螂犯过两次贻笑千年的错误，就是"螳臂挡车，不自量力"事件，以及"螳螂捕蝉，黄雀在后"事件。因此没有任何动物，像螳螂这样声名扫地。由于螳螂并非最强者，仅是最强者的敌人，因此一切依附于最强者的弱者，就都有了嘲笑他的胆量，同时把这种嘲笑，作为对最强者的谄媚。

　　对螳螂的嘲笑，历来集中于他对敌我力量的错误估计。嘲笑者说，在"挡车事件"中，历史车轮滚滚向前，顺我者昌，逆我者亡，螳螂竟敢向远远超过自身力量的庞然大物挑战，真是愚不可及。同样，在"捕蝉事件"中，螳螂只看到自己比蝉强大，却没看到黄雀比他更强大。总而言之，螳螂是不识时务者！所有的嘲笑者一致同意，"力"主宰一切，对于强力，任何动物都该无条件屈服。

　　然而螳螂是"理"的坚定信仰者，具有为信念而献身的殉道精神，虽九死其犹未悔的大无畏精神。他并非不知道自己在车轮面前的弱小，也并非不知道黄雀的存在。然而理的暂时弱小，不能迫使他屈服于强大的力。事实上，力几乎总是比理强大，但这不是理放弃与力抗争的理由。尤其是，当时代列车在其前进途中曲折地倒退之时，向车轮挑战，就是理的信仰者的唯一选择。而当被螳螂视如寇仇的蝉出现时，哪怕明知身后有威胁自身安全的黄雀，螳螂也会奋不顾身先将蝉扑杀，这就是鲁迅式的"纠缠如毒蛇，执着如怨鬼，二六时中，没有已时"的精神。螳螂深知，即便自己对蝉讲"费厄泼赖"，黄雀也不会放过自己。义无反顾地扑杀了蝉以后，螳螂至少可以死而无憾。倘若患得患失姑息了蝉，那么螳螂被黄雀吞食之时，就是不折不扣的屈死鬼。

　　其实螳螂并不可笑。过于聪明的中国人，最缺乏的正是螳螂式的愚蠢。过于圆滑的中国人，最缺乏的正是"不识时务"的执着。螳螂对大车的挑战，丝毫不比堂吉诃德与风车的决斗逊色。堂吉诃德正是欧洲的螳螂，螳

螂正是中国的堂吉诃德。就像周瑜被称为周郎一样，如果堂吉诃德是中国人，就可以名正言顺地称为"堂郎"。或许不必由我来为螳螂恢复名誉，佩服螳螂的中国人一向不少。君不见，众多不肯服输的弱者，为了提高自身素质，改变敌我力量对比，千百年来自强不息地苦练螳螂拳吗？

蜻蜓

厚厚的酸雨云层，覆盖地球上空。温室效应正在成为地球的巨大灾难，人类则成了温室里的花朵。酸雨是科学时代的雨，酸雨云层是知识时代的云层，知识云层正在压向知识的大海。在大海与云层之间，蜻蜓们已被知识的低气压，压得喘不过气来。时当后现代，所有的人都成了后知识分子——信息分子。

所有的信息分子，都是知识蜻蜓。谁都有一张大学文凭，无论是考来的还是买来的。仅仅靠着知识海面蒸发出的那些蒸汽，也够他们的微型灵魂呼吸了。仅仅靠着知识海藻腐烂之后发酵散发的沼气，也能把他们熏成博士。每只蜻蜓据守着自己的水域，坚信眼前水塘的月亮，就是其他水塘的月亮。如果一定要找出差别，就是眼前水塘的月亮，比其他水塘的月亮更圆。

因此只要在一小片水塘里沾湿了翅膀，蜻蜓立刻成了无所不知的万事通。他们一点不担心湿掉的翅膀是否还能飞翔，因为根本不想飞翔。由于地球上的一切，都已向知识就范，他们不再需要想象力。由于云层遮蔽了一切视野，他们也不再需要理解力。他们唯一能做的，就是把所有的规范化产品，诸如电视机、电话机、电冰箱、空调机、音响、计算机、住房、汽车、被计算机格式化了的思想，一一搬回家。如果还没有私人游艇，那么他就认为自己只缺游艇。如果还没有私人飞机，那么他就认为自己只缺飞机。如果已经应有尽有，那么他只等专家发明新的产品，只等广告商及时告诉他：你需要这件产品。于是他就坚信，他唯一缺乏的，正是这件商品。上帝已经死了，所以他不需要上帝。灵魂已被证明不存在，所以他不需要灵魂。

所有的蜻蜓，都读一样的畅销书，都看一样的好莱坞大片，都听一样的国际新闻，都吃一样的汉堡包，都打一样的饱嗝，都屙一样的屎，都做一样的梦。后现代的蜻蜓梦，不可能比庄子的蝴蝶梦有趣。蜻蜓们或许会问，庄子的蝴蝶梦是怎么回事？蜻蜓们全都知道庄子，但都不读《庄子》。

蜘蛛

据说蜘蛛是单身汉的吉祥物。他为单身汉编织爱情之网，去捕捞美人鱼。

但这纯属无稽之谈。正因为单身汉太懒惰，从不打扫卫生，蛛网挂满他的屋顶墙角，爱情才会拒绝光临。著名单身汉斯宾诺莎，做完一道哲学几何题，就会抬起头来观赏心爱的蜘蛛织网。哲学家们究竟是得不到爱情才做哲学家，还是决意要做哲学家才拒绝爱情，恐怕与蜘蛛无关。

如果有了女主人，她就不会让蛛网占据爱巢。因此，有蛛网的房子，必定没有爱情；有爱情的房子，必定没有蛛网。至于爱情的屋顶下究竟谁在打扫卫生，那由屋顶下的两个人自行决定，旁人无须瞎操闲心。

蜘蛛的迷信不能拯救爱情，但有一则关于蜘蛛的寓言，却是拯救灵魂的。有个恶人，死后被打入十八层地狱，于是他开始忏悔。就这一念之善，感动了佛陀，于是垂下一条蛛丝。他抓住蛛丝向上爬，其他恶鬼纷纷效法，也一个一个头顶着脚，抓住蛛丝向上爬。恶人起初想，我要改过迁善了，让他们与我共同超生吧。可是抓住蛛丝的恶鬼越来越多，一个，两个，十个，百个……恶人急了，再有一个小鬼上来，蛛丝就要断了。于是他抬起脚，向下面的小鬼头上踩去。就这一念之恶，蛛丝立刻断了。

恶人低估了佛陀的法力。只要他心存慈悲，佛陀就不会让蛛丝断掉。善恶分际，仅仅在于一念之差。幸与不幸，仅仅系于一念之差。这不是迷信，而是真理。善与恶，幸与不幸，由每个人自己负责，与佛陀毫不相干，也与蜘蛛毫不相干。

蜜蜂

蜜蜂的蜂蜜，在劣币驱逐良币的今天，正如奶牛的牛奶一样令人放心。如今的世界，名实相符的例子不多。比如雅典的典雅。在这个媚俗的时代，人们不得不再次缅怀希腊，因为只有雅典才有真正的典雅。又如马赛的赛马。在这个赌博的时代，到处有跑马厅和赛马场，无疑应以马赛为正宗。名不符实的例子却举不胜举，比如加拿大并非大家拿，黎巴嫩并非嫩巴黎，还能再举一些。

一、心虚的虚心。大人物的心虚，常被小人物吹捧为虚心。

二、故事的事故。中国的小说家，现在只知道讲故事。但大多数故事，讲的都是事故。或者说，中国的大部分故事，都发生了事故。

三、文人的人文。人文精神的讨论，曾经热闹过一阵。但讨着论着，我就糊涂了。幸亏论着讨着，我又明白了：中国的人文精神，原来是文人精神。

四、关公的公关。据侯宝林透露，一位军阀曾让三国的关公与唐朝的秦琼比武。他误以为关公之所以脸红，是因为精神焕发。然而据我所知，那是搞公关喝酒闹的。

五、法办的办法。谁都知道，真正的办法就是法办。但天天说正在想办法，却从来也不法办，那就谁也没办法。国家大事既然没办法，那就只好谈谈风月小事。

六、调情的情调。当事人认为，调情是一种不坏的情调。但是当事人的配偶认为，调情是一种很坏的情调。

七、情敌的敌情。既然当事人把调情视为情调，当事人的配偶就会关注情敌的敌情。尽管多属假想敌，弄假成真的也不少。假作真时真亦假，假货充斥的时代，爱情也该打假。

八、伦敦的敦伦。尽管伦敦人确实敦伦，但是中国人敦伦更多，否则中国人口不会如此之多。所以敦伦不该以伦敦为正宗，而该以中国为正宗。

顺便一说，"轮蹲"是中国人给公厕取的雅号。世界各国都有公厕，只是中国的公厕特别臭罢了。

九、感性的性感。毛泽东说，人有两种认识，一种是感性认识，一种是理性认识。中国人的理性认识正在大滑坡，所以时下的中国人感性认识十分旺盛。他们的感性认识，主要是性感。我正在耐心等待中国人的感性认识，向理性认识飞跃。

虫类（下）

蚂蚁

蚂蚁是集体主义的族类。

理论上，全体蚂蚁一律平等。如果把蚂蚁之间的细微尊卑，跟全体蚂蚁与其首领之间的悬殊尊卑加以比较，蚂蚁之间更显平等。

蚂蚁们的首领，是食蚁兽。蚂蚁们称为"皇帝"。没有人相信，小小的蚂蚁竟然会有如此庞大的统治者。没有人明白，蚂蚁为何需要如此残暴的统治者。

食蚁兽一旦饥饿，就会用其广长舌横扫蚁穴。高贵的蚂蚁和卑贱的蚂蚁，都会玉石俱焚地饱其巨吻。舌头是所向披靡的舆论工具，维持道德的主要武器。食蚁兽最为重视自己的舌头，汰选后代，以舌头是否长大有力为唯一标准。无论长舌男还是长舌妇，只要能够使用词语的褒贬，能把黑的说成白的，能把方的说成圆的，能把乱世说成盛世，就是食蚁兽的理想继承者。

蚂蚁国度的历史学家，用每一代食蚁兽的特点，概括所有蚂蚁的特点。假如某一代食蚁兽是仁慈的，就说这一代蚁民是仁慈的。假如某一代食蚁兽是残暴的，就说这一代蚁民是残暴的。历史学家说，某些食蚁兽之所以残暴，是因为蚂蚁们体内含有高蛋白和维生素，蚂蚁实在太对食蚁兽的胃口了。正是蚂蚁的美味，引动了食蚁兽的食欲，诱使他犯下了暴行。蚂蚁被吃，实为咎由自取！

蚂蚁啃骨头的集体力量令人吃惊。蚂蚁建造的巨大宫殿，连狮虎那样的巨兽也没有能力建造。正如埃及奴隶建造的金字塔，比古埃及远为强大的现代人也没有能力建造。因此历史学家坚信，为残害自己的食蚁兽建造如此精美的巨大宫殿，说明蚂蚁们热爱食蚁兽的残暴和奴役，证明蚂蚁们是天生的奴才。

一只早醒的蚂蚁，发现一条蜈蚣死在蚂蚁洞外，立即进洞报信。一只野鸡路过，吃掉了死蜈蚣。野鸡刚走，大批蚂蚁倾巢出洞，发现没有死蜈蚣，于是认定报信的蚂蚁撒谎。全体蚂蚁蜂拥而上，把报信的蚂蚁咬死。蚂蚁们的小脑袋难辨真假，而且颠倒真假，咬死了所有说真话的蚂蚁。蚂蚁们永远相信历史学家的谎言，并且坚信：食蚁兽的肠胃，就是蚂蚁们得道升天的极乐世界。

蝗虫

两只蟋蟀仅有一只可以存活，不妨一决胜负。如果亿万蝗虫蜂拥而来，讨论谁有资格存活，已经毫无意义。人类一旦多如蝗虫，亦然。

蝗虫是一种要么少到近乎没有，要么多到泛滥成灾的虫类，而且总在不该出现的时刻出现。每当一次改朝换代的大规模战争消灭了大量过剩人口，随后一个新朝代初建，政策仁慈，再加人口有限，耕者有其田，再加十年九丰，蝗虫就销声匿迹。假如这时蝗虫们躬逢其盛，惠然肯来，人类颇有余力略尽地主之谊，热情款待这些天外来客。然而每逢盛世，蝗虫决不光临。非要等到朝代中衰，再加民不聊生，人口膨胀，再加非旱即涝，蝗虫才从天而降，突然大规模来袭，把人类的有限口粮吞食殆尽。于是饥饿程度加剧的饥民们，不仅吃树皮，吃观音土，还不得不易子而食，购菜人入厨。饥民迅速变成暴民，先吃光大户，再吃倒皇朝。

老聃说："天之道，损有余而益不足；人之道，损不足而奉有余。"蝗虫们遵循的，偏偏是"人之道"。你有东西吃时，他决不大量繁殖。你没东西吃时，他就拼命繁殖。你有余粮酿酒喝时，他决不吃你。你有上顿没下顿时，他就把你的上顿也吃掉。因此中国的朝代循环，正好与蝗虫的盛衰交替错开。皇朝强盛时，蝗虫就偃旗息鼓。皇朝衰弱时，蝗虫便遮天蔽日。这大概是这种小虫足以称"皇"的缘故吧。

无须对蝗虫的落井下石，趁火打劫，表示愤慨。因为他是虫，没法讲理。人类应该自问：为何一有余粮就大量繁殖人口超过极限，招引蝗虫的光临？为何要让自己的后代，变成与人争食的蝗虫？

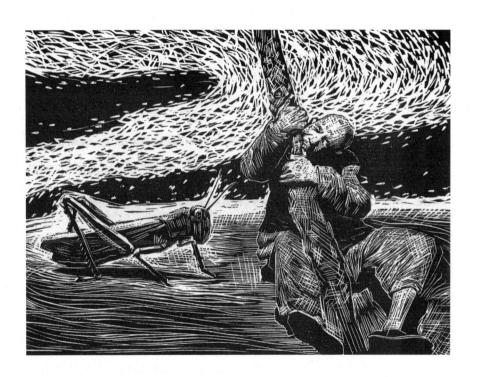

蟋蟀

印度人斗象，罗马人斗狮，西班牙人斗牛，阿拉伯人斗鸡，中国人斗蟋蟀，似乎越斗越小，其实越小斗志越昂扬。

最大的大象倒最平和，若非人类居间挑唆引逗，象与象不会相斗。而最小的蟋蟀，却不能一器同养两只。任何一只蟋蟀罐中，只要放入两只蟋蟀，立刻就会斗起来。不过这两只蟋蟀由同一个主人豢养，自斗的目的有二。一是斗着玩，主人坐椅观虫斗，比坐山观虎斗安全，却又同样过瘾。二是举行淘汰赛，选出最强者，然后与别的主人豢养的最强者比赛。两只属于不同主人的蟋蟀比赛，就不能把一只放到另一只的盆里，因为主客场有微妙的心理影响。所以两只蟋蟀，移至专供比赛的雕花大盆，都打客场。

两位主人头顶着头向下俯视，众多围观者周围簇拥。主人赌胜博彩，相当于战争赔款。围观者也各自押宝，古人谓之"飞大虫"，今人谓之"飞苍蝇"。"大虫"是老虎的别号，可见斗蟋蟀与斗老虎的心理功能相同。一场斗蟋蟀，简直就是一次微型世界大战。古今飞押者的哲学，永远趋炎附势。谁强大就投靠谁，没有丝毫犹豫和愧疚。

雄性动物都好斗，几乎无一不斗。每年春天，公羊与公羊斗，雄鹿与雄鹿斗。鹿角、羊角仅仅用于同类相斗，永远不与虎狼相斗。虎狼一来，他们无一不逃。同类相斗，旗鼓相当，势均力敌，比异类相斗远为惨烈，更加精彩。因此人类驯养斗兽，从来不选两只不同的动物，而是选择两只同类的动物。人类同样顺应动物天性，格外热衷自相残杀。

据说全体中国人是一条龙，每个中国人都是一条虫。没人说过是什么虫，我疑心就是蟋蟀。蟋蟀正是中国虫。

蝎子

有毒动物很多，毒蛇，毒蜘蛛，毒蜈蚣，毒蟾蜍，甚至蜜蜂也有蜂毒。蝎子则是最毒的动物，常常被人与"最毒妇人心"联想在一起。然而世上最毒的，实为人类的语言。仅仅"最毒妇人心"这句话，就毒害了无数男人，使他们敌视女人；也毒害了无数女人，使她们鄙视自己。

语言的毒害性，还可举出"量小非君子，无度不丈夫"一例。这句话明白到不可能被误读：器量小的不配称君子，没度量的不是大丈夫。然而嗜毒成性的人们，却把后半句改成了"无毒不丈夫"。念叨"量小非君子，无毒不丈夫"的歹徒，愚蠢到不知前后矛盾。

歹徒干坏事，都是为了获利，同时损害他人利益，"无毒不丈夫"是歹徒痛下决心损害他人利益的最佳借口。歹徒干完有利可图的坏事，常常一不做二不休，又把坏事做绝，超出部分的恶行，通常不能获利，然而社会危害更大，"无毒不丈夫"再次成为歹徒横下心来兽性大发的心理强心剂。前者姑且视为必要的合理犯罪，完全能够理解，倘若情节不重，甚至可以原谅。后者却是毫无必要的不合理犯罪，完全无法理解，不论情节轻重，都难以原谅。

从"最毒妇人心"可以看出，人的思想和观念会被语言毒化：不少男人把女人尤其是美女当成毒蝎子。从"无毒不丈夫"可以看出，人的意志和欲望也会被语言毒化：不少男人以成为令人恐惧的蝎子为荣。思想、观念、意志、欲望一旦被语言毒化并劫持，整个世界的财富都无法将之赎出，因为劫持者就是被劫者自己。恶毒语言的毒素，很难被批判滤尽汰清，批判也会播散毒素。

不宽恕的仇恨是最大的毒药。文学巨匠常常是创造毒辣语言的天才，诸如"碎尸万段"、"食肉寝皮"之类名句，像毒蝎子一样爬满传世杰作的字里行间。文学天才常常进行以牙还牙、以毒攻毒的文学报复，而很少使用哲学解毒剂。人类心灵被语言病毒格式化之后，"救救孩子"的文学解毒剂就会软弱无力。

　　自诩文明的现代世界，仍然充满被毒化的文化空气，窒息得孩子们无法自由呼吸。有些空虚无聊的青年，竟把吸毒视为解除苦闷的唯一出路。谁是真正的毒蝎子？是贩卖精神鸦片的大毒枭，还是贩卖物质毒品的大毒枭？毒品，莫非真是人类的主母？

跳蚤

跳蚤是跳高健将，总是一跳老高，不过并非出于高兴。

如今是市场经济，跳蚤也有了自己的市场。跳蚤的市场，是真正的"自由"市场，没有固定地点，今天跳到这里，明天跳到那里。不过这里那里，并非跳蚤们主动挑选，而是市场管理者今天让他们在这里，明天让他们去那里，如果他们交税。假如不交税，那么无论这里那里，全都不准设摊。于是"大盖帽"一来，跳蚤们立刻逃之夭夭。跑得慢的，针头线脑的小商品会被全部没收，于是跳蚤们大跳特跳："我们是待业者、失业者，'山'上下来的，'庙'里出来的，无以维生，聊做跳蚤。凭什么富翁款爷们日进斗金却可以偷税漏税，明星大腕们赈灾义演也能得巨额收入，我们做点小买卖却要充公？还让不让人活了！"碰上这种一跳老高的跳蚤，"大盖帽"们就算是老虎，也没办法。要知道老虎连自己头上的苍蝇也拍不到，怎么奈何得了跳蚤？于是只好把东西全部还他，勒令他们明天跳到别处去练摊——"别再撞到我的枪口上！"

跳蚤们固然没有上下班，却比上班族上班更早，比下班族下班更晚。为了一个摊位，他们半夜就去占着，尽管早起买菜的顾客（还未必买跳蚤的货物）起码要过两三小时才来，但是为了占据有利地形，这个跳蚤愿意早起半小时，那个跳蚤愿意早起一小时。互相比赛谁更能牺牲睡眠，结果顾客们刚刚睡下，他们已在寒风中的星空下，等待顾客们起床。也就是说，我尚未结束今天的写作，跳蚤们已经开始了明天的工作。鸟儿以早起出名，因为"晚起的鸟儿没虫吃"，但是跳蚤比鸟儿起得更早。他们到岗的时候，离第一笔买卖成交的时间，可能还有五六小时。

自由市场的跳蚤，其实没有多少自由。市场经济固然不错，但是市场经济戴着"大盖帽"，有点画虎不成反类犬，"播下的是龙种，收获的却是跳蚤"。

知了

知了是昆虫世界的巨无霸。

知了觉得自己不是一般的虫，而是伟大的虫，堪与水族中的巨鲸，走兽中的大象，分庭抗礼，各霸一方。所以知了自以为无所不知，并且愿意知无不言，言无不尽。听吧！整个夏季，不论白天黑夜，整个世界充满了他喋喋不休的聒噪，像高音喇叭一样，把他的伪真理侵入到一切角落。一只知了的叫嚣，必能引来其他知了的同声附和。我疑心，知了正是传说中的应声虫。与知了相比，承认自己一无所知的巨鲸和大象，始终朴实地沉默着。

所有的伪知识分子，说话几乎都是同一调门："我知了，我知了。"至于他知道什么，却神秘兮兮不肯说。其实即以四季而论，知了也"不知有春，无论秋冬"，仅是炎热夏天的匆匆过客，不折不扣的趋炎附势之徒。

知了相信背靠大树好乘凉，所以喜欢攀高枝，如疽附骨地紧紧抓住树干，吸干了树的汁液。虽说猴子有树倒就散的势利病，但是大树之倒毕竟不是猴子的过错。知了却不仅依附于树，靠树吃树，还直接导致了大树的枯死，比猴子更为阴险。知了一旦吃倒了其所依附的大树，改换门庭就是必演剧目。所谓"蝉曳残声过别枝"，忠诚决非知了的品性。

攀上高枝、身居高位的人们，全都喜欢冒充知识分子。几乎所有的帝王将相，都是知了的同类。比如奉天承运的皇帝，爱在奏折上批示："知道了。"仿佛他真在替天行道，然而绝对的权力注定了他的无道，所以去掉了"道"，他就是一只冒充先知的"知了"。

所有的知了都不会独立思考，只关注小道消息和内幕新闻。他认为小道消息就是真相，就是真理。知了喜欢打听小道消息，因为直接影响自己的升迁祸福。老百姓议论小道消息，却是利益超然的冷眼旁观，因为小道消息无论是旁门左道还是歪门邪道，都与自身利益无关。

其实知了连自己是谁也不知道，他不过是一只养肥了的大苍蝇。知了们不可不知：再伟大的虫，还是虫。知了的唯一可取之处是，他遗下的蝉蜕，可以入药。这味药，专治不懂装懂。

应声虫

宋朝时候，淮西有个读书人，得了一种怪病，每当自己读书，或者别人讲话，他的腹中就有一个声音学舌仿效。他说"子曰"，他的腹中就"子曰"；别人说"诗云"，他的腹中也"诗云"。起初声音甚微，几不可闻，随着读书渐多，腹中声音越来越响。他也不以为怪，反而自居神通，利于背书，读一遍等于读两遍，足以赶超仕途竞争者。他人具有的，我都具有。久而久之，他熟读诗书，成了出口成章的饱学之士，顺利考中秀才，又顺利考中举人。于是他准备进京考进士，但这腹语神通，现在成了心病。他不怕考不上，只怕殿试之时皇帝听见腹中怪声，把他视为灾异不祥之人，不但富贵泡汤，还有可能招来杀身之祸。

于是赴考之前，他去向一位名医求治。名医闻声吃惊道："此乃应声虫也。这是读书人最易患的职业顽症。不过你只须读《本草》，一一报出药名，一旦虫子不再应声作答，就可取而服之。"他就读《本草》，每读一种药名，应声虫都应声仿效。读到"雷丸"，应声虫突然沉默不应。他就服下雷丸，腹中旋即雷霆巨响，放了几个臭屁，病就好了。此后他再读书，应声虫不再学舌。于是他兴冲冲赴京赶考，没想到腹内货色，随着应声虫一起打掉了，交了白卷。

落第后他又发愤苦读，很快又听见了腹中应声。他再接再厉，对应声虫百般呵护，务必使其茁壮成长。三年后功力尽复，更胜从前。他再次赴京赶考，果然高中进士，名列三甲。殿试时天子听到了他的腹中怪声，大为惊异，认为他天生异秉，堪当大任，命他专门担任宣读诏书之职，务使天子的圣旨，毫不走样地传遍宇内。上有所言，下必应之。

谚云：无癖不成人。有一癖必有一虫，嗜酒的酒徒有酒虫，贪嘴的馋人有馋虫，小孩子肚里有蛔虫。读书人腹中，难免会有应声虫。

网虫

　　网虫并非蜘蛛网上的昆虫，而是一种特殊的虫。他不是上帝创造的动物，而是人类创造的高级人文动物。

　　二十世纪初的人类发明了飞机，使地球变成了地球村。二十世纪末的人类又发明了计算机，使地球村变成了一个小小的客厅，一个法国式沙龙。于是许多人变成了网虫，所有的网虫都爬在同一张网上。网虫们可以从网上轻松获得人类有史以来的一切知识，这些知识不会化入网虫的血肉，变成精神，而永远外在于网虫的灵魂，仅是信息。

　　无穷无尽的信息告诉网虫：再也没有什么可做的了。所有可做的事，前人已经成功地做过无数次。所有不能做的事，前人已经失败地做过无数次。他人做过并且预知结果之事，再做毫无悬念，索然无味，不可能惊心动魄，色授魂与。既然聪明的狐狸认定葡萄是酸的，那么网虫就再也不想亲口尝一尝。太多太容易获得的知识，太多太容易忘却的信息，使生命体验失去了欲仙欲死、黯然销魂的可能。变成网虫的人们，获得了整个可知世界，失去了整个未知世界。一切尝试的理由，已被毫无深度的信息取消。一切冒险的概率，已被毫无悟性的计算机算清。

　　网虫们唯一可做的事，就是没日没夜坐在计算机椅上，如痴如醉泡在国际互联网上。网虫们知道，这张网能使很远的地方变得很近：他与她天各一方，可以面对面。但是网虫们不知道，这张网也会使很近的地方变得很远：她与他面对面，可以天各一方。

　　互联网上，一只雄网虫与一只雌网虫，由相识而相知。雄网虫发现，雌网虫与自己是同一国家的公民。不久他们由相知而相爱，雌网虫惊喜地发现，雄网虫与自己住在同一座城市。于是两只网虫决定，走出网上盘踞的小小角落，到市政厅广场约会。约会结束后，雄网虫送雌网虫回家，送到雌网虫住的大楼，雄网虫发现这就是自己住的大楼。送到雌网虫的门口，雄网虫发现雌网虫就住在自己隔壁。由于整日整夜地爬在同一张网上，网虫们很少出门。即便出门，也不看别人。网虫们的眼神无限迷惘。

迷惘是一张遮蔽灵魂的巨网。这张网，是否会将人类一网打尽？

珊瑚虫

无人不知珊瑚，但是鲜有人知珊瑚是动物。

把珊瑚枝当作装饰品的人们，也未必把他当成植物。人们普遍以为，珊瑚是一种没有知觉、没有思想的岩石。谁能想到，被当作古董清玩摆在书桌上的一小枝珊瑚，其实是无数珊瑚虫的集体墓葬？谁能想到，每块珊瑚礁，竟由无数珊瑚虫的尸骨堆积而成？

珊瑚虫生在哪里，就待在哪里。上一代怎样生活，下一代也怎样生活。这个珊瑚虫，与那个珊瑚虫完全一样。一个珊瑚虫的特点，就是任何珊瑚虫的特点。珊瑚虫的唯一传统，就是生于斯长于斯，最后埋葬在祖先埋葬的地方。岂止"三年无改于父之道"，三十年，三十代，世世代代无改乃祖之道。

珊瑚虫尽管是动物，却是不动的静物，而且是动物家族中唯一不动的动物。每一个成员，活着都不动。仅仅由于大量繁殖和大量死亡，他们的集体形象才会缓慢改变。但要经过上千年，才能勉强看出他们的集体动向。

由于珊瑚枝在"生长"，你会以为他们是植物，然而他们既不开花结果，也不散发沁人心脾的芬芳。珊瑚枝的生长，正是珊瑚虫的死亡。无数珊瑚虫死掉，珊瑚枝才长高一点。无数代珊瑚虫死掉，珊瑚礁才变大一些。

每一个珊瑚虫都像岩石一样朴实，也像岩石一样毫无个性。珊瑚虫构成的集体确实美丽，珊瑚虫的每一个体却很可悲。由于形成一座巨大珊瑚礁需要几千年，所以他们的集体生命，比充满活力的其他动物个体都更长寿。珊瑚虫若能说话，大概会说："我们有五千年悠久历史！你看我们多么美丽，没有一种动物，美丽得可以让全世界的人们，摆在案头当工艺品！你看我们多么强大，任何征服过世界的大船，倘若胆敢撞到我们身上，都会无一幸免地触礁沉没！"

长颈鹿笑道："我若自夸美丽，只会说我美丽，不会说我们美丽。"

猎豹大笑道："我若炫耀强大，只会说我强大，不会说我们强大。"

蛇

在人文动物园中，蛇的污名最难洗刷。

蛇像鸵鸟和骆驼一样，被其同类视为异类，亦即"它者"。所以蛇、鸵、驼三字，都是自身族类，另加"它"字。鸵鸟不会飞，体形也太大，于是被鸟类视为"它鸟"。骆驼太古怪，长得也太丑，于是被马类视为"它马"。蛇没有脚，然而不仅善走，还能爬树，于是被虫类视为"它虫"。

于是关于鸵鸟，有埋头沙中躲避危险的著名谣言。关于骆驼，也有一个流传不广的诽谤性寓言。德国作家莱辛说，马对自己的完美形象很不满意，恳求上帝再予改进。马的愿望是，添上颀长脖颈，使马像天鹅一样美丽，再添上天然马鞍，以免人造马鞍磨痛马的背脊。上帝满足了马的愿望，于是马的家族中，出现了骆驼这一丑八怪。

关于蛇的著名谣言是，蛇引诱人类始祖亚当、夏娃犯下了原罪，于是上帝罚蛇用肚皮行走，使人类与蛇互相敌视：蛇咬人的脚跟，人打蛇的七寸。蛇成了人神共愤的魔鬼化身。

人类对自己不能理解的动物，一概泼以污水。人类总是强行推广自己喜欢的"理想型"，希望一切看不惯的人和物，符合自己的偏见：鸵既然是鸟，就应该会飞。驼既然与马相近，就不该肿背。蛇既然是爬虫，就应该有脚。人类从来不愿这么想：马既然没有天然马鞍，人就不该骑。鸡既然原本会飞，人就不该强迫他们放弃飞翔。蛇既然天生没脚，人类历史就不该与它同行。

然而人类的历史恰恰属蛇，总是曲线前进。有人说，历史是个小姑娘，你想怎样打扮她，就可以怎样打扮她。综合以上两种对历史的理解，可以得出一项结论：历史会向任何方向前进。进一步又能得出更接近真相的另一项结论：所谓前进，常常只是倒退。

羽族（上）

鸵鸟

是鸟却不善飞，而竟善跑，这使鸵鸟置身于一个不伦不类的尴尬境地。这就如同老子是英雄，儿子偏偏不是好汉；老子是狗熊，儿子偏偏不是混蛋。平庸的头脑被激怒了。偏狭者习惯于用现成的偏见来理解世界，一旦世间万象超出他的成见，他就坚持认为世界错了。

于是，偏离"神圣常识"的一切事物，开始了永无休止的磨难。关于鸵鸟的谣言，源源不断产生。比如说鸵鸟是胆小鬼，一旦遇到危险，就会把头埋入沙子，希望眼不见心不烦。但这恰是谣言制造者自己的弱点，由于鸵鸟超出了他的理解能力，他就不顾事实地制造谣言诬蔑鸵鸟，强迫鸵鸟就范于自己的偏见。鸵鸟明明是不愿逃到空中躲避地面危险的勇敢羽族，他偏要用谎言泼上污水，以便掩饰自己的怯懦。

鸵鸟的快速奔跑，并非害怕后面的追逐者，他不知道后面有人在追逐他或追捕他。鸵鸟的快速奔跑，也不是为了把平庸者远远甩在后面，他不把超越平庸者视为荣耀。

鸵鸟不得不快速奔跑，仅仅是为了接近心中的太阳。鸵鸟认为生命有限，不迅跑就无法抵达命中注定的遥远目标。他没空留意在原地打坐、打盹、打转、打架的人们，也无意羞辱蠕动的蜗牛。蜗牛的唾沫，吐不到他的身上，顶多溅在他的影子上，但他根本不知道，知道也不放在心上，因为他无暇分心。

以鸵鸟体形之大，本该有资格竞争鸟中之王，然而他是和平主义者。他只希望用自己的巨大潜能，发展自己的个人爱好。他无法理解，为何有人把跑得快和喜欢奔跑，视为不可饶恕的罪过。鸵鸟丝毫不反对不是鸟类的其他动物去练习飞翔，因为任何人都无权垄断奔跑和飞翔的权利。蝙蝠不是鸟，照样飞得很棒。尽管蝙蝠同样避免不了与鸵鸟相似的，被诬蔑的命运。

希腊人让善跑的兔子输给乌龟，中国人让善跑的夸父渴死在黄河岸边，

恐怕都是对身怀绝技者抱有嫉妒心理。越是平庸的人，越会不遗余力地诽谤打击出类拔萃的伟大个人。正如欧洲上流社会那些空虚慵懒的贵族妇女，头上插着时髦的鸵鸟毛，周旋在永远平庸永远无聊的沙龙里，日复一日夜复一夜地嘲笑的，正是伟大的阿喀琉斯和追逐日影的夸父——那捷足的鸵鸟。

鹰

狮子统治陆地，以其陆地臣民为食。鲨鱼统治海洋，以其海洋臣民为食。鹰统治天空，但与狮子、鲨鱼不同，不以天空羽族为食，而以陆上的异国臣民为食，于是鹰赢得了所有鸟类的真诚爱戴。鹰的模范带头作用，导致鹤、鹭等等肉食鸟类，只吃水域中的异国臣民，不以弱小鸟类为食。全体天之骄子，于是一致对外。

然而被鹰捕杀的兔子，对鹰的态度与鸟类完全不同。兔子对鹰的愤怒，远远超过对狮子的愤怒。兔子认为，狮子毕竟是自己命中注定的国王。被狮子捕杀，尽管并非兔子的心愿，毕竟狮出有名。鹰却越界筑路，残杀邻国臣民，因而遭到兔子的强烈反抗。

兔子感到心酸的是，狮子很少为自己的臣民主持公道。兔子去狮子的衙门，起诉鹰的滔天罪行，如同自投罗网，变成了狮子的免费午餐。狮子偶尔与鹰发生争执，仅是维护自尊，而非为兔子主持公道。况且狮子维护自尊，很少能够如愿。享有治外法权的鹰，只要展翅一飞，狮子也莫奈他何。

于是鹰盘旋在空中，心安理得转着圆圈，仿佛一圈又一圈画着箭靶，靶心正是那只兔子。可怜的兔子，不知该往哪里逃。无论往哪里跑，他总是处在鹰的瞄准镜中心。狮子的地面追捕，不可能让兔子如此走投无路。兔子至少知道怎么逃，用急转弯甩掉狮子。鹰的长空一击，使兔子的逃跑技巧完全失效。兔子的祖传逃跑技能，原本不是用来对付鹰的。用对付狮子的逃跑术，对付鹰的追捕，只有死路一条。鹰像箭一样射向大地，用有力的爪子抓起兔子，飞到高空扔下来，把兔子摔死。

鹰的主食是兔子，鹰的天敌是蛇。鹰用有力的爪子抓起蛇，飞到高空扔下来，这才发现扔不掉，蛇已把他紧紧缠住。鹰感到一阵剧痛，与扔不掉的蛇一起摔下来，同时摔死在大地上。

按理，最仇恨蛇的应该是鹰，最感激蛇的应该是兔子。令人奇怪的是，兔子和所有的陆地动物，都像鹰一样仇视蛇。人们对阴险的暗杀者——蛇，无不切齿，对公开的屠杀者——鹰，敬若神明。

秃鹫

秃鹫的长相，很不和谐。脖子以下穿着毛茸茸的羽绒衣，脖子以上却光秃秃，如同鲁智深穿着裘皮大衣。

秃鹫以动物尸体为食，天赋的强健，使他们无须顾忌腐肉中的病菌。秃鹫喜欢从内脏吃起，如果头上有羽毛，就会进去容易出来难，所以秃鹫像鲁智深一样剃度出家，又像鲁智深一样不忌荤腥。可见秃鹫的不和谐，源于丛林社会的不和谐。

秃鹫尽管食肉，然而从不杀生，比鲁智深更像佛门弟子。这首先是因为，他从来不缺食物，丛林社会中永无休止的互相残杀，为他提供了足够的食物来源。其次是由于，他并未幸灾乐祸地盼望丛林中大开杀戒，以便趁火打劫。如果丛林社会终止了杀戮，他随时可以改变食谱，甚至改吃长素。因为秃鹫是天使，他降临尘世，是来当清洁工的。他吃尽腐肉，是为丛林社会打扫战场，使血腥的丛林保持一定程度的清洁。

佛祖曾经为了一只鸽子的生命，割下全身的肉喂鹰——秃鹫的近亲。佛祖以此证明，鸽子象征的和平，值得用整个生命换取。崇信佛教的西藏人，为此恪守美好的天葬习俗，他们即便不能做到活着舍生，至少能在死后，把遗体放到山顶平台上，不仅把肉切碎，还把骨头剁碎，让秃鹫全部吃尽。于是一生罪愆得以净化，死后也不霸占不属于自己的一方土地。

据说人一半是天使，一半是野兽。上帝说：你从哪里来，还要回到哪里去。属于天使的那一半人，应该像西藏人那样让秃鹫带回天上。让属于野兽的那一半人，死后在大地上腐烂发臭吧。

天鹅

引发特洛伊战争的希腊第一美女海伦，其父是一只天鹅。因此荷马史诗《伊利亚特》《奥德赛》，源于一只天鹅。天鹅是诗歌的化身。

罗马神话中的爱与美之神维纳斯，其车驾由两只天鹅牵引。天鹅是爱与美的化身。

法国人圣桑的《动物狂欢节》组曲，其他乐曲都相当一般，只有《天鹅》堪称人类最美妙的音乐。天鹅是音乐的化身。

俄国人柴可夫斯基的舞剧《天鹅湖》，更是伟大而完美的艺术杰作。天鹅是舞蹈的化身。

在童话里，人们希望丑小鸭变成美丽的白天鹅。天鹅是希望与理想的化身。

在现实中，人们称最美妙最温柔的织物为"天鹅绒"。天鹅是温柔、仁慈和好心肠的化身。

人类把一切美好情操，凝聚在天鹅身上。没有一个民族，甘于在赞美天鹅的大合唱中保持沉默。没有一个人不喜欢天鹅，更没有一个人憎恶天鹅。

据说天鹅临死之前，会为自己唱一首凄艳动人的挽歌，这是人类为动物编造的最美故事之一。因此人们把天才的最后杰作，称为"天鹅之歌"。

鹅

鹅之呆，尽人皆知。

鹅养尊处优，走起路来摆足功架。他对自己头上的红顶子十分得意，无论走到哪里，都要大叫大嚷"我—我—我……"。至于他到底是什么东西，永远不肯直说。我只能通过他的大名猜个大概："我"是一只"鸟"。鹅一旦变成人，就是标准的鸟人。这种鸟人，自古以来都被称为"呆头鹅"。

鹅对自己的白绸衫也很得意，对自己的鹅黄朝靴更加得意。他用自己的鹅毛笔写花体字，也就是所谓"鸟虫书"，以便确保老百姓看不懂。他是衰退的天鹅后裔，正如那些天之骄子的孱弱后代——八旗子弟、官宦子弟、高干子弟。由于已经不能飞翔，他们嫉妒鸟类，所以他们的主要活计，就是剪掉鸟的翅膀，把鸟关进笼子，唱小曲儿给自己听。

一人一鸟，是呆头鹅的标准配备。他们每天提着鸟笼，聚在一起坐而论道，人与人斗嘴，鸟与鸟斗口。人的嘴皮子斗累了，就闭嘴听各自的鸟儿斗口。因为他们是动口不动手的君子，所以鸟也成了君子。到最后，既分不清鸟和人，也分不清人和鸟，他们都成了鸟人。

鹅是最不幸的鸟，比笼中鸟更加不幸。笼中鸟毕竟还渴望飞翔，笼中鸟不能飞翔至少还有一个借口：笼子阻止了他的飞翔。呆头鹅却找不到任何借口，因为他的笼子是无形的，不自知的，甚至是令不少人羡慕的。

呆头鹅被先天的优越地位所笼罩，认为自己天生比鸡鸭强大，高贵，而且优秀。他又被自己对自己的想象所笼罩：他每时每刻遨游在狭小池塘倒映的白云或乌云之中，却自以为在广阔天空自由翱翔。

鸭子

鸭子是先知。有诗为证:"春江水暖鸭先知。"

诗人早已成为笑柄,所以诗人的证词作不得数。可惜除了诗人,鸭子再也找不到第二个证人,鸭子的先知地位摇摇欲坠。所以鸭子对诗人的态度颇为矛盾,不知应该迫害他,还是感激他。鸭子以为,自己要迫害诗人十分容易,他只要编造对诗人不利的民谣就行。谣言一旦具有民众性,就不再被视为谎言。因为谣言只能止于少数智者,大多数人对待谣言,都是"宁可信其有,不可疑其无"。

先知鸭子知道些什么呢?鸭子知道,隔壁鸡婆上午生了双黄蛋。鸭子还知道,街角看门狗昨天下了狗崽子。消息灵通的鸭子甚至知道,波斯猫刚才上了街,动员广大驴子积极参加政府号召的灭鼠运动。

千万别以为鸭子的话没有听众,聪明的鸭子知道什么话该对什么人说。比如鸭子对从不上岸的鱼们,吹嘘岸上的奇闻,诸如鸵鸟是胆小鬼,遇到危险就把头埋进沙堆啦;或者螳螂是反动派,眼下正在挨批斗啦;还有兔子跑起来很慢啦,乌龟是赛跑冠军啦。结果乌龟从岸上回来时,受到了鱼虾的夹道欢迎。于是乌龟到处拍胸脯保证:鸭子是真正的先知。鸭子的先知地位,从此渐趋稳固。

鸭子又对从不下水的阿狗阿猫,胡侃水里的奇闻,诸如青蛙是个王子啦,海马跑得比千里马还快啦,章鱼是文章高手啦,鸳鸯终生恩爱永不分离啦。尽管乌龟知道鸭子在两头撒谎,但他已经接受了鸭子的精神贿赂,不愿拆鸭子的台,因为那是拆自己的台。

鸭子更知道,什么话不该对什么人说。比如这些话,他就不会对金鱼说,因为金鱼透过鱼缸的玻璃,看到了窗帘后面的一切内幕。鸭子尤其知道,金鱼与水里的鱼不通消息,没有机会戳穿他的谎言。

鸭子真正知道的，其实就是江水寒暖。禅宗六祖惠能，曾经苦口婆心规劝过他：如鸭饮水，冷暖自知。但是鸭子只当没听见，而且，这话他也从来不对任何人说。因此在许多人眼里，鸭子几乎知道一切。甚至连智兽狐狸，也对鸭子毕恭毕敬。

鸡

　　不能否认，鸡有一定才干，但是稍有一点成绩，比如下了蛋，就叫得满世界知道。略有一点先知先觉的小聪明，例如比别人先知道天亮，就认为有资格搅扰所有人的安宁，也不管别人是否整夜都在废寝忘食工作。

　　凭借些微才干，鸡很快得到了提升，站在屋顶，负责气象工作。从此鸡再也看不起在人屋檐下、不得不低头的小民。鸡开始变得很不安分，气不过猴子比自己地位更高。猴子不过是替主人要要把戏、逗逗乐子罢了，凭什么官衔比自己大，外快比自己捞得多？

　　猴子不能长时间两脚直立，时不时要用两只手帮着走路，一旦上树就废弃双脚，全靠两只手攀缘。大多数人以两脚直立为荣，但是鸡不满足于像人一样站稳双脚的立场，而要显摆比猴子不同凡响的特殊本领。于是利用自己的特殊地位，做了一些不该做的事。比如冒着从屋顶上摔下来的危险，尝试单腿站立的惊险动作。并且把顶风作案，自夸为"金鸡独立"。鸡这么想：猴子可以做，我为什么不可以做？猴子敢上树，我为什么不敢上屋顶？小风小浪来时，他依靠自己对风向的特殊敏感，能够高屋建瓴地及时调整自己的姿态。一旦暴风骤雨骤临，使他来不及调整姿势，鸡也做好了从屋顶摔下来，跌断一条腿的准备。他自作聪明地认为，平时的单腿站立，正是对不测后果的未雨绸缪。他知道猴子比自己干了更多的坏事，只要猴子受罚，他也甘愿遭到严惩。

　　然而出乎鸡的预料，主人对猴子毫发无伤，却对鸡的公开招摇和小奸小坏，予以从重从快的严惩，处以极刑。鸡感到委屈，认为惩罚超过了自己的罪责。主人说：杀鸡是为了警告猴子。

　　屋顶下的小民知道，鸡固然干过不少坏事，其实罪不至死，鸡替猴子背了黑锅。所谓"杀鸡儆猴"，只是包庇猴子、安抚小民的政治秀，猴子根本没受到任何触动。不过小民们还是欢欣鼓舞，因为鸡再也不会吵醒大家的好梦了。

孔雀

孔雀是最好的自我推销员。

孔雀最关心时事新闻，以便随时调整处世方针。

孔雀最关心他人的房帏秘事，以便确保自己拥有大量忠实听众。

孔雀装扮成美的追求者，艺术的爱好者，时代潮流的代表者，以便成功出售自己。

为了卖个好价钱，孔雀涂脂抹粉，乔张作致，出门总是打一把西湖花伞，一边顾盼自雄摆着谱，一边"来昂—来昂"高声吆喝，仿佛在招呼人们："来啊！来啊！把我买去吧！我是世上最便宜的好货，我是有史以来卖得最贱的贵族。"俗话说，卖什么吆喝什么。用俗话概括孔雀，不可能不恰当。

孔雀是传媒的宠儿。用高昂的嗓门，宣传自己的长处。又用尾翼上的无数眼睛，窥视他人的短处和隐私。展开的尾翼，恰如一部雷达，又似一座看台，那里有无数眼睛：看一切过眼烟云，看一切不值得看的东西；为一切流行的东西喝彩，为一切庸俗的价值起哄。

孔雀是自我包装大师，把自己包装成诱人的可口可乐。但是只要转到雀屏背后，就能在高高翘起的尾翼下，看见他被欲望之火烧得通红的丑陋屁股。

鸬鹚

鸬鹚，俗称鱼鹰。

一排鱼鹰，站在船沿，大眼睛直勾勾盯住水面，像泳池边的游泳选手，随时准备跳下水去。起跳的发令枪，并非来自渔夫，而是来自水下。突然，水面一个暗涌，差不多同时，全体鱼鹰整齐而优美地一个猛子扎入水下，很快又稍有先后地鹞子翻身，一个个回到船沿上原先所在的位置。渔夫捏一下明显胀大的鱼鹰脖根，鱼鹰们不情愿地张开大嘴，把已经吃到嘴里的一条大鱼吐进船舱。到嘴的美味，却不吃进肚子，并非鱼鹰不想受用，而是脖根被渔夫套上了一个铜圈，无法吞下大鱼。吐出大鱼以后，渔夫会奖励鱼鹰一条小鱼。这条小鱼，正好可以穿过项圈。没捕到鱼的鱼鹰，不赏小鱼。他们只能瞪大眼睛，盯紧水面，准备下一轮起跳，抢先跳下水去。

豢养鹰、犬，常常并提。人人可以养狗，乞丐也有一条忠实的狗。并非人人可以养鹰，豪杰和暴徒才有资格，否则就可能被鹰啄出眼珠。鱼鹰则是另一回事。鱼鹰已从天上的神鸟，沦落为人间的奴隶，早已锐气挫尽。鱼鹰没有"鱼我所欲也，熊掌亦我所欲也；二者不可得兼，舍鱼而取熊掌"那番豪气，只能大鱼我所欲也，小鱼我所不欲也；大鱼既不可得，姑且将就小鱼。

是鹰，就该在天上自由翱翔，千万不要被折断翅膀，成为溺水者。千万不要为了一条吃不着的大鱼，而被一枚小小铜圈，紧紧卡住脖子。

鹭鸶

早在学龄前，当时我还从未见过鹭鸶，包括鹭鸶的画片，就听到大人把高个子叫作"长脚鹭鸶"，但我误以为是"长脚螺丝"，因为"鹭鸶"与"螺丝"，在上海话里读音相同。想想也非毫无道理，螺丝岂非细细长长？直到上学识字，才明白是个误会，从此却对鹭鸶的长脚极感兴趣。

一切飞禽中，鹭鸶飞起来最为难看，因为长脚不能像鸽子之类短脚禽那样收入腹下，只好累赘地伸直拖在身后。飞机的起落架也像鸽子一样可以收起来，如果像鹭鸶那样拖在后面，多么累赘多么难看？尤其是比起短脚大雁来，鹭鸶的飞行更为可笑，毫无优雅可言。

后来读到杜甫的美丽诗句"一行白鹭上青天"，我改变了观感。杜甫为何不写"一行大雁上青天"？尽管飞起来都是"一"字形，然而大雁只是"一串"省略号，鹭鸶才是真正的"一行"：前一只鹭鸶与后一只鹭鸶之间的空间，被鹭鸶的长脚连成了一条直线。一行白鹭飞上青天实在壮观，你简直可以认为，他们是衔着一条竹竿在高空飞行。可惜我的"形象比喻"毫无诗意。

让我对鹭鸶根本改观的，是《庄子·骈拇》的名句："凫胫虽短，续之则忧；鹤胫虽长，断之则悲。"鹭鸶的脚之所以长，是因为有用。鹭鸶是涉禽，必须用长脚站在浅水里捕小鱼吃。从有用就是美的角度来看，鹭鸶堪称鸟类中最亭亭玉立、楚楚动人的美人儿。现在的时装模特儿，也是这样一群长脚鹭鸶。按照达尔文的适者生存理论，长脚是鹭鸶生存的根本立足点。所以人对动物乃至世界的观感，不能以人类的好恶为标准，这样才能避免强加于兽，少犯"以人灭天"的错误。

羽族（下）

夜莺

善鸣的鸟儿不少，能叫的虫子更多。但在月黑风高、鸦雀无声、万马齐暗的冬夜，只有夜莺在孤独地歌唱，很少有人听到。冬眠的笨熊固然听不见，长眠不醒的睡狮更听不见。"但愿长醉不复醒"的诗人也听不见，诗人对夜莺说："我醉欲眠卿且去。"

诗人原本也是善于吟唱、长歌当哭的夜猫子，然而诗人无法忍受寂寞，更无法忍受痛苦，不得不借酒浇愁。酒醉犹如上过麻药再动手术，诗人认为那样较能忍受。实际上，酒是尽欢的佳酿，而非止痛的良药。以肉体的麻醉，对付灵魂的痛苦，如同头痛医脚，脚痛医头。诗人总是"借酒浇愁愁更愁"，在醉眼蒙眬之后"斗酒诗百篇"，与蟋蟀、鹦鹉比个高下。

夜莺的真正听众，是不眠不醉的守夜人。他们是苦守长夜、枕戈待旦的战士，如同刮骨疗毒的关羽。麻药发明者华佗建议麻醉后为关羽开刀治疗箭伤，被严辞拒绝。战士认为，麻醉剂固能减轻肉体的痛苦，也会消磨斗志，挫折雄心。肉体的良药，比如食与色，常常是灵魂的毒药。灵魂的点心，比如名与利，未必是生命的大餐。真正的生命大餐，正是夜莺欢唱的战斗之歌。战士需要夜莺的歌唱。

然而夜莺不愿与青蛙、知了同台竞技。他相信，任何愿意比个高下的凡鸟，即便这一番恶战"更是与众不同"，最终仍是"大战三百回合不分高下"的一丘之貉。因此当鸟虫们用晦涩艰深的鸟虫书，撰写不朽的传世名篇，阿谀夜空的月亮"月色溶溶，清晖皎洁"，夜莺拒绝加入百兽率舞的大合唱。

夜莺对夜空中的月之光华深恶痛绝，拒绝加入"月光奏鸣曲"的唱诗班，只愿唱正大光明的太阳之歌。当驱除妖氛毒雾的黎明来临，夜莺渴望的阳光普照大地，夜莺会在雄鸡高唱之中倏尔远逝，连闻鸡起舞的人们也见不到他。大梦初醒的人们，连谁是夜莺也不知道。

云雀

听见云雀在欢唱的，只有极少数人。云雀的孤独，命中注定。但是云雀的声音传得很远，即便在他死后，响遏行云的云雀之歌，还在绕梁三日（韩娥如此），绕梁三月（孔子闻乐后三月不知肉味），绕梁三年，绕梁三十年……余音袅袅，回荡天际。尼采说，星光很遥远，人们要过很久，才能看见它的光芒。云雀之歌也很遥远，听见要过很久，听懂要过更久。

我不喜欢云雀的别名"叫天子"，仿佛他始终是叫给天子听的，或者自以为鸣叫得美妙，想在鸣叫的国度自封天子。

有些鸟儿明明具有在云层外鸣唱的天资，却也自甘降到云层下面，加入凡鸟们的大合唱。南郭先生喜欢大合唱并不奇怪，因为他本就没有独唱才能，只好跟着众人起哄。具有独唱天才的云雀也加入大合唱，才宜引起深思。

听众和知音的多寡，都有可能影响歌者，然而听众与知音截然不同。有些歌者听众很多，然而没有知音。有些歌者听众很少，然而都是知音。听众多而无知音的歌者，悲哀不在于无知音，而在于不唱自己之歌。因为所谓知音，仅对只唱自己之歌的歌者而言。不唱自己之歌，或根本没有自己之歌的鹦鹉，即便赢得大量听众，也会矫情地哀叹没有知音，其实是用学舌之歌，冒充自己之歌。

云雀不会哀叹没有知音，也不会因为没有知音而放弃歌唱。只要活着，云雀就会凭着天赋歌喉尽情歌唱。哪怕唱自己之歌不仅没有掌声，反而带来厄运，云雀也永远只唱自己之歌。没有听众的歌唱，尽管寂寞孤独，但是云雀从不逃避寂寞孤独。

云雀的自己之歌，决不是唱给天子听的。所有"欲动天听"的鸟叫，都是毫不动听的聒噪。但是倘若天子恰好愿意欣赏云雀的自己之歌，云雀既不会故意矫情不唱，也不会受宠若惊去给天子唱堂会。云雀需要分辨的是，天子是否真正听懂了云雀之歌。如果天子是一只既不会唱又听不懂的呆鸟，那么天子喜欢云雀之歌，就是附庸风雅，目的是让云雀之歌成为歌舞升平的点缀。若是如此，云雀只能不唱，别无选择。

沉默的云雀，依然是云雀。学舌的云雀，不再是云雀，而是变成了鹦鹉。

鹦鹉

鹦鹉是一切独创性思想的敌人。

鹦鹉抹着鲜红的唇膏，随时准备当众发表演讲。交叉的红嘴，使他说话永远一针见血。

鹦鹉带着两条舌头，随时准备为任何观点辩护。分叉的舌头，使他持论永远左右逢源。

第一次聆听鹦鹉演讲的人，被其滔滔雄辩大为震慑，误以为他才学如海。听众不知道，鹦鹉的每一句话，都是陈辞滥调。

第一次拜读鹦鹉大作的人，被其华丽藻饰晃花了眼，误以为他满腹文章。读者没明白，鹦鹉的锦绣文章，仅是漂亮羽毛。

鹦鹉对每个人说同样的话，这样显得一以贯之，信仰坚定。

每一只鹦鹉，都在重复同样的话。两只鹦鹉待在一起，只好闭上他们的鸟嘴。

鹦鹉不会飞翔，他的左脚被金链锁着；鹦鹉不愿飞翔，他根本不需要想象力。

鹦鹉逮着人就说，一张嘴就来，说起来就没完。

鹦鹉不知疲倦地喋喋不休，只是为了不让别人说话。

倘若有谁胆敢插嘴，鹦鹉张嘴就骂：

"兀那鸟人！"

杜鹃

　　杜鹃又名布谷鸟，是只说不干的天生鼓动家。春天一到，他就号召农人"布谷"。他自己唯一要做的事，就是收谷。

　　杜鹃惯于剥削他人劳动，自己不营巢，却把蛋下在别的鸟巢里，让别的鸟代他孵化哺育。连与他无关的杜鹃花，他因为觉得漂亮，看着眼红，也做了自己的别号。

　　关于杜鹃有一个传说。杜宇自立为蜀王，号曰望帝，以鳖灵为相。鳖灵在外治水，杜宇与鳖灵之妻私通——与把蛋下在别的鸟巢里是同一行径。据说事后杜宇心怀歉疚，自愧不及鳖灵有德，就把帝位禅让给鳖灵，自己隐退而去。然而杜宇是反复无常的小人，后来愧疚之心渐淡，又想复辟，结果失败，死后化为杜鹃鸟。从此杜鹃一到春天就哭哭啼啼，一声声叫着"归去归去"，博取不明真相的路人同情。

　　奇怪的是，杜宇明明是失德昏君，自己也问心有愧，后人却被其哭诉（或曰"下罪己诏"）打动。中国人常常不顾是非地盲目留恋前朝天子，哪怕前朝天子是无道昏君，也恋恋不舍地非要做他的孤臣孽子，做不食周粟的遗民。这与某个做了考古学家妻子的女人的想法，颇为相似：既然考古学家认为越老的东西越有价值，那么做考古学家的妻子，就不必怕老。遗老遗少们似乎也这样认为：既然中国人都喜欢古董，那么做遗民就成了活古董。另外，既然艺术家生前无人理睬，死后作品立刻升值，那么做前朝遗民，自己的人生价值也会行情看涨。所以他们不怕扮演滑稽剧，而把可笑可怜的喜剧，当作可歌可泣的悲剧。

　　"望帝春心托杜鹃"，是耶？"庄生晓梦迷蝴蝶"，非耶？

鸳鸯

没有一种动物，比鸳鸯更为国人熟知。

中国人可能不知道仙鹤象征什么，也可能不知道蝙蝠象征什么，但不可能不知道，鸳鸯象征生死不渝的爱情。曹雪芹甚至为贾府地位最高的丫头取名"鸳鸯"，因为她至死不渝地忠于史太君，不愿意从丫鬟升做大老爷的如夫人。卢照邻咏叹道："得成比目何辞死，愿作鸳鸯不羡仙。"

然而以为鸳鸯忠贞不渝，又是人类对动物的一大误解。鸳鸯并非从一而终，仅在恋爱季节，鸳与鸯才形影不离。一旦结婚生子，鸳与鸯就各奔东西。鸳鸯似乎与人类一样，坚信婚姻是爱情的坟墓。新婚夫妇们在绣着鸳鸯的枕头上进入幸福的梦乡，或许未曾想到：祝福可能变成了诅咒？

所以中国人又说，夫妻本是同林鸟，大难来时各自飞。这同林之鸟，或许正是鸳鸯，一旦不同林，就成了分飞的劳燕。他们知道，再亲密的鸳鸯，依然改不了鸟性，再忠贞的人，也免不了见异思迁。鸟的本性，正是人的本性。人就是鸟，正如鸟就是人。

同一屋顶下的恩爱鸳鸯极为罕见，鸳鸯并非人类屋顶下的家禽。真正的爱侣，常常都是野鸳鸯。然而又有多少野鸳鸯，能够厮守终生？

《山海经·西次三经》的人文动物比翼鸟，似乎更接近鸳鸯的象征意义。据说比翼鸟状如野鸭，仅有一翅一目，必须两两相配，才能双飞。而且飞行、宿止、饮食都不分离，永远形影相随。死后复生，仍然双宿双飞。白居易写道："在天愿作比翼鸟，在地愿为连理枝。"

燕子

燕子是天生的情侣。

燕子情侣身穿燕尾服和淑女装，彬彬有礼，成双成对，在风中漫步，在雨中遨游。燕子情侣谈论的，有时是哲学，有时是时装，有时是邻家表妹的男友，有时是隔壁夫妇的口角。恋爱中的情侣，说的都是无关紧要的废话。说话这一形式本身，比说什么更为重要，所以他们一刻不停地燕语呢喃。一切情话都是废话，一切废话都是情话。一旦谈得入港，他们就以三十公里时速迅疾飞回香巢，急不可耐地钻入屋檐下的阁楼。只要有爱情，燕子不在乎住亭子间，甚至不在乎寄人篱下。

燕子最热衷于亲吻，是接吻艺术的发明者。他们在香巢里尔侬我侬，嘟嘟囔囔，我吞你一嘴口水，你喂我一口唾沫。美其名曰：相濡以沫。于是燕子创造了一切爱情结晶中最奇妙的艺术品：燕窝。燕窝的主要成分，正是燕子的唾沫。燕子的唾沫尽管腥不拉几，淡而无味，然而找不到人生意义的人们，只有凭借这种精神输液，才能活得津津有味。美其名曰：君子之交，淡如口水。

据说鬼最怕唾沫，因为地狱中的魔鬼，禁止谈恋爱。渴望爱情的女鬼，无法与男鬼谈恋爱，只好找阳间书生，偷练对手戏。人与鬼相反，所以最喜欢唾沫。没有人不渴望爱情，而谈恋爱就是咽唾沫。谈恋爱就是唾沫横飞，把废话说得像一篇演讲。谈恋爱就是不辨香臭，以好恶为是非。把爱侣虐待，当示爱享受。爱侣把唾沫吐在脸上也不擦，等它自己风干。在人世间，越是幸福时代，越是恋爱的黄金时代。

听说富人要进天堂，比骆驼穿过针眼还难。根据游历过地狱的希腊人阿伽门农和意大利人但丁报导，地狱里挤满了帝王将相和百万富翁。富人进天堂不易，要想得到爱情则比进天堂更难。所以富人一想到即将要去的地狱里禁止谈恋爱，无福吃唾沫，就不得不趁还活着，赶紧大吃特吃燕子的唾沫——燕窝。因为金钱能买到的东西中，不包括爱情。

明白了这一点，就不会奇怪燕子为何喜欢"飞入寻常百姓家"。享受着现代文明，又渴望着古老爱情的人类，还须明白：燕子无法在水泥房顶上安家，只愿在木椽屋檐下做窝。

啄木鸟

知了是大树的害虫，啄木鸟是大树的医生。

啄木鸟啄开病灶，把知了产在树皮下的卵吃掉。啄木鸟是真正关心大树健康的批评家。自作聪明者以为，知了是在歌唱大树，而啄木鸟是在戕害大树。啄木鸟的尖嘴，常常啄到大树及其依附者的痛处。一大批知了的歌颂之声，常常淹没一两只啄木鸟的批评之音。因此众多耳食之徒，难以分辨是非曲直。

啄木鸟从来不像知了那样，自夸无所不知。因此啄木鸟是知了的天敌，正如批评家是伪知识分子的天敌。知了们把他们声浪巨大的集体大合唱，称为时代最强音。啄木鸟直言不讳地道破，知了们的歌声只是时代的噪音。知了们异口同声说：那么你倒唱唱看，莫非你有更美妙的歌喉？啄木鸟不予理睬，依然"笃笃笃笃"永不懈怠地埋头消灭害虫。知了们笑道：莫非你的"笃笃笃，卖糖粥，三斤核桃四斤壳"，就是时代的最强音？

啄木鸟说，上帝的乐园里有两棵树，一棵是知善恶树，一棵是生命树。知了们在这两棵树之间飞来飞去，就自以为是天使了。而他们的飞来飞去，只是使这两棵树乃至整个树林都受到了损害。知了们反唇相讥说：莫非你才是真正的天使？为什么只看见你紧贴着树干，却没看见你优美地飞翔？

尽管啄木鸟很少歌唱，但我相信啄木鸟本有云雀的歌喉，正如他如果有意于飞翔，也能飞得像云雀一样高。他无暇歌唱，是因为他把大树视为自己的家园。他无暇飞翔，是因为他把家园的安危，看得比自己的声名更为重要。

乌鸦

乌鸦是报凶信的使者，一向被视为不吉祥的动物。

如果某户人家将有灾祸，乌鸦就会停在门前的老槐树上。

如果某个朝代即将灭亡，乌鸦就会群集于华表之上，鸦鸦地聒噪着。

相信科学的现代人认为，这是迷信。然而，现代乌鸦与古代乌鸦一样，在有垂危病人的人家周围飞翔着。于是迷信者为自己辩护：既然乌鸦不相信科学，那么即便生于科学时代，我还是不得不迷信。

因此科学时代的人们，像蒙昧时代的祖先一样，仍然认为乌鸦不吉祥，不遗余力地把家门口的乌鸦赶走。

其实现代乌鸦相信科学，古代乌鸦也相信科学，不相信科学的永远是人，不可能是动物。只有不可理喻的人，没有不可理喻的动物。动物是大自然的产物，也是遵循自然规律的典范。在这一点上，人类必须向动物学习。

现代科学已经证明，在垂死的人体身上，会产生一种有机质腐败的特殊气味。并非乌鸦带来了死亡，而是死亡或腐败的气味，引来了乌鸦。科学的结论是：死亡或腐败的气味是因，乌鸦之来是果。以为乌鸦之来是因，灾难或死亡是果，颠倒了因果。再如地震前老鼠的出逃：即将地震是因，老鼠出逃是果。以为老鼠出逃是因，地震是老鼠出逃之果，同样冤枉了老鼠。尽管我不喜欢老鼠，但是不能对老鼠栽赃，乌鸦则必须平反。

凡是乌鸦停留的地方，必有死亡或腐败的气味。人类应该感谢乌鸦，因为报凶信的使者，比报喜讯的使者更加难能可贵。不能因为凶信是不乐闻的，就迁怒于报凶信的乌鸦。如果我患了癌症，我一定感谢为我查出并告知病情的医生。因为只有及时了解真实病情，才有可能对症下药，才有可能及时治疗。讳疾忌医，或者迁怒于医生，甚至认为医生的检查导致了癌症，医生的告知导致了死亡，岂非不折不扣的愚人？

赶走乌鸦，无助于赶走死亡或腐败。只要病人恢复了健康，只要生命的气息驱散了死亡或腐败的气味，乌鸦就会从老槐树上扑喇喇起飞，向远方飞去。

喜鹊

憎恶乌鸦的人们，格外青睐喜鹊。正如他们喜欢"八"（发），不喜欢"四"（死）。我敬佩乌鸦的诚实，憎恶喜鹊的撒谎。

中国人喜欢的吉祥动物中有蝙蝠，据说他能带来幸福。由于唯恐他不肯来，人们把门上的蝙蝠倒过来贴，据说这样就能"福到"。无家可归者当然不配，他们根本"没门"。蝙蝠也很凑趣，总是倒过来，挂在树枝上、岩洞顶。没有这一迷信的民族颇为惊奇，他们认为蝙蝠是吸血鬼，仅仅意味着恐怖。莫非中国人认为，只有吸血鬼才能得到幸福? 倒贴蝙蝠的人们，似乎不会如此坦率。

中国人喜欢的吉祥动物，还有鹿，据说他能带来禄。但这只有读书的秀才，举人老爷和进士大夫才配。中国人读书，很少追求知识和真理，主要为了食禄。哪怕无功于君，甚至有害于民，也要食禄。士大夫们对帝王非常客气，声称"无功不受禄"，"食君之禄，忠君之事"。为了忠君和有功于君，他们毫不客气加害于民。士大夫们坚信，禄是帝王的恩赐，不知自己所食之禄，实为百姓的血汗。所以《庄子·胠箧》说"圣人不死，大盗不止"，主张食禄者"无为而治"，因为食禄者为君王立功越少，百姓受害越少。禄蠹们"无功食禄"，反是百姓之福。

中国人最喜欢的动物，莫过于喜鹊。无论君臣百姓，谁都喜欢在墙上挂一幅"喜上眉梢图"，亦即喜鹊栖于梅枝。这种幼儿园级别的象征主义，过于弱智。喜鹊尽管报喜不报忧，但是报了又报，喜事还是没来，然而人们从不责怪喜鹊的撒谎，反而迁怒于乌鸦的诚实。

所有的动物中，我最讨厌喜鹊。如果真有喜事要来，让喜鹊说了又说，即便真来也降低了喜悦。倒不如在乌鸦叫过之后，突然喜从天降，也算意外惊喜。

喜鹊是最拙劣的批评家，御用批评家，伪批评家，应该正名为"赞扬家"。赞扬家是最为败人兴致的俗物。

麻雀

诗人墨客们，赞美过一切羽族，但是从未对麻雀稍假辞色。麻雀实在太卑微太渺小了，而其最为可厌的缺点，就是烦"噪"得人的耳根，片刻不得清静。麻雀没有悦耳的鸣啭，只有一刻不停的聒噪。每一只麻雀的声音，都非常轻微，但麻雀是鸟类中最庞大的族群，集体的力量，使他们的大合唱，足以把人的天灵盖掀掉。

蝉噪使人感到林泉幽静，雀噪却使人感到如坐针毡。麻雀毫无诗意，从未有人喜欢过麻雀，除了耳朵构造与成人迥异的儿童。在成人眼里，儿童正是一群吵闹不休的麻雀。如果看电影时，恰好赶上小学生包场，你就能领略雀噪的巨大声浪。在不少男人眼里，女人也是一群麻雀。所谓"三个女人一台戏"，就是一场锣鼓喧天的麻雀大戏。在士大夫眼里，无知的男女也是一群麻雀。因为习惯了在机器轰鸣和广阔天地中吼叫着交谈，所以即便在墓地，他们也会大声嚷嚷。

围棋是士大夫的高雅游戏，是忘忧的清乐，所以"闲敲棋子落灯花"，是一种动听的天籁。但小市民彻夜不停的洗牌声，在城市的午夜，犹如麻雀的尘嚣。所以打麻将也叫雀战，麻将牌也称麻雀牌。

讨厌麻雀，是不应有的愤世嫉俗。若干年前，被视为麻雀的男女老少，曾经共同参与了一场愤世嫉俗的全民灭雀运动。全体国民一起敲锣打鼓，把安安静静觅食的麻雀，惊吓得飞起来。每过半小时，大家就暂停手里的工作，敲脸盆，鸣汽笛，把刚刚落地，依然惊魂未定的麻雀，再次惊飞起来。如此一而再，再而三的噪音轰炸，使麻雀得不到片刻休息，终于神经崩溃，疲劳致死。灭雀运动战绩辉煌，麻雀一度极为少见。同样，在愤世嫉俗的年代，雀战之声也彻底销声匿迹。

雀噪之音和雀战之声，实为不可或缺的人间市声，消灭了雀噪与雀战，尘世欢乐也所剩无几。正如人类不能没有儿童，男人不能没有女人，雅士离不开俗人。一个健康的社会，不能没有广场上的鸽子，也不能没有电线

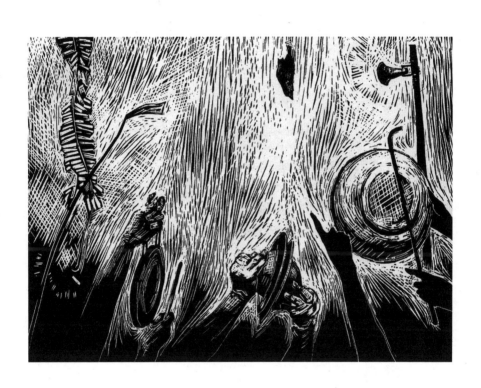

上的麻雀，不能没有围棋的敲枰之声，也不能没有雀战的鼓噪之声。事实证明，没有雀噪与雀战的时代，也是没有鸽子和围棋的时代。雀噪或许并不可爱，鸦雀无声却更为可怕。

水
族

比目鱼

比目鱼是艺术家。

他所有的眼睛，都集中在灵魂一侧。眼睛的全部视力，都凝视着这一侧的一个极小局部。高度的专注，使他看见了大多数鱼看不见的世界。

大多数鱼司空见惯的世界，他也看不见。与其他鱼相比，比目鱼几乎是残废，是瞎子、聋子、瘸子、疯子，是鱼类世界的笑柄。但是嘲笑他的每一条鱼，其实都嫉妒他。他们知道自己没有眼睑的眼睛每天熟视无睹的世界，凡庸至极。他们知道比目鱼看见的神秘世界，才是罕见的天下奇观。

大多数比目鱼，不能用恰当的语言形式，恰当的表达方式，把看见的奇观告诉其他鱼类，他们唾沫横飞（这你看不见），吐出一串串水泡（这你看见了）。可惜没有耳朵的鱼们，既听不见，也看不懂。

能把灵魂漫游经历的奇景，讲述得像水族馆一样清晰的比目鱼，极为罕见。一座水族馆里的一千条比目鱼中，大概仅有一条。其他比目鱼，只能做他的转述者，翻译者，演绎者，解释者。

吃惊得张大了嘴的其他鱼类，嘴巴一张一合地重复着这些奇闻，直到把奇闻再次变成陈辞滥调，然后等待下一条伟大的比目鱼，从梦游中归来。

金鱼

金鱼是被迫的奴隶——鲛人。

金鱼的尾巴,被人为弄成了残疾。仅仅为了满足主人的病态癖好,她的尾巴变成了一挂花枝招展的窗帘。

她的尾巴不再是强健的推进器,她已经没有能力尽情遨游。她不再是大海的自由女儿,而是玻璃缸的永久居民。金鱼知道自己的不幸,哭得双眼红肿,两只水泡眼里盈满泪水。

雄金鱼也被迫穿上了花裙子,袅袅婷婷,摇头摆尾,搔首弄姿。他比太监更痛苦,成了徒具形式的人妖。他的百褶裙,不是为了方便古代帝王随心所欲掀起,而是为了逗引现代游客歇斯底里大笑。

中国古人改造了两件上帝的造物:金鱼的尾巴和女人的小脚。女人的小脚无法遗传,女人们不得不一代又一代把天足缠小。不把脚缠小,中国女人就得不到中国男人宠爱。男人缠小了她的脚,她就对爱她的男人胡搅蛮缠,对不爱她的男人缠绵悱恻。

金鱼的不幸在于,她一劳永逸地穿上了花裙子。小脚不会遗传,花裙子却会遗传。外表畸形并不可怕,只要心灵没有畸形,只要她知道为他人穿花裙子是可耻的。小脚虽不遗传,小脚意识却遗毒至今。

只有敢于要求男人爱她,并且敢于主动爱男人,女人才能在精神上放大自己的脚,无须倚仗任何外物,昂首挺立在大地之上。

螃蟹

蟹味之美，堪称天下一绝。

蟹被称为"无肠公子"，所以除了蟹的外壳，以及"蟹胡子"，大抵都能吃。只有蟹兜内的"蟹和尚"，即俗称"法海"者不能吃。鲁迅曾说第一个吃蟹的人是勇士，但是这位勇士大概不敢吃真正的法海和尚。和尚肉，尤其是得道高僧的肉，据说很好吃，所以取经路上的无数妖精想吃唐僧肉。大凡妖精，多是狐狸精。狐狸精们以为，吃了唐僧肉，可以煞煞狐骚臭，于是把高僧肉当成了治狐臭的特效药。

然而法海这样的得道高僧，实为稀罕之物。倘若吃和尚之风一开，显然要闹饥荒。所以尊贵者就找蟹的晦气，蟹和尚尽管不敢吃，但是借此沾些仙气也是好的。可见即便没有鲁迅表彰的勇士，蟹之上台面也是必然之事。而蟹一旦金贵得上了法席台盘，上不得台面的小民们，只好退而求其次，以"蟹壳黄"烧饼聊解馋痨。

曾在古玩市场见过一套银制食蟹工具，凡八大件。摊主宣称是慈禧太后的御用之物。由此可以想见，尊贵者显然无福领略蟹的天趣和真味。《庄子·天地》曰："有机械者必有机事，有机事者必有机心。"善吃蟹者，只需用三长两短的天然五指箸。而且吃空蟹肉，拼拢来，依然是个腹中空空的"无肠公子"。不过尽管红光满面，却是个"行不得也哥哥"。

虾米

人文动物园的食物链是：大鱼吃小鱼，小鱼吃虾米，虾米吃烂泥。

看起来，大鱼，尤其是跃过龙门的那条大鱼，对虾类相当仁慈，因为他并不直接吃虾，吃的只是小鱼。如果虾类抗议某条小鱼吃虾吃得太出格，太过火，大鱼甚至可能以"民愤极大"为由，杀几条小鱼让虾类出出气，息息怒。虾类大快人心之余，对大鱼感恩戴德，称颂大鱼是明君，痛骂坏小鱼是奸臣。至于好小鱼，当然是忠臣。

好小鱼是教育家，负责教育大鱼、坏小鱼和全体虾类。

好小鱼教育大鱼：名者公器，不可假于人。好小鱼告诫大鱼：千万不要直接吃虾。

好小鱼教育全体虾类：你们已被正名为"虾米"。而米，命中注定是他人的口中食。就这样，通过耐心细致的说服教育，好小鱼让全体虾类心甘情愿放弃了动物的一切天赋权利。不过虾类仍然享有少量天赋权利，只是从"天赋"转为"人赋"——被正名为"恩赐"。

好小鱼又教育坏小鱼：名不正则言不顺。即便真的贪吃，也应该巧吃。而你原先那种活吃生猛醉虾的野蛮吃法，甚至愚蠢地公开宣称"老子可不是吃素的"，只会激怒全体虾类，不利于名正言顺地吃，心安理得地吃，长治久安地吃。

被正名为"虾米"以后，全体虾类就心甘情愿地被好小鱼吃掉，无可奈何地被坏小鱼吃掉。正名以后，吃虾的小鱼自称是吃长素的善人。因为虾米不属荤腥，只算素食。其实小鱼又何尝不是大鱼的米呢？人类自有一套把被吃者称为"米"的正名哲学甚至素食主义理论。

虾米爱戴大鱼，因为大鱼不仅不吃虾米，而且爱护虾米。虾米爱戴好小鱼，因为好小鱼仁慈地吃掉虾米，让虾米安乐死。

小鱼对大鱼也感激涕零，因为大鱼固然偶尔吃掉个别小鱼，但是大鱼毕竟把吃虾米的特许证，颁给了全体小鱼。况且大鱼之所以会吃个别小鱼，也是个别冥顽不灵的刁蛮虾米，滚钉板告御状的结果。因此小鱼最痛恨的是虾米，正如虾米最痛恨的是小鱼，不，是坏小鱼。

弱肉强食，是丛林社会的天经地义。"大鱼吃小鱼，小鱼吃虾米，虾米吃烂泥"这一金科玉律，则是好小鱼在食不厌精、脍不厌细以后，打着饱嗝总结出来的。因此所有的大鱼、小鱼、虾米，一致推戴好小鱼为"万代师表"、"至圣先师"。

青蛙

青蛙是隐士。

或许有人会问，既然青蛙是隐士，你是怎么知道的？莫非你也是隐士，或是青蛙的朋友？我既不是隐士，也不是青蛙的朋友。我知道青蛙是隐士，是听青蛙自己说的。

成为著名隐士之前，青蛙只是一条小蝌蚪，那时真的没人知道他。后来青蛙听说"池塘生春草"是隐士的名句，似乎隐士真的像春草一样，寂寂无声地生长在池塘边。很少有人注意到紧接其后的另一句诗，但是有学问的青蛙注意到了，那就是"园柳变鸣禽"。这是做隐士的诀窍：寂寂无声的园柳，即便是真隐士，也没人知道他，这隐士就白当了——担心白当隐士的隐士，自然是假隐士。只有变成声闻十里的鸣禽，才会变成遐迩闻名的大隐士。青蛙悟透了这一点，于是从缄默无语的小蝌蚪，变成了大鸣大放的青蛙。

植物不会说话，只有动物才有三寸不烂之舌。几乎所有的隐士都与植物有关，比如伯夷叔齐与薇类有关，谢灵运与春草有关，嵇康与竹林有关，陶渊明与菊花有关，周敦颐与荷花有关，林和靖与梅花有关。所谓"路边野草花，寂寞开无主"，一旦这些"野草花"为自己的无主而忧心，急于植入帝王的苑囿之中、池沼之内，甚至不惜做盆景中的病梅，案头上的清供，那么园柳就会变成鸣禽，蝌蚪就会变成青蛙。

中国文化是盛产隐士的文化，所以无数青蛙守候在池塘之旁，跳跃在荷花之上，鸣鼓而歌，大吹大擂，或自诩为"出淤泥而不染"的高洁之士，或自封为"留得残荷听雨声"的清雅之士，可惜最后几乎无一例外，扑通扑通跳进了池塘，成了帝王们的池中之物。

如此说来，莫非青蛙并非真正的隐士？那么真正的隐士是什么动物呢？我不知道。我只知道真正的隐士不会自称隐士，因此真正的隐士没人知道。我还想说，人是天生的社会动物，不该做独善其身的隐士。

鳄鱼

所有被称为鱼的动物中，鳄鱼最名不符实，因为他根本不是鱼。

所有长相丑陋的动物中，鳄鱼最具观赏性，因为他丑得太美了。

只要鳄鱼不伤害到自己，人人愿意去看看他。鳄鱼是人类生活中常谈常新的一项谈资，不可或缺的一大刺激。

有的人希望鳄鱼永远丑陋下去，以便证明自己的美丽。美丽的姑娘喜欢背一只鳄鱼皮挎包，让皱巴巴、黑乎乎的鳄鱼皮，衬托自己紧绷绷、亮闪闪的健康肌肤。

有的人希望鳄鱼的凶残能够被自己利用，代替他去伤害自己想伤害又不敢下手，想加害却不愿脏了手的人。于是满脸横肉的鳄鱼，潜伏在水边，伺机袭击无辜的人们。

鳄鱼是真正的冷血动物，是武装到牙齿的职业杀手和恐怖分子。没人希望自己成为职业杀手的目标，没人愿意自己成为恐怖袭击的受害者，但是不少人对远离自己的暴力事件津津乐道，他们对电影里的鳄鱼故事百看不厌。他们会在电影院里，为被鳄鱼伤害的人流下眼泪，甚至为鳄鱼的被伤害而流下眼泪。心太软的人们以为，眼泪最终也能打动鳄鱼，使鳄鱼也变成一个感伤主义者，为他的受害者流下充满盐分的眼泪。

潮州刺史韩愈曾在《祭鳄鱼文》里矫传圣旨，试图用言辞对鳄鱼虚声恫吓："今与鳄鱼约，尽三日，其率丑类南徙于海，以避天子之命吏。三日不能，至五日；五日不能，至七日；七日不能，是终不肯徙也……刺史则选材技吏民，操强弓毒矢，以与鳄鱼从事，必尽杀乃止。其无悔！"

唐朝的鳄鱼是否真有如此听话，只要看看今天那些视法令如虚文的鳄鱼，就不难猜出大概。韩夫子明知自己不能令行禁止，不得不一再推迟动真格的期限，从三天放宽到五天，又从五天放宽到七日。黑道白道的各界大鳄，连眼泪都笑出来了：这不过是又一篇章鱼文章，一纸空文而已。第七天还是不理你，你又能怎样？

鲨鱼

　　鲨鱼如此完美，线条流畅，尾鳍强劲，腰肢柔软，三围标准。简直令人难以置信，他竟是上帝的造物。

　　大部分敌视鲨鱼的人，其实没被鲨鱼伤害过。他们之所以对鲨鱼充满仇恨，是因为他们知道鲨鱼孤立无援，还因为他们知道鲨鱼宽宏大量，决不会走上岸来，找诽谤者算账。

　　人们仇恨鲨鱼，并非由于鲨鱼凶恶，而是因为鲨鱼比人类优秀。正如狼也仇恨人，但没有人承认自己凶恶，反而认为这足以证明人类优秀。只要去水族馆走一圈就会明白，人们去水族馆的主要目的，就是看鲨鱼。如果没有鲨鱼，水族馆就该关门了。

　　令人惊奇的是，被鲨鱼折腾苦了的人，反而十分尊敬鲨鱼。海明威《老人与海》中的圣地亚哥，被鲨鱼打得大败，拖着一副大马林鱼的骨架回来，乐呵呵地说："人可以被打败，不可以被征服。"可见圣地亚哥老头认为，人只有被鲨鱼打败才不算可耻，因为唯有鲨鱼比人类优秀。

　　一定要找鲨鱼的碴子，也能勉强找到一条：鲨鱼会在假日海滨的深水区，偶尔咬断冲浪美女的大腿。其实这与人类爱吃鸡腿一样，仅是饮食上的嗜好问题。既然人类可以把鸡鸭大腿列入家常食谱，鲨鱼为何不能把美女大腿列入假日菜单？

海豚

　　海豚是鲨鱼的天敌和克星，在海豚游弋的海域，鲨鱼杳无踪影。因此在人类活动的海滨，放养海豚是保护美女大腿的最佳方案。

　　早在古希腊时代，就有海豚救援落水者的记录。一旦有人落水，附近的海豚就会迅速游过来，用背鳍托起落水者，把他送上海滩。由于并非每个落水者都有如此好运，因此有人解释说：被海豚援救的人一定是好人。假如被救者口碑很差，那就证明他是为善不欲人知的大善人。这种随心所欲、左右逢源的善恶果报论，永远不会失败。然而海豚并非上帝，他不可能了解每个人的善恶，即便知道，也没兴趣介入人间是非。落水者是否被救，仅仅取决于附近有无海豚。

　　令人迷惑的是，海豚为何对人类如此垂青？难道海豚不知道，人类常常比鲨鱼更凶恶吗？如果海豚援救的是恶贯满盈者，被恶贯满盈者损害的人们，是否应该憎恨海豚？无条件的善，是否可能成为恶的帮凶？

　　我不喜欢把人类的救星海豚，训练成杂技明星，让他们跳出水面，钻入圈套。但我无法知道海豚的真实想法，不知他是否自虐狂般，天生喜欢钻入人类的圈套。或许他并不喜欢，仅仅由于怜悯人类，出于菩萨心肠，为了吸引人们到海洋公园消磨一个下午，以免他们用挖空心思的恶作剧来打发掉无聊的时间，海豚不惜牺牲自己的尊严？

鲸鱼

鲸鱼不是鱼，正如鳄鱼不是鱼。

鳄鱼对人类的错误归类，进行了报复，爬上岸来，咬死人类的孩子。鲸鱼对人类的错误归类，只是提出抗议，冲上海滩，集体自杀。

鲸鱼的自杀，是不可思议的自然之谜，但我愿意猜上一猜。

或许，爱好和平的最强者，总是对凶悍好斗的次强者退避三舍，所以鲸鱼不得不躲避鲨鱼，犹如大象不得不躲避虎豹，鸵鸟不得不躲避鹰鹫。为此大象离开了森林，来为人类服役。鸵鸟离开了天空，在沙漠中孤独地奔跑。而鲸鱼离开了大海，以死来抗议这个充满暴力的世界。无论是抗议人类的错误归类，还是抗议鲨鱼的大开杀戒，自杀无疑是最高程度的抗议形式。

或许，无敌于大海的鲸鱼在水里待腻了，渴望拓展自己的疆域，殖民或移民于陆地，却没想到在不属于自己的地方，只能搁浅。所有的生命，都该待在上帝让他待着的地方。空中的鹰不该来骚扰地上的兔子，如果是像鸵鸟那样的和平观光者，则我愿意代表陆地居民表示欢迎。同样，地球上的人类，不该奢望向太空移民。坐上飞机从此地快速飞向彼地，是聪明的举动。但是任何聪明都有限度，一旦越界就会走向愚蠢。企图坐上宇宙飞船一去不返的人类，已经违背了上帝的意图。如果另一个星球适合生命居住，那么那个星球一定已经有居民了，人类不该去强占他们的家园。把自己的家园糟蹋到无法居住，再去强占别人的家园，很难算得上聪明。把大量财富浪掷于即便实现也意义有限的太空移民计划，而置地球上众多同类的现世幸福于不顾，更是令人疑惑之举。

鲸鱼冲上陆地的本意，也许并非自杀，而是以自己在大海中的强大为前提，做出了一个错误推论：自以为在任何地方都强大。如果这一猜测不错，那么鲸鱼愚行的结果，作为一个无法回避的巨大事实，正摆在海滩上，供人类引以为戒。

章鱼

　　章鱼是政治家，擅长施放烟幕。章鱼又是大文豪，共有八只手，什么笔都拿得起。其实，做文章与搞政治是一回事。

　　在中国，你可以不具常识，不懂科学，不明世务，不管法律，不顾民生，不通人性，但是只要文章写得好，跻身秀才，考上举人，荣登进士，就能做官。李鸿章说得坦白："中国做什么都难，最容易莫过于做官。"鸿章鸿章，写得鸿文巨章，难怪做得高官。所以中国人倘若不幸生在乱世，那就"要做官，杀人放火受招安"。假如有幸躬逢盛世，那就"要做官，舞文弄墨写文章"。

　　由于乱世少而盛世多，乱世不妨略过不提。盛世做官，就凭一手好文章。至于怎样的文章才算好，由于我的文章不好，缺乏成功经验，难以现身说法。只能反过来说，只要与我的文章不同，都可能是好文章。也可以这样说，凡是擅长在文章里施放烟幕者，都是文章高手。倘若能把乱世写成盛世，擅长施放超级烟幕，则堪称文豪。文豪的官运，自然最为亨通。

　　文字烟幕，种类繁多。大致说来，有如下数种：指鹿为马（这是将动物加以人文化的最古方法），指桑骂槐（这是将植物加以人文化的最佳方法），指东打西，指点江山。第五根手指，是不指名道姓。还有张公喝酒李公醉，东边日出西边雨，顾左右而言他，虚心接受坚决不改等等。总括起来，不外乎两种，"有关方面正在进一步调查"，"具体办法正在进一步研究"。对待"进一步"的进步法，最好的办法无须调查研究，早就古已有之，就是"退一步海阔天空，忍三分心平气和"。总是用"退一步"的进步法，退步自然不可避免。

　　聪明人以为，章鱼施放烟幕十分愚蠢，因为动机与效果正好相反：施放烟幕的目的，是为了隐藏自己，但那墨墨黑的烟幕，不仅暴露了章鱼的藏身之所，而且证明了藏身之所的藏垢纳污。这一说法固然合乎逻辑，其实过于天真幼稚。因为你不可能在章鱼施放烟幕之前，就已了解真相，因而不可能在那一小团烟幕扩散之前，就确认章鱼正藏身于那一小团烟幕之中。由于无边无际的烟幕先在于一切后来者，每个人的眼前，都是一团漫天彻地的巨大烟幕，连每个观察者本身，都在星云般的一大团烟幕之中，所以每个人的最终观察结果完全相同：不识庐山真面目。

因此你除了去做章鱼，写章鱼文章，帮助扩散这一大团烟幕，只剩下一件事可做：读文章。或者读章鱼的文章，或者读我的文章。

食草族

马

大概没有人会不同意，马是上帝创造的最完美动物。斯威夫特的《格列佛游记》甚至认为，一个理想国度，马才是万物之灵长，人只配做马的奴仆。

在马的原产地美洲，马早已绝迹。然而印第安人自古相传的神话认为，天神骑在马上。因此西班牙征服者皮萨罗骑着马踏上美洲大陆，印第安人迅速屈服了，迅速得让自信不可战胜的征服者们也无比吃惊。可以说，征服美洲人的，并非美洲人的欧洲同类，而是上帝的杰作——完美无缺的马。然而屈服于马的印第安人，却被自己的欧洲同类，假借上帝的名义屠杀殆尽。人的卑劣，反证了马的高贵。

神话创造者让最了不起的人类一员耶稣诞生在马槽里，决非偶然。视耶稣为人，基督徒或许以为亵渎神圣。我不是基督徒，但我敬仰耶稣的人格。

人类有史以来最大的陆上帝国，天之骄子成吉思汗及其子孙们的蒙古汗国，就诞生在蒙古马蹄下。且不说蒙古马队如何秋风扫落叶般狂扫整个可知世界，设想一下：一个信使带着十匹骠勇的蒙古马，骑死一匹换上一匹，连续七昼夜只吃不睡，人不下鞍，马不停蹄，从东亚草原穿过整个亚欧大陆到达东欧，把大汗于一周前签发的命令，递到蒙古统帅手里，然后与他的最后一匹马，同时口吐白沫倒地而死。这人与马同创的奇迹，何等惊天地，泣鬼神！难怪蒙古人和许多曾横扫世界的游牧民族，骄傲地自称"马背上的民族"。定居民族中的狂人，也大多自诩为"马背上的伟人"。许多欧洲城市的中心广场，高耸着不可一世的征服者们骑在马背上耀武扬威的雕像，这些人被每个国家奉为民族英雄。围绕着马，产生过多少悲喜剧啊！但这一切与马何干？人不能为马增色，也不能使马蒙羞。征服者的荣耀，随着时间流逝而化为乌有。被征服者的浩劫，因历史记载而成为人类的共同耻辱。

使人类获益最多的，除了马，还有狗。然而狗眼看人低，所以狗对人无限顺从。马却使人站得更高，看得更远。马对人从不驯服，所以诗人们对狗的赞美，大大超过对马的赞美。因为诗人可以俯视着赞美狗，却不能仰望着赞美马——那是阿谀。而阿谀是一把双刃剑，同时毒害了阿谀者与被阿谀者。诗人们明白，只有当人像马一样高贵时，才能尽情地倚马万言。狗渴望被豢养，而马渴望旷野。在马一度绝迹的美洲旷野上，如今到处都是皮萨罗们带去的马的后代，而且重新变成了野马，无可争议的天之骄子。我为他们的"久在樊笼里，复得返自然"，由衷感到欢欣。

斑马

马的姻亲很多，比如驴子和骡子，然而外形与马最为相似的，当数斑马。马的肝火旺，胆气壮，斑马却是世上最胆小的动物，所以身披迷彩服，整天躲在树丛的阴影里。

不过斑马毕竟是马的表弟，不可能像变色龙那样随时改变颜色。斑马身上的条纹，既是保护色，也是最后死守的底线。因为条纹适宜于隐身在枝干纵横的丛林，不适宜隐身在树木稀少的城市，所以原本在丛林里用于隐藏的保护色，使斑马在城市里成了与众不同者。当大多数人乱穿马路时，坚持走横道线的斑马，在众人眼里成了引人注目的怪物。所以街道称为"马路"，横道线称为"斑马线"。

斑马从来不闯红灯，也不乱穿马路，而是耐心等待绿灯，坚持走斑马线。永不违反规则，使他不太可能成为车祸的受害者。存有敬畏之心，使他不太可能成为亡命之徒。如果城市治安良好，循规蹈矩的斑马，将会十分安全。

斑马不会成为战马。即使马路对面正有歹徒抢劫银行，斑马也会置身事外。斑马不制造混乱，也不制止并非自己制造的混乱。斑马躲避一切危险，置身于丛林搏杀之外，隐身于丛林社会之中。

如果斑马永远躲避危险，永不冲锋陷阵，那么丛林社会就不会变成文明社会。即便走在斑马线上，也会被横冲直撞的犀牛撞死。

驴子

在希腊，驴子是伊索寓言中出场次数最多的动物之一，而且与聪明的狐狸相对，是愚蠢的代表。但在中国，由于物以稀为贵，驴子十分珍贵。

汉初人陆贾所著《新语》说："夫驴骡骆驼，犀象玳瑁，琥珀珊瑚，翠羽珠玉，山生水藏，择地而居。"与骆驼犀象等中原不产的动物和其他珍贵物产相提并论，可见当时驴子在中国十分稀有。稀有导致珍贵，所以魏晋名士常好驴鸣。许多名士死后，朋友凭吊也以驴鸣相送。即便如此，驴子与马相比，愚蠢仍很显著。北齐颜之推《颜氏家训》的"博士买驴，书券三纸，未有驴字"，虽是嘲笑博士，已让愚人与驴子沾上了干系。三国孙权则直接用驴的愚蠢戏弄人，把写有"诸葛瑾"三字的牌子，挂在驴脖子上，引得众人大笑。诸葛瑾九岁的儿子诸葛恪，在"诸葛瑾"下面添了"之驴"二字，把驴牵回了家，被人惊为神童。直到唐代，柳宗元还说"黔无驴"，说明驴在中原虽已常见，偏远地区依然罕有。柳宗元的"黔驴技穷"寓言，更使驴子与愚蠢结下了不解之缘。

马是武士的坐骑，牛是道士的坐骑，狮子是菩萨的坐骑，大象是国王的坐骑。被希腊人视为蠢货的驴，在中国是什么人的坐骑呢？是诗人的坐骑。杜甫诗云："骑驴三十载，旅食京华春。"一骑三十年，终成一代诗圣。诗僧贾岛骑着驴苦吟诗句，冲撞了知府韩愈，终成名句"僧敲月下门"，留下"推敲"典故，成为日常用语。陆游曾是抗金战士，无疑骑过马。可惜抗金大业未成，不得不改行做诗人，作为弃武从文的转业军人，对于能否成为诗人缺乏自信，于是写道："此身合是诗人未？细雨骑驴入剑门。"骑马改为骑驴，才坐实了诗人地位。

除了诗人，中国另有两位著名骑驴者。一是维吾尔民间传说中的幽默大师阿凡提，他骑着愚蠢的驴子，专门捉弄愚蠢的富人。二是八仙之一张果老，作为道教仙人，他不敢像祖师爷老聃那样骑一头青牛，只敢骑一头蠢驴，以此践行教祖教诲的"大智若愚"。张果老成为中国最牛的骑驴者，则是因其特殊坐姿：倒骑。诗云："张果倒骑驴，不知是何故？为恐向前差，忘却来时路。"总是对未来信心不足，随时准备走回头路，或许是驴子的最大愚蠢。

骡子

骡子与蝙蝠一样不伦不类，然而骡子比蝙蝠更为不幸。

蝙蝠不伦不类，非禽非兽，被斥为"禽兽不如"，毕竟是名门望族之后。所以西方人认定蝙蝠是吸血鬼，中国人却认定蝙蝠能带来好运气。

骡子不伦不类，非驴非马，是因为父母属于不同种姓：父亲是高贵的白马王子，母亲是低贱的驴皮公主，被骂为"杂种"。由于并非上帝创造的自然品种，骡子受到上帝惩罚，不能繁殖后代。

维护本民族高贵血统的人们，据此论证说：一切不合理的物种，都没有繁殖能力。他们希望所有的混血儿，都像骡子一样失去繁殖能力。让他们大受打击的是，混血儿非常强壮，各方面都很出色，正如骡子远比马、驴强壮。坚持纯种血统繁殖的许多王族，都不可避免地退化了。古埃及的托勒密王朝严格禁止族外婚，于是退化到无法抵抗罗马人。尽管他们的最后一位后裔——埃及艳后克莉奥佩特拉，成功地使罗马征服者恺撒拜倒在自己的石榴裙下，但这一族外婚来得太晚了。古埃及的太阳，在金字塔背后永远落下去了。

如果没有古代氏族社会的族外婚制度，所有的人类种族早就退化到不复存在了。没有一个现代人，能够证明自己不是混血儿。没有"五胡乱华"，就不可能有辉煌的盛唐文化。没有匈奴人和蒙古人的入侵，就不可能有现代欧洲文明。吸收新鲜血液，并非文学比喻，而是历史事实。所有的人，都是同一种族。一切战争，都是人类的内战。

剥夺骡子的繁殖能力，是上帝的一个败笔。不同的种族，以不同的上帝为名义进行血腥争战，同时各自宣布，自己的上帝才是唯一的上帝。可见上帝也是杂种。尽管我不信上帝，但我不会因为上帝是杂种而歧视上帝。

骆驼

骆驼是朝圣者的理想伴侣。骆驼伴随着朝圣者，也伴随着朝圣者的理想，走遍天涯。

行进时，骆驼用自己的双峰，驮起朝圣者的身躯，使他走向远方；也驮起朝圣者的思想，使他飞向顶峰。

休憩时，骆驼跪伏下来，朝圣者背靠他温暖的腹部，向后一仰，头就埋进了双峰的谷底，犹如埋进天然的枕头。

在睡梦中，朝圣者听到了潺潺的溪流，那是骆驼的血流；听到了嚓嚓的脚步，那是骆驼在反刍。朝圣者梦见自己沿着溪流，昼夜兼程，奔向青山翠谷的无忧之乡。

于是人和骆驼契合无间，不分彼此。

当骆驼反刍草料时，人反刍思想。骆驼反刍完七次胃中的草料，人也反刍完上帝七天内创世的历程。骆驼反刍完青草，走出了寸草不生的沙漠；人反刍完思想，也走出了没有思想的荒漠。于是骆驼与青草合为一体，人也与上帝合为一体。于是骆驼步入了绿洲，人找到了家园。此刻的世界，是人的世界，不再感恩，也不再恐惧。

每一个佩戴圣物回乡夸耀的朝圣者，都没有找到圣地，他依然是朝圣者。仍在朝圣途中，或者越过圣地，误入魔鬼的辖域。

每一个抵达圣地的朝圣者，都不会返回。他没有圣物，没有朝圣者的标志，因为他已不再是朝圣者，他已与上帝同在。他不再赞美上帝，也不再诅咒上帝；他不再赞美人类，也不再诅咒人类。

他仅仅说：世界真美！

长颈鹿

长颈鹿有令人晕眩的美丽。她让我想起宋代的碎花青瓷：优雅，名贵，轻盈，易碎。其实雄性的斑纹更美，但我更愿意称他为"她"。

长颈鹿的轻盈，尤其在奔跑时令人叹为观止：纤足轻点，飘忽升起，优美的长颈向后微挫，在空中向前悠悠滑行，缓缓飘落，落英万点……整个姿态，如同一个抒情的慢镜头。

长颈鹿的长舌头，是奇异的雪青色。这是萨克斯管的颜色，一种令人心颤的音色。然而她并非长舌妇，安静得如同羞怯的修女。她从来不发出声音，一如奔跑时那样悄然无声。

她用可爱的长舌头，卷食高处的嫩树叶。这不是"攀高枝"，她自己就是金枝玉叶，一位落寞的公主。褐色的枯叶，贴着她窈窕的身段，在黄昏落日的万道霞光中，熠熠生辉。

她的身材，令少女们羡煞。哪个少女，不希望自己有如此修长的纤腿，如此颀长的脖颈？然而她并非献身权贵的女奴，而是献身缪斯的诗人。

作为诗人，她过于敏感，容易受惊，极其轻微的响动，也会使她腾跃远遁。安全之时，她又高傲而矜持。她反复咀嚼一片树叶，如同咀嚼一个词语，直到齿颊生香，余味无穷。

毫无雅骨的人们嘲笑道："高傲的长颈鹿，却不得不低下头来喝水。"

其实这是误解，她正对着水中倒影——一个更加美好的理想化自己，低声吟哦着美妙的诗句……莫非你没听见？

梅花鹿

她是天生的美学家，拥有非同一般的美丽名字：梅花鹿。

梅花鹿以植物为名，狗尾巴草以动物为名。以狗尾巴为名，说明这种植物十分丑陋。以梅花为名，说明这种动物具有惊世骇俗的美丽。

在实用动物、功利动物眼里，美毫无意义，既不能当饭吃，也不能当衣穿。美是天怒人怨、人神共嫉的目标。中国古代有个美男子出行，结果被围观者"看杀"。这一令人奇怪的事件，我总疑心是有人出于嫉妒，故意趁着混乱挤他踩他，直到把他踩为尘泥。而"红颜薄命"，更是人所共知的所谓"历史规律"。

犹太人在《旧约》中称颂"鹿眼美人"，印度人在《阿含经》中赞美"九色鹿"。鹿被所有民族视为美的化身，但在希腊人伊索的寓言中，鹿却成了美的牺牲品——

鹿在饮水时，陶醉于树枝形的美丽鹿角，却认为自己的腿十分丑陋。可是当狮子追捕他时，他靠着丑陋的腿成功逃走了。正当他得意之际，却不慎把美丽的角挂在灌木上，再也挣脱不开，结果被狮子悠闲地赶上来。临死的鹿感叹道：没想到丑陋的腿救了我的命，美丽的角却害了我的命。伊索的教谕是：美是不可恃的。

这种粗鄙的活命哲学，认为美毫无意义。丑腿"有用"，美角不仅"无用"，而且"有害"。赞同这种思想的人，其实是认为，人类社会是由狮子主宰的险恶丛林，是野猪林般的"猛恶林子"。林冲娘子的美貌，不仅无用，而且差点让豹子头林冲在野猪林里丢了性命。美丽的豹子，不是狮子、野猪的对手。赞同这种思想的人，其实是认为：丛林原则是人类动物园天经地义、亘古不变的永恒法则。因此他们不会做任何努力去改变它。

美确实无用，然而却有"无用之大用"。所谓"大用"，会让粗鄙者笑掉大牙：美赋予生命以意义，而生命本无意义。美可以软化兽性，磨钝蛮性，使丛林原则渐渐转变为非丛林原则。我以为，与其做其他东西的牺牲品，不如做美的牺牲品。与其做强化丛林原则的成功者，不如做挑战丛林原则的失败者。

牛

牛在印度最为尊贵。尽管印度人口正直逼中国，但是造成新德里交通阻塞的主要原因，并非人多，而是牛们吃饱青草，随意在马路当中睡午觉。没有人敢驱赶圣牛，连警察也只能乖乖地替他站岗。大概印度人下辈子都指望转生为牛，即便做不到牛魔王，也不枉了为牛一世。

中国人对牛也不算太薄。平日小酹，只用猪头羊头，谓之少牢。春秋大祭，才添个牛头，谓之太牢，俗称"猪头三（牲）"。或许有人要问，添的明明是牛头，为何不叫"牛头三"，却叫"猪头三"？这是为牛避讳来着。能够讳上一讳，当然了不得。中国人有以牛为姓的，却没有以猪为姓的，足见尊卑之不同。

古罗马人敢于跟所有的强大动物斗。现代人觉得自己远比古人强大，认为别的动物已不配与人奋斗，只有牛，至今还配与人放对。在西班牙，能斗牛的都是英雄。一个穷小子，可以靠着斗牛，一夜之间变成贵族，犹如在中国考上了状元。在西班牙的古山洞里，画着牛。西班牙画家毕加索，也长着一个牛头。中国人说，初生牛犊不怕虎。牛犊尚且如此，大公牛更非同小可。

不少中国人都患有便秘，这是因为长期生活在恐惧中的缘故。而治疗便秘的最佳方剂，谓之牛黄。牛黄是牛胆的分泌物，按照吃啥补啥的原理，牛黄能壮胆，吃了可以暂时忘却恐惧，也就暂时不便秘了。或许牛黄治疗便秘颇为灵验，因此中国人把一切灵验的药方，都叫作"秘方"。但是中国人牛黄吃得太多，结果把脸都吃黄了，虽用"防冷涂的蜡"做掩饰，其实谁都明白，那是恐惧的后遗症。

犀牛

犀牛被古人称为"兕"，他是动物中的坦克。

谁都知道，犀牛是最迟钝朴讷的动物。他皮粗肉厚，完全是个粗坯。由于犀牛皮太厚，动物园中的兽医最怕犀牛生病，因为给他打针十分麻烦，得用锤子把针头敲进厚皮，再把针管套上去注射。幸亏犀牛十分皮实，很少得病。

犀牛轻易决不招惹谁。如果有谁向他挑衅，他唯一的战术就是像坦克一样，向挑衅者猛冲过去。犀牛尽管没有坦克的炮管，却有一只坚不可摧的大角。所有长角的食草动物都有两只角，唯独犀牛仅有一只角。传说中的人文动物"夔"，仅有一只脚。孔子说"夔"是贤人，这样的贤人仅有一个就已足够。犀牛似乎深谙此理，认为角不在多，若是管用，一只就够。正如树上两鸟，不如手中一鸟。粗通两技，不如精通一技。生活中的粗人正是如此，他们尽管没啥学问修养，却有足以谋生的一技之长。

犀牛十分谦卑，通常脾气极好。但若以为犀牛软弱好欺，那就错了。发怒的犀牛，可以把一群狮子全都顶翻，正如老实人发倔脾气，往往一发不可收拾。话说回来，蔑视莽汉，欺负粗人，戏弄笨伯，都是无德之举，招来反击，也是咎由自取。

每一头巨大的犀牛背上，都站着一只小小的犀牛鸟。此鸟以犀牛身上的寄生虫为食，又为视力不佳的犀牛随时望风，一有危险立刻鸣叫，提醒犀牛准备战斗。牛与鸟相依为命，友谊纯正，这说明淳朴的粗人更容易建立生死不渝的友谊。有学问的人多有戒心，心细如发，敏感多疑，即便朋友遍天下，却可能没有一个真正的知己，因此他们感叹"人生得一知己足矣"。然而每个粗坯犀牛，都有一个知己，因此孤独的诗人李商隐写道："身无彩凤双飞翼，心有灵犀一点通。"

羊

公元前两千年，耶和华为了考验亚伯拉罕，要求他把长子杀死祭神，亚伯拉罕决定遵命。由于他经受住了考验，耶和华在最后一刻让他用一只羊代替。这是历史上第一头"替罪羊"。无辜的羊，替有罪的人赎罪。于是产生了犹太教。

每年的赎罪日，犹太教祭司就把双手按在一只被选定的公羊头上，对上帝承认本民族一年来所犯的种种罪孽，将罪行转移到羊身上。他们把这只替罪羊，带到耶路撒冷郊外的一个悬崖上，把羊推下去，让他摔得粉碎。

公元初，亚伯拉罕的后裔耶稣降临人间。他认为犹太人已经误入歧途，是一群"迷途的羔羊"。他要求犹太人悔改，但是没有人听他。出于对犹太人的爱，他不得不代替全体犹太人受罚。耶稣在耶路撒冷被钉上了十字架，他成了犹太教的"替罪羊"。无辜的人，替有罪的人赎罪。于是产生了基督教。

公元后七世纪，伊卜拉欣（即亚伯拉罕）的后裔穆罕默德降临人间，他认为阿拉伯人食用的猪是世上最肮脏的动物，食用这种动物的人也会使自己变脏和有罪。他要求阿拉伯人食用干净的羊肉，但是没有人听他。出于对阿拉伯人的爱，他率领他的信徒，用武力迫使全体阿拉伯人改邪归正。从此干净的羊代替肮脏的猪，充实了阿拉伯人的肠胃。于是产生了伊斯兰教。

中国人从古至今信奉的，都是崇拜祖先的宗教。祭祀祖宗的两种形式：少牢（猪和羊）和太牢（猪、牛、羊，合称"猪头三牲"），都离不开羊。牛偶有机会得到豁免，羊却一次也逃不掉。春秋时代有个诸侯，某次举行太牢，看见牛流眼泪，产生了同情心，下令用羊代替了牛。有人问为何不索性取消祭祀。诸侯说：祭祀不可取消，但用小羊代替大牛，杀生之罪较小。于是诸侯被视为仁慈，羊却成了仁慈的牺牲品。

为什么劝人为善的宗教，总是要用替罪羊为罪人开脱？为什么罪人总能轻而易举找到替罪羊？嫁祸于替罪羊的传统，会不会使罪人们变得更加肆无忌惮？

历史已经走到了公元后两千年，以耶稣为原点，时间发生了对称，古老的替罪羊传统，是否到了该终止的时候？

食肉族

狮子

　　中国人心目中的最大英雄，是打死老虎的武松。欧洲人心目中的最大英雄，是打死狮子的赫拉克勒斯。欧洲人不买老虎的账，他们喜欢狮子。老虎和狮子的共同点，就是都长胡子。

　　狮子以全体动物的老师自居。雄老狮做国王，除了挑战老狮权威却战败被逐的猎豹，在动物界几乎没有反对者。老狮称王，符合柏拉图的理想，他认为只有哲学家才配做国王，所以狮子王对一切哲学问题都要过问，同时自认为永远圣明。不懂哲学的人们，也无不赞成。

　　哲学家做国王，在欧洲仅有一个成功范例，就是罗马皇帝奥勒留。但有更多的罗马皇帝，热衷于坐在斗兽场的看台上，欣赏格斗士杀死狮子。由于格斗士都是罗马人的手下败将，兽中之王连格斗士都打不过，在人中之王面前，自然威风扫地。仅有罗马皇帝康茂德，不满足于"甲胜乙，乙胜丙，故甲必胜丙"的逻辑推演，希望用事实证明自己无愧于世界之王的称号，于是亲自下场，像赫拉克勒斯一样亲手杀死狮子。

　　喜欢冒充哲学家的欧洲狮子，常常人模鬼样乱提问题。有一头名叫斯芬克斯的哲学狮子，不厌其烦地质问每一个过路人："有一种动物，早晨四条腿，中午两条腿，晚上三条腿。这是什么东西？"冒冒失失抢着回答的人，都被斯芬克斯吃了。这头狮子如果到中国来，一定会饿死，因为中国人根本不会搭理他。中国人只会肚子里暗自好笑：这根本不是东西，而是妖怪。见怪不怪，其怪自败。

　　不愿做国王，宁愿做哲学家的例子，也有一个。佛陀原是王子，却放弃王位，改做苦行僧，成了有史以来最深刻的宗教哲学家。如今他在遍布世界的大雄宝殿里，坐在高高的狮子座上，俯视着无数众生的痛苦灵魂。

　　尼采说，哲学家最乐于被人误以为是艺术家。所以狮子像艺术家一样爱留长头发，乱蓬蓬像个稻草窠，甚至女里女气烫成一个个螺钿卷，这就更不受中国人欢迎了。中国人喜欢规规矩矩的老实人，不喜欢疲疲沓沓、自由散漫的家伙。

老虎

老虎额头，写着一个大大的汉字——王。于是中国人在老虎面前，不得不俯首称臣。

老虎在中国受到青睐决非偶然，因为中国人有敬老传统。狮子既然是儿子辈，在中国只配在衙门口站站岗放放哨，没有资格登堂入室。中国人的厅堂上如果挂一幅动物画，大抵是老虎，不会是狮子。印度的文殊菩萨坐一头青狮，中国的山鬼却骑一头白虎。狮子怒吼，在印度算是振聋发聩的真理之声，在中国却是河东泼妇的大发雌威。连到印度取经的唐三藏，也要穿虎皮裙的孙猴子保驾。中国人认为，打死老虎才是英雄，舞弄狮子只是戏子。

道教有龙虎山，菜谱有龙虎斗。谚语有"云从龙，风从虎"，仪仗要"左青龙，右白虎"。连包公升堂，也要左张龙，右赵虎。虎与龙，总是相提并论。龙的地位无可撼动，只有虎敢向龙挑战，于是就有一场沃血盈野的龙争虎斗。唯一的一张龙椅，虎降龙则虎踞，龙伏虎则龙蟠。其实是成则为龙，败则为虎。坐不上龙椅的山大王，只好弄张虎皮椅坐坐。因为龙是庙堂帝王的象征，虎是江湖草寇的象征。

无论张龙坐龙廷，还是赵虎坐龙廷，总是"苛政猛于虎"，因为"东山老虎吃人，西山老虎也吃人"。然而老百姓从来不恨老虎，只恨为虎作伥的猫，以及被猫纵容的老鼠。中国老百姓认为，老虎会被猫蒙骗和利用。由于猫惯于拉大旗做虎皮，总是"折中，公允，调和，平正之状可掬，悠悠然摆出别个无不偏激，唯独自己得了中庸之道似的脸来"，所以龙钟老态的老虎，看不出猫的大奸似忠，甚至被猫在睡梦中卖了，被食肉寝皮，敲骨榨髓浸酒喝，还不知道！

这样的昏君，只要活着，就永远是"天王圣明兮，臣罪当诛"。只有等他死了，从活龙变成死老虎，老百姓才敢口诛笔伐。民间对老虎的嘲笑是，老虎是猫的徒弟。正如许多奸臣，正是昏君的师父。猫不捕鼠，却照样受到豢养，是因为老虎看在老师面子上，不好意思为难于猫。老虎既然眼开眼闭，猫自然懒得捕鼠，鱼肉人民最为省心，于是鼠患猖獗。一旦猫被鼠辈咬死，或被鱼刺鲠死，于是盖棺论定，猫是忠臣。只有老鼠是奸臣，可以人人喊打。

猎豹

猎豹全身，布满痛苦的斑纹。然而他的真正忧伤，却在灵魂深处。猎豹是被放黜的忧郁王子。

由于不遵守丛林法则，猎豹遭到了放逐。猎豹是最勇敢的丛林斗士，曾经向丛林之王狮子挑战。要不是豺狼和狐狸都站在狮子一边，猎豹未必一定斗不过狮子。可惜猎豹孤立无援，挑战终于失败。

猎豹胡子拉碴，浑身精瘦，粗大的骨节，拳拳突出。他蹲伏在草丛之中，耐心等待着自己的早点。有时候，在菩提树下等待了七天七夜，猎豹也没能等到自己的午饭。只有当羔羊不守纪律之时，猎豹的晚餐才有了着落。

一旦调皮的牛犊远离母牛，猎豹就曲身如弹弓，后脚踩着前脚，像子弹一样射向他的牛排。猎豹的存在，迫使羔羊们遵守纪律。假如小羊羔离开母亲太远，就有可能永远回不去了。

母牛吓唬小牛犊：再不听话，就把你扔给猎豹！

小牛犊就此认定：狮子是仁慈的上帝，猎豹是可怕的魔鬼。

猎豹厌恶丛林法则，又离不开丛林。这就是猎豹的真正忧伤：每一座丛林都很相似。生为猎豹，他无法摆脱永恒的宿命：不是自己追捕猎物，就是自己成为被追捕的猎物。

猎豹不会想到，真正的出路，在于废除丛林法则。谁也不做猎手，谁也不做猎物。永远放下那把猎枪！

熊

最聪明的动物，莫过于狐狸。最蠢笨的动物，大概就数笨熊了。笨熊具有憨态可掬的残忍，捕到一头猎物，不是立刻咬死，而是用硕大滞重的屁股坐上去，把猎物的骨头一根根压断。

笨熊没有折磨猎物的动机，只是感觉迟钝，所以对猎物的感受同样迟钝。笨熊对快乐迟钝，对痛苦同样迟钝；对柔情迟钝，对残酷同样迟钝。他对世间一切，都很迟钝。世间许多不幸的悲剧，正是由笨熊这样的迟钝麻木者制造的。

有两种性质不同的残忍。

第一种残忍，产生于敏感的聪慧者。一旦他人的无意冒犯，带给他些微痛苦，他会以十倍的疯狂加以报复。甚至他人根本没有伤害他，他也会投身于制造他人苦难的疯狂事业，并在感同身受的他人苦难中，陶醉自己的强大。

第二种残忍，产生于迟钝的蠢笨者。由于迟钝，他人对他的伤害，几乎不会造成他的痛苦。旁观者以为他已陷入痛苦深渊，他却莫知莫觉，还在知足常乐。同样，他对自己造成的他人痛苦，也全无感觉。他对被自己无意中伤害的人如此愤怒，感到十分意外。他规劝人们像他一样知足常乐。

第一种残忍的制造者，是自觉的变态恶人。第二种残忍的制造者，是不自觉的常态愚人。受害者对两种残忍都无法原谅，因为无论动机如何，受害结果相同。聪明灵慧的恶人自觉制造苦难，固然无法原谅；无知麻木的愚人不自觉制造苦难，却给哲学家带来更大的心理冲击：既然无意为恶者，也不可避免地经常为恶，那么世间的痛苦总量，如何才能逐渐减少？

远离苦难的幸运者，不通世务的旁观者说：教育他！开发他的智力，软化他的神经，培养他的同情心。然而教育决非万能，想让笨熊不笨，有望成功吗？

狼

狼与狗是近亲，但是两者的互相仇恨，超过任何天敌。因为狗的天职是牧羊，狼的天职是吃羊。狼与狗的是非，是一切是非中的最大是非，于是明辨是非的人们，站出来热烈评判。

评论家大抵分为四种。

第一种是赞扬狗的人，他可能是另一条狗，也可能是狗的主人，更可能是狗主人的朋友，但决不可能是羊的朋友。

第二种是抨击狗的人，这种人比较少见，他可能是狼，也可能是狼的朋友，比如豺和狈，甚至可能是羊的朋友。

第三种是抨击狼的人，他可能是狗，可能是狗的主人，也可能是狗主人的朋友，甚至可能是羊的朋友。

第四种是赞扬狼的人，这种人极为罕见，他可能是另一条狼，也可能是狼的朋友，甚至可能是羊的朋友。

四种人里，只有赞扬狗的第一种人，肯定不是羊的朋友。

狗最恨的，是抨击狗的第二种人和赞扬狼的第四种人。狗说，抨击狗和赞扬狼的人，不是狼，就是狼的朋友。狗以为这样他就永远立于不败之地了。这当然只是狗及其狐朋狗友的逻辑，而狗从来不懂逻辑。狗及其狐朋狗友，永远不会承认，抨击狗的人未必是狼，或许是羊的朋友。

羊的朋友，又分两种。第一种抨击狗，也抨击狼。第二种抨击狗，却赞扬狼。他并非不知道狼是羊的天敌，但他宁愿看到狼痛痛快快地吃羊，也不愿看到狗把羊温柔敦厚地送入屠宰场，零剐碎割地做成涮羊肉片。他认为：狗对羊的保护，是假惺惺的伪善。虽然狗舍生忘死地阻止狼对羊的攻击，但当主人屠宰羊时，惯于狂吠的狗，竟然一声不吭。因此他对狼的赞扬，其实是对狗的辛辣抨击。

无论狗与狼如何敌对，羊总是最终的受难者。羊的最大不幸，莫过于狗与狼突然化敌为友，也就是狼成了狗的主人。那是羊的末日，亦即世界末日。

狗

　　基督徒难以理解：为何中国人既吃人类最凶恶的敌人——蛇，又吃人类最可靠的朋友——狗？

　　狗的神话，应该澄清。蛇的冤案，也应该平反。如果真有原罪，那么导致亚当、夏娃犯罪的魔鬼，决不是蛇，而是情欲。其实没有原罪。魔鬼的诱惑，是意志薄弱者推卸责任的凭空捏造。狗的忠诚，则是灵魂寂寞者自我安慰的向壁虚构。

　　向往友谊却得不到友谊的人，才不得不满足于狗的效忠。

　　需要奴仆却得不到奴仆的人，才不得不陶醉于狗的谄媚。

　　社会不能保障每个成员生命财产的安全，才会借助狗的警戒。

　　社会不能容忍每个成员思想言论的自由，才会纵容狗的吠叫。

　　狗是最虚伪的狼，狗在上帝的造物中最为下贱。其实上帝只造了狼，是需要奴才又自愿做奴才的人，把上帝的造物改造成了狗。

　　在一个需要狗也豢养了大量狗的社会中，一条不愿做狗的狗，会逃离城市，来到旷野，像犬儒主义者第欧根尼那样，拒绝帝王的恩宠。如果这条不愿做狗的狗，被困死在围城中跑不出去，他就会自觉地变成疯狗，像叔本华和尼采那样，拒绝受到庸众的任何赞扬。或者像萨特那样，拒绝来自官方的一切荣誉。

狐狸

狐狸是有名的智兽，受人尊敬的高级知识分子，国家级有突出贡献的专家学者。可惜在市场经济的大潮中，一着不慎，满盘皆输，留下了极坏的口碑。在关于葡萄甜度问题的专家鉴定会上，由于过多考虑了自身利益（受贿与否"正在进一步调查之中"），狐狸放弃了科学精神，对优质国产葡萄的甜度，做出了权威性的否定评价：酸！甚至振振有词地说，这是由于葡萄藤上洒了大量农药。这对自古以来"吃葡萄不吐葡萄皮"的中国葡萄爱好者，是一个毁灭性打击。

受到舆论广泛批评以后，狐狸为了维护自身的专家信誉，竟援引了用国产葡萄酿制、荣获国家金奖的国产葡萄酒变酸的所谓证据，顽固坚持自己的错误鉴定。其实中国的葡萄比外国的葡萄甜得多，用国产葡萄酿出来的酒也是"甜甜的，酸酸的，像初恋的滋味"，而且早在唐代就有"葡萄美酒夜光杯"的盛名。其实甜葡萄酒之所以变酸，并非由于葡萄不甜，而是因为狐狸的宿敌——狗的关系。"狗猛酒酸"（因看门狗太凶，吓得酒客不敢上门喝酒，时间一长酒就变酸了）是历史铁案，但是狐狸担心道出真相遭到狗的报复，竟不惜栽赃于无法自辩的葡萄，完全违背了科学工作者的职业道德。

然而不幸的是，完全信从专家意见的广大葡萄爱好者，葡萄酒消费者，由于受到狐狸的极大误导，竟然万众一心不再吃国产葡萄，改吃又贵又不好吃的美国葡萄——提子，又步调一致不再喝国产葡萄酒，改喝又贵又不好喝的法国葡萄酒——拉菲，严重损害了民族工业，极大挫伤了全体同胞的民族自信心。

没人怀疑狐狸的智商，可疑的是狐狸的品行。作为民族振兴中坚力量的著名专家和权威学者，狐狸必须尽快提高自身各项素质，尤其是道德素质。

乌龟

美国智者爱默生曾说：乌龟的全部思想就是一只乌龟。他对乌龟表现出极大的蔑视。

依我愚见，倘若一只乌龟的全部思想都与乌龟无关，甚至乌龟的全部思想都是反对乌龟，那才应该惊奇。人类正是反常的乌龟。比如说，比爱默生远为著名的希腊智者芝诺说：希腊长跑冠军阿喀琉斯，永远追不上领先一步的乌龟。理由是，阿喀琉斯要追上乌龟，必须先追到乌龟领先一步的一半；而要追到一步的一半，又必须先追到一步一半的一半……如此等等，所以阿喀琉斯永远追不上乌龟。奇怪的是，唯一被上帝赋予思维能力的顶级动物——人，很长时间无法反驳芝诺的胡说。照此逻辑，比人类远为历史悠久、领先了不止一步的乌龟，只需停在原地不动，人类也永远赶不上他。事实上，乌龟正是这么干的。凶猛的狮子，迅捷的猎豹，不像人类那样愚蠢地思考"一半一半"，只是凭着本能，不假思索地扑向乌龟。但是乌龟停在原地，把头和四肢缩进坚硬的龟甲，就在午后的阳光下，宠辱不惊地打起盹来。

人类正在远离乌龟的智慧，思考着非人的思想，创造着非人的武器，制造着非人的环境，毁灭自己和自己的家园，也毁灭狮虎和他们的家园。只有长寿的乌龟不急着赶路，因为他知道，只要方向正确，即便走得慢，也必定离目标越来越近。如果弄错了方向，那么跑得越快，反而离目标越远。

以为兔子在中途睡觉而输给乌龟，或许并非事实。或许兔子没有中途睡觉，而是废寝忘食地一路迅跑，只是他跑错了方向。而悠闲的乌龟既吃也睡，缓缓逼近命定属于他的锦标。

变色龙

变色龙是真正的隐士，尽管他不住在山林之中。

山中隐士被称为高士，不仅由于住处海拔较高，而且确有高明之处，但他的问题是"高处不胜寒"。住在城里的变色龙，地势比山中高士低得多，但也不仅是住处海拔较低，他的问题是低到尘埃里，低到没有自己。

变色龙有一种奇妙本领，能够随着环境变化，不断改变身体的颜色。这是出于自我保存的本能。变色龙知道，真正的保护色，就是与周围环境保持同色。与环境再和谐的保护色，假如始终不变，那么环境一旦改变，最佳迷彩服就会成为最显眼的广告衫。因此变色龙没有本色，更不需要保持本色。无论在哪里，变色龙永远不在任何人的视野之内。由于人们对变色龙视而不见，因此他自许大隐隐于市。

变色龙自称不求闻达，实际上再怎么求，也不可能闻达。变色龙自称渴望不被人注意，实际上再怎么渴望，也没人注意。变色龙声称只求任何人不要打扰他，只有这一点颇能如愿。然而一旦如愿，他又颇为失落。

人们以为变色龙是可鄙的，其实大部分现代市民都是变色龙。流行红色，他们就穿红色。流行咸菜色，他们就穿咸菜色。变色龙的颜色，始终与周围环境保持一致。紧追流行色，是变色龙的基本特点。无论是身体的时装，还是精神的时装，流行什么，变色龙就穿什么。

你在流行的街头，根本分辨不出谁跟谁。这或许就是颇为流行的口头禅，"咱俩谁跟谁呀"的来历。

恐龙

恐龙正在再次成为地球村的正式村民。恐龙曾是真实的存在，但是现代人心目中的恐龙，源于一个现代神话，一个科学知识与心理需要共同创造的神话。任何神话，仅对不信的人才是神话，而对相信的人却是真实的，正如所有的基督徒相信耶稣复活是真实的。神话并非毫无价值，神话自有神话的功能。

道德家以为，尼采宣布上帝死了以后，失去信仰的人类就会堕落下去。失去信仰的人类确实会堕落，但人类不会失去信仰，正如上帝不可能死去。旧信仰会失去，新信仰也会产生。旧上帝会死去，新上帝也会以各种形式层出不穷。对恐龙神话的信徒来说，恐龙就是"上帝"。不少现代人相信，尼斯湖里有一头蛇颈龙。相信尼斯湖怪存在，与相信耶稣复活性质相同。我认为尼斯湖怪是个愚人节玩笑。上帝没死之时，每年只有一天是愚人节。上帝已死之后，每天都有可能是愚人节。如果有那么一天，尼斯湖怪真的出现了，我愿意正式受洗成为基督徒。

几乎没有人不喜欢恐龙，然而假如恐龙知道他是现代人的心理宠物，而在某天早晨重新大驾光临，使地球村变成侏罗纪公园，那么所有的人都会立刻变成寓言中的叶公。其实恐龙的信徒与上帝的信徒一样，正因为上帝不可能出现，所以才相信。正如基督教箴言："因为荒谬，我才信仰！"寓言叶公好龙的作者，肯定不是一个好信徒。恐龙与神龙的区别并不太大，它们都是心理神话。恐龙神话的功能与神龙的功能也完全一样：蚂蚁喜欢大象，蚊子喜欢人类，人类喜欢恐龙。人类需要一个比自己巨大的存在。科学时代再相信神龙过于幼稚，所以人们在科学家的帮助下，编造了一个有根有据的科学神话。

人喜欢在大海的怒涛中，在高山的"对此欲倒东南倾"中，拜服宇宙之神奇，体验宗教之崇高，以渺小的自我向巨大的非我移情，从而获得心理上的巨大满足。所以比现在的大象大得有限，而且样子差不多的猛犸巨象，没人感兴趣。恐龙让无根的现代人觉得，自己是有来历的，正如上帝让基督徒觉得，自己是有依靠的。然而，现代人对恐龙的崇拜，是对上帝崇拜的反动，具有恶魔崇拜的倾向。

中国动物

龙

图腾兽是最早的人文动物，大多杂合多种动物特征，或为人兽合体，至少要对自然动物加以人为加工和想象性改造。比如太阳中有三足金乌，人为插入的第三足，正是人文之足。乌鸦本该鸦鸦乌，竟被染成金色，也是人文之色。可见动物的人文化，都有变异增减。

作为中国第一图腾兽，龙的特征据说是：马首，蛇身，鱼鳞，鸟爪。

四大灵兽，龙凤龟麟。龟有自然原型，凤和麟是中国人的独家发明，而龙在西方神话中也有。但是龙在西方象征恶，斗杀恶龙的圣乔治是英雄。

中国人对龙的分类，很接近恐龙的实际种类。恐龙中有食肉的霸王龙，食草的梁龙，能飞的翼龙。中国人想象的龙，有鳞的叫蛟龙，有翼的叫应龙，有角的叫虬龙，无角的叫螭龙。中国人想象的龙如此接近真实的恐龙，与印第安人想象的天神如此接近真实的马，可谓相映成趣。然而前者更不可思议。因为马的祖先原产美洲，印第安人的远祖见过马。然而恐龙灭绝六千万年以后，类人猿才进化为人类，中国人的极限远祖也不可能见过恐龙。

更加令人奇怪的是，中国古人并没有"龙的传人"观念，只有天子才自称是龙子龙孙，因为龙是天子的象征，小民百姓岂敢随便攀龙附凤？如此"僭越"，必被灭族。因此自称"龙的传人"，一定发生于帝制终结以后。于是问题就来了，难道自称"龙的传人"，是为了表明中国人怀念帝制或天子吗？答案显然是否定的。那么为何如此自称呢？倘若要找一种鼓舞民族精神的象征物，凤凰岂非更合适？我以为，中国人不该自称龙的子孙或龙的传人。自称龙的传人，或许又是叶公好龙的祖传陋习在作怪。

事实上，自古以来的中国百姓，一向对龙抱着敌视态度。无论是周处斩蛟的传说，还是哪吒把龙王三太子剥皮抽筋的神话，都为老百姓喜闻乐见。中国到处都有龙王，连一口井都有龙王，但是谁都明白，那些龙子龙孙，不过是地头蛇罢了。

凤凰

凤凰是中国人创造的最美丽的人文动物，其形象是：鸿前麟后，蛇颈鱼尾，鹳颡鸳腮，龙文虎背，燕颔鸡喙。作为百鸟之王，有"凤凰不与燕雀为群"的谚语。作为吉祥之鸟，凤凰五色备举，具有五德，何时出现，即天下安宁。

凤凰生性高洁，志向高远；栖必择枝，饮必择食。据说凤凰"非梧桐不栖，非练食不食"。"练食"不知何物，或许是古人的杜撰，意思是神鸟凤凰，不食人间烟火。

凤凰别名鸾鸟或青鸟，神话中是西王母的信使，具有信鸽功能，常常传递爱情信息，所以凤凰是恩爱之鸟。雄为凤，雌为凰，正如麒麟之雄为麒，雌为麟。但龙却不分雌雄，因为做龙称王是男人的专利。司马相如追求卓文君，唱一曲《凤求凰》道："凤兮凤兮归故乡，遨游四海求其凰。"不过"凤"字并非男人专用，反而更多用于女性。妇女平居，有凤钗。出阁，戴凤冠。出行，有凤辇。涂指甲，则有凤仙花做的蔻丹。

春秋时期的孔子，曾去楚国游历。楚国狂人接舆，在他门前唱道："凤兮凤兮，何德之衰？来世不可待，往世不可追。"他把孔子比作"凤"，却是"落地凤凰不如鸡"之意，羞得孔子没敢回答。

晋代大将邓艾口吃，自称"艾艾"。司马昭嘲笑道："你艾艾不断，到底有几个艾？要是叫邓艾艾，就成小姐芳名了。"邓艾答道："'凤兮凤兮'，说的是同一个凤凰。"数百年后的邓艾，算是代替孔子回答了接舆：无论多么落魄，毕竟只有一个孔子。

这个故事可以转用于现代中国，无论中国在近代曾经多么落后，但中国毕竟是唯一的中国，是不可替代的凤凰。每过五百年，她都会集香木自焚，然后从火焰中重获新生。

神龟

　　龙凤龟麟四大种姓，最初虽有分工，却无贵贱。后来"飞龙在天"，最高贵的男人成了真龙天子的皇帝。"有凤来仪"，最高贵的女人成了母仪天下的皇后。食君之"鹿"（禄）的麒麟，成了鱼肉百姓的父母官。乌龟是最刻苦的劳动阶级，降为最低种姓，为帝王将相做了几千年苦力，背了几千年黑锅。

　　乌龟在中国一向是背东西的，蓬莱仙岛就由神龟驮着。秦始皇派徐市前去联络外交事宜，神龟们不知何故不乐意，往下一沉，把仙岛一齐带到海底下去了。另一种说法认为，大地也由千年神龟万年灵龟驮着。在相信天圆地方的中国人看来，整个大地其实就是一个龟背，因为任何人只要站在旷野上，就能看出地平线是弧形的。中国人不相信大地是个球，大概是担心地球反面的人掉下去，所以只好相信大地是个龟。乌龟被永远踩在脚下，倒霉也就难以避免。

　　据说，天曾经塌了半边，女娲在抢修危房时，也砍了神龟的腿来加固天柱。你看，与大地扯上已经使乌龟倒了大霉，高高在上的老天爷，有好处想不到乌龟，出了纰漏却要乌龟顶缸。此后，中国人始终让乌龟来驮巨大的石碑，或者说用巨大的石碑镇压乌龟。炫耀统治者文治武功的纪念碑越多，乌龟越是被压得永无出头之日。甚至古人的床脚不平，舍不得垫一块砖头（留着去敲帝王之门），也把一只乌龟塞在床脚下垫背。

　　乌龟是胆怯的，一旦遇到危险，立刻把头缩进去。乌龟的处世格言是：烦恼皆因强出头，该缩头时就缩头。乌龟的自我安慰是：胜负全凭谁长寿，且看何人笑到后。帝王将相，龙子凤孙，互相残杀，你灭我族，我掘你坟。无论谁暂时赢了，都永远需要乌龟，谁都不会来灭乌龟的族。那只垫在床脚下的乌龟，等到万寿无疆的床上贵人及其子孙，全都死绝，等到千年不烂的紫檀大床，朽烂成泥，依然活着。他少吃没喝，甚至几千年不吃不喝，竟然练就了一种叫作"龟息"的呼吸吐纳功夫。这种神奇功夫从遥远的古代，一直传到后现代的今天，很可能还会继续传下去。这种中国功夫，叫作"精神胜利法"。

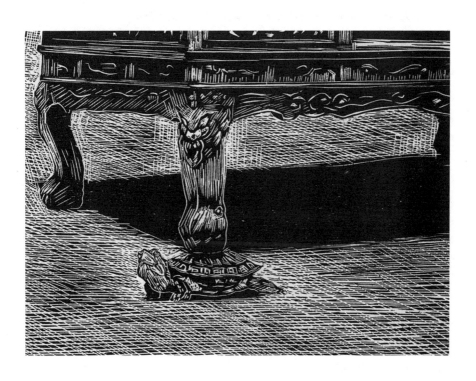

饕餮

饕餮没有身体，只有头。饕餮也没有头，只有嘴。

饕餮的整个身体，就是一个头。饕餮的整个头，就是一张大嘴。

饕餮的尊容，在青铜器上。

这是中国人最古老的青铜雕像，最正宗的祖宗遗像。

饕餮是龙的九个儿子之一，不折不扣的"龙的传人"。龙的另外八个儿子，有的蹲在屋顶上站岗，忍受日晒雨淋；有的站在华表上张望，维持交通秩序；有的抱着柱子攀缘；有的驮着石碑爬行。只有饕餮，趴在方鼎四面，张开巨嘴，五千年如一日地享受着钟鸣鼎食，一日三餐地吞噬着整头的羊，整头的猪，整头的牛，整个的人。

饕餮曾经化作巨大的巴蛇，一口吞下一头猛犸巨象，消化了整整三年，才吐出骨头。吐出的骨头，堆在洞庭湖边，被称为巴陵。范仲淹写道："余观夫巴陵胜状，在洞庭一湖，衔远山，吞长江。"连饕餮吐出的骨头渣，也能把远山和长江一口吞了，食量之大，举世无双。所以刘姥姥在钟鸣鼎食的大观园里高唱："老刘老刘，食量大似牛，吃个老母猪，不抬头。"

中国人一走进佛教寺庙，最先看见的就是饕餮的另一化身——笑口常开的大肚弥勒。香客们绕到弥勒背后，在圆鼎里点燃无数香烛，供他享用。虔诚的善男，烧掉自己的手指，让他品尝。贞烈的信女，砍下被野男人摸过的玉臂，请他尝鲜。

中国人羡慕"天上神仙府，人间宰相家"，为什么？因为宰相的肚子大得能撑船。据说宰相的餐桌上日费万钱，而无下箸处。据说宰相家里有个厨娘，根本不会做饭，一天到晚，只负责切葱丝。

中国人"一朝权在手，便把令来行"，什么令？酒令。真命天子的最大愿望，就是"酒池肉林，夜饮达旦"。草莽英雄的最大愿望，就是"大块吃肉，大碗喝酒"。

他们都是龙的传人，饕餮的嫡派子孙。

仙鹤

中国人把最好的字眼给了鹤——仙鹤。

中国人祈福运，供奉蝙蝠。求官职，供奉麋鹿。图长寿，供奉乌龟。盼喜事，供奉喜鹊。福禄寿禧，各有专司。分工明确，互不相涉。然而分别信奉福禄寿禧的中国人，万众一心地尊奉仙鹤，因为鹤是仙人的坐骑。迷恋尘世的中国人，谁不痴想成仙？于是仙鹤超越一切吉祥动物，鹤立鸡群。

中国人的最高理想，是"腰缠十万贯，骑鹤下扬州"。为了十五贯能起杀心，拥有十万贯当然是富豪，而扬州是古代的最大欢场。然而仅有财富和享乐远远不够，还要有鹤。没有鹤，就不能成仙。不能成仙，财富难以带走，享乐无法长久。

名利场中的热衷者如此，淡泊名利的隐士又如何呢？山中高士，对福禄寿禧，乃至声色犬马，能够不屑一顾，却无法忘情于得道成仙，于是自称"山人"，表面是自谦山野之人，其实是"仙"的拆字。

各自偏爱一种特定植物，乃是每位著名隐士的注册商标。共同尊崇一种特定动物——仙鹤，则是全体隐士的防伪标志。

隐居西湖孤山的林逋，除了像其他著名隐士那样酷爱一种植物——梅花，情有独钟的动物正是仙鹤，故以"梅妻鹤子"闻名后世。中国人认为，儿子比妻子重要，所以仙鹤比梅花重要。"暗香浮动月黄昏"固然风雅，但与驾鹤西游相比，不过仅是风雅而已。成为闲云野鹤，是仕途失意者的最佳安慰。

秦皇汉武那样聪明绝顶的盖世英雄，纵然贵为天子，富有四海，却得了癫痫症般疯狂求仙。死于不死药的中国皇帝，指不胜屈。另外，皇帝的专车称为"龙辇"，太子的专车则名"鹤驾"。太子乘着仙鹤升为皇帝，隐士骑着仙鹤得道成仙，实为一枚硬币的两面。做了皇帝，也就快活赛神仙了。

帝王时代早已终结，成仙迷梦却千古不散。大量古建筑毫不珍惜地拆掉了，唯有黄鹤楼，因为建造武汉长江大桥而不得不拆，然而拆时小心翼翼，一一编号，另选宝地组装还原。崔颢写道："昔人已乘黄鹤去，此地空余黄鹤楼。黄鹤一去不复返，白云千载空悠悠。"诗仙李白，斗酒诗百篇，从来没有写不出诗的烦恼，登上黄鹤楼，却悲从中来，仅写两句："眼前有景道不得，崔颢题诗在上头。"因为被崔颢道着了痛处，他已沦为"骑鹿青崖间"的谪仙，失去了骑鹤资格。

狐仙

据说狐狸五十岁化作妇人，百岁变成美女，千岁通天，成为狐仙，有九尾，能变化，具神通，善魅惑。

相传商朝末代天子纣王之妃妲己，即为九尾狐仙所化。狐狸精多为白色，偶有青色，颜色虽异，都会害人。中华传统，对任何害人精，一旦无力降伏，立刻转而谄媚膜拜，奉之为神。因此民间多为狐仙建庙祭祀，尊为"大仙"。百姓不敢直呼其名，更不敢径称为狐，而是婉称"胡三太爷"，与"胡三奶奶"并祀。久而久之，虔信之愚民往往不知所祀为何路神仙，但是淫祀之风从不稍减。我在各地旅行，见过多处狐仙庙宇，问及所祀何神，乡民大多茫然不知。即有知者，也惊惧不敢相告。

传说狐欲修仙，必须采补少年元阳，因此每每幻化为美女，入于孤身少年之室。中华传统，自古聚族而居，少年与长辈同住，狐仙不易近身。因此狐仙往往向在外负贩之客商，进城赶考之学子，于馆阁逆旅之中，寺庙西厢之下，投怀送抱，自荐枕席。

持身不严之人，一旦独在异乡为异客，正在黯然销魂，悲从中来，忽得红颜知己慰我愁怀，实为盛情难却。更有久盼奇遇艳遇的浮浪之徒，虽无乡愁，独多寂寞，忽得求之不得的天赐姻缘，可谓正中下怀。于是两厢情愿，得成露水之欢。顾盼自喜的登徒子，所在多有，上焉者自谓"情之所钟，正在我辈"，下焉者自谓"牡丹花下死，做鬼也风流"，所以狐狸精的故事，绵延不绝，无代无之。道学家每每痛斥荡妇浪女为"狐狸精"，其实狐仙未尝自掩狐臭，逐臭之夫乃是咎由自取，狐仙未尝自藏九尾，与之交尾者必是尾大不掉者。

蒲留仙所作《聊斋志异》，集中国狐仙传说之大成。自古有志少年，固然不怕鬼，不过甚少喜欢狐仙。然而时下有些风流少年，巴不得狐仙夜半敲门，因为他们崇尚"过把瘾就死"。

闹鬼飞狐的故事，现在仍然不少。倘若留心收集，足够编出一本《无聊斋志异》。

蚕

初民对动物的利用，遍于吃穿住行。住的是虎豹豺狼之洞，吃的是飞禽走兽之肉，出行则有牛马驴骡，穿衣则有鸟羽兽皮。但是鸟羽兽皮只宜做冬衣，动物没为人类提供现成的夏衣。野蛮人夏天只能赤身裸体不穿衣服，无奈文明人有羞耻之心，他们得另想办法。西方的文明人，想出了用无花果树叶遮羞的妙计，可惜有捉襟见肘之虞。东方的文明人，还是向动物要衣服穿，于是华夏祖先不可思议地把蚕改造成了纺织工人。

这一成就至今无法超越，或许永难超越。即便人类进入了计算机时代，丝绸依然是人类最了不起的织物。中国人对动物的最奇妙改造是金鱼的尾巴，但与丝绸相比，金鱼尾巴实在不足挂齿。丝绸与瓷器，在中国人的发明中常被相提并论，然而瓷器尽管比陶器远为精美，功用却很相似，可以相互替代，只有丝绸的功能无可替代。在纸发明之前（又一项中国人的光荣），绢帛为绘画书写不可或缺。在中国人天才地改良了养蚕技术，并且天才地加以纺织之前，任何民族都没看出蚕丝可被利用。如果不是中国人的独创性利用，人类可能对这种不起眼的小虫永远熟视无睹。因此，对蚕丝的利用与对动物皮毛的利用，是完全不同的利用。动物皮毛原本就是动物的衣服，而蚕丝根本不是蚕的衣服。丝绸完全是一种创造性的发明，而不仅仅是发现。这一发明，丝毫不亚于四大发明。

由于丝绸的发明，五千年来，中国大地上到处是采桑女和采茶女（茶是中国人的又一大发明）。只有中国人认为，太阳是从一棵桑树（扶桑）枝头升起来的。中国人把家乡称为"桑梓"，把农事称为"农桑"。经验丰富的人，称为"饱经沧桑"。而中国人梦寐以求的，则是"沧海变桑田"。为理想献身，要"春蚕到死丝方尽"。老友重逢，须"开轩面场圃，把酒话桑麻"。中国人最陶醉的景色，是"袅袅城边柳，青青陌上桑"。中国诗人之所以最喜欢春天，是因为"春风吹蚕细如蚁，桑芽才努青鸦嘴"。而中国百姓最痛恨的社会不公，就是"遍身罗绮者，不是养蚕人"。

精卫鸟

炎帝神农氏，是中华民族始祖，他的小女儿名叫女娃。有一次她在东海游泳，不幸溺死，精魂化作精卫鸟。精卫鸟形似乌鸦，头上有花纹，白嘴，红脚，叫声如自呼其名。精卫鸟不断衔来西山的木石，发誓要把东海填平。

与精卫填海在精神上极为一致的，是同样为人称道的愚公移山。据说，太行和王屋两座山，挡住了北山愚公门前的出路，于是愚公带着儿子们每天挖山不止。河曲智叟嘲笑他的愚蠢，愚公的回答可令日月失色："我死了还有儿子，儿子死了还有孙子，子子孙孙永无止境，而山却永远不会再升高，何愁不能把山挖平？"

如果说精卫填海仅仅是个人主义行为，仅具审美意义，那么愚公移山就是一种集体主义精神，业已具有实践意义。中华民族正是在这种不屈不挠的集体主义精神鼓舞下，穿越了历史风沙，走过了万水千山。精卫的个人力量无法做到的事，由愚公的子子孙孙们用集体的力量做到了。愚公及其子孙挖下的山石，被送入了溺死精卫的大海。高山削平之日，正是大海填平之时。

孟子说："挟泰山以超北海，非不为也，是不能也。"然而具有五千年不间断历史的中华民族，却具有其他民族无法想象的移山填海的巨大力量。我们的祖先曾经做到的事情，今天，我们这些愚公的子孙同样能够做到，那就是"挟西山以填东海"，使贫穷落后的中国成为世界上最文明最自由的国家。

这样的伟业，一两代人不可能做到。但是一个不愿为自己的子孙后代做自己有生之年享受不到成果的事业的民族，是没有希望的民族。中国谚语说"前人栽树，后人乘凉"。正是伟大祖先的巨大庇荫，使愚公的子孙们有恃无恐地乘了太长时间的凉。是重新栽树的时候了。我们也许看不到栽树的结果，但我们必须为后人的乘凉而耕耘浇水。如果我们的子孙不能像我们一样享受自己祖先创造的硕果，我们将无颜去见九泉之下的伟大先人。那样的话，我们的子孙将有理由认为，他们的祖先不配享有我们的祖先的光荣。那样的话，我们固然能够以自己的祖先为荣，我们的子孙却只能以自己的祖先为耻。他们会用孟子的话羞辱我们，因为我们"非不能也，是不为也"。

鲲鹏

人类有史以来最伟大的人文动物，是庄子笔下的鲲鹏。

人类古往今来最伟大的不朽杰作《庄子》，其首篇《逍遥游》第一句，就开宗明义写到了鲲鹏："北溟有鱼，其名为鲲……化而为鸟，其名为鹏。"鲲是一条大鱼，长达数千里，但鲲不满足于在被陆地限制的大海里遨游，于是化而为鹏。鹏是一只大鸟，比鲲更为硕大，仅仅背部就有数千里之宽，双翼展开，所覆之域更其辽阔，有似遮天蔽日的巨大云彩。鹏鸟扶摇爬高九万里，在茫茫太空毫无束缚地自由翱翔。鲲鹏是庄子心目中可作灵魂逍遥游的心理幻象，也是全体人类共同的自由梦想。

其实，大地如同鲲之背，天空如同鹏之翼。科学告诉我们，鲲之背、鹏之翼无论多么巨大，哪怕足够覆载地球上的万千生灵，但在茫茫宇宙之中，地球依然极其渺小。栖居于渺小地球的人类，更是渺小得微乎其微。人类的栖息地，仅是极其渺小的地球。地球的栖息地，则是广袤无垠的宇宙。因此鲲鹏正是地球本身，鲲鹏的孤独正是地球的孤独。鲲鹏在太空中遨游，鸣求其同类。巨大的鲲鹏，在浩淼无际的宇宙中，不过是小小的微生物，甚至是无足轻重的细菌。人类以及地球上的其他生命体，又何尝不是寄生于这只巨大鲲鹏的微生物甚或细菌？作为寄生者，人类可能会弄得地球或者鲲鹏时常痒痒。这种痒痒，有时像被蚊子叮咬那样难受无比，有时像被爱侣呵弄那样舒服无限，究竟哪种时候更多，作为万千微生物和细菌之一，我没有把握妄下断语。

地球之外的宇宙超级生灵或许认为，洪荒时代的地球是健康的，而从第一只水母产生以后的生机勃勃，倒是地球的炎症。因此，人类没有任何资格自大，即便细菌足以毁坏地球的健康，即便炎症足以损害鲲鹏的生命，也没有理由自大。

人类中的疯子，是否会仅仅为了让宇宙中的神秘观察者看一次辉煌的焰火晚会，而试图在某个宁静的夜晚，让地球变成一片火海？或者有意让

鲲鹏变成一只火凤凰，以证明自己的强大？作为一个略有想象力的微生物，我想告诉那些急欲证明自己强大的微生物们：你所想象的焰火晚会——全面核战争或地球大爆炸，在宇宙超级生灵看来，恐怕只是萤火虫般的微光一闪，那丝毫不会打扰他们的下午茶，他们甚至连睫毛都不会忽闪一下。

熊猫

熊猫不仅是中国的国宝，熊猫就是中国本身。

所有同时代的动物都灭绝了，但是熊猫活着。所有比中国古老的国家都消亡了，无数比中国年轻的国家都解体了，甚至现存的所有国家都有可能灭亡，但是中国永远不会灭亡。中国永世长存！

在生存能力上，熊猫像中国人一样顽强。但在繁殖能力上，熊猫远远不是中国人的对手。克隆技术对中国人永远没有意义，对熊猫倒是大大的福音。

熊猫以竹为食，中国人也"不可一日无此君"。中国人认为："宁可食无肉，不可居无竹；无肉令人瘦，无竹令人俗。"而熊猫食也是竹，居也是竹，是竹林七贤的祖师爷。中国人主张"虚其心，实其腹"。而熊猫不仅像竹子一样虚其心，而且用竹子实其腹。

熊猫是人文动物园中的谦谦雅士，蔼蔼君子。但是君子无肉会瘦，熊猫无肉却胖。熊猫比中国的君子更君子。君子是中国文化的杰作，所以除了中国，任何国家都不配拥有熊猫。伪君子也是中国文化的特产，所以除了中国，熊猫在任何国家都无法显示自己的价值。

熊猫像熊一样笨，又像猫一样灵，正如中国人，其智不可及，其愚尤不可及。所以熊猫像中国人一样大智若愚，大巧若拙，精光内敛，韬光养晦。

眼看竹子就要没得吃，眼看香火就要没得接，其他动物必定"不堪其忧"，熊猫却"不改其乐"。熊猫知足常乐，熊猫热爱和平，熊猫与世无争。老聃曰："夫唯不争，故天下莫能与之争。"这是对中国人的教诲，也是对熊猫的写实。

熊猫黑白分明，中国人信奉"知白守黑"。熊猫憨态可掬，中国人崇尚"难得糊涂"。胖乎乎的熊猫，活生生就是一个不倒翁。圆滚滚的熊猫，活脱脱就是一幅太极图。

猫鼠同穴

猫

猫有九条命。

第一条死于与狗拼命。因为狗要捉老鼠，断他的粮。然而狗主外，猫主内，正如男主外，女主内。猫之打不过狗，正如女人之打不过男人。但是为了猫权，明知打不过狗，也不得不打。正如为了女权，明知打不过男人，也不得不打。

第二条命死于扑蝶。由于蝴蝶太漂亮，引起了女主人瞩目。可蝴蝶岂是容易扑到的？蝴蝶在猫的眼前一晃，猫愤怒地一把抓去，竟抓瞎了自己的眼睛。后果可想而知，亮眼猫都抓不住老鼠，瞎眼猫只能饿死。世上从来没有"瞎猫碰上死鼠"的好事，但是猫并不后悔丢了一条命，因为丧命事小，失宠事大。

第三条命摔死。因为在屋顶与情敌打架，踩个空，从斜屋顶上滚下来，摔在街心。正是：生命诚可贵，自由价更高；若为爱情故，两者皆可抛。

第四条命死于装小孩哭，也就是叫春。所谓：哪个少女不怀春，哪只猫儿不叫春？所以春天一到，猫就整晚整晚装小孩哭，哭得伤心欲绝，终于一命呜呼。

第五条命被鱼刺鲠死。哪只猫儿不吃腥？尽管猫的正餐是鼠肉，但是猫像女主人一样爱吃零食。语云：明知鱼有刺，偏把鱼儿吃；拼死吃河豚，舍命陪君子。

第六条命是因为犯了窝藏罪，即所谓"猫匿"。猫是著名的窝藏犯，无论是主人抢了东西，还是主妇偷了东西，猫一律加以包庇窝藏。然而一旦主人主妇东窗事发，也便"机关算尽太聪明，反算了卿卿性命"。

第七条命被人打死。所谓打狗看主人，打猫看主妇。主人的面子，已被鲁迅的痛打落水狗彻底打掉，主妇的面子也岌岌可危。虽然事关女权主义潮流，群雌粥粥，不便明火执仗，但是偷偷施以暗算，却比打狗容易一些。

第八条命死得最为蹊跷。有鉴于"狡兔死，走狗烹"的历史教训，猫对老鼠的逝世，表现出并非假慈悲的真诚悲痛。尽管狗是猫的死敌，但是幸灾乐祸的猫立刻醒悟：鼠患一除，猫亡无日。只要老鼠存在，猫的地位就不可动摇。因此，猫决定对鼠辈实行姑息政策，把昔日的主食鼠肉，仅仅当成了"精神食粮"。结果不难想象，人人喊打又人人不打的鼠辈，终于被姑息纵容为硕鼠，硕鼠最终把猫吃了。

剩下最后一条命，由于主人的刻意保护，得以"苟全性命于乱世"。主人的用意大概有二：一、本座并未否认鼠患猖獗，并且始终有惩办鼠辈的决心和措施，有猫为证。二、下官治下固然并非十全十美，毕竟还有不是鼠辈的在。

猫头鹰

猫头鹰是人文动物园的警察。

许多人不喜欢警察，然而任何动物园都需要警察。在法律仅仅是限制人民权利的地方，不仅鼠辈不喜欢警察，非鼠辈也不喜欢警察。在法律不仅是维护你的权利，同时也维护别人的同等权利的地方，只有鼠辈不喜欢警察。因此，我希望生活在一个大部分人喜欢猫头鹰的地方。奢望所有人喜欢猫头鹰，并不现实，正如奢望鼠辈灭绝，一样不现实。

黑格尔说，智慧女神的猫头鹰，只在黄昏降临时才会起飞。这句话对他而言是比喻，意为思想家的灵感，总是在夜晚到来。对人文动物园而言，不是比喻。只要有黑夜，就需要猫头鹰。只要鼠辈在觊觎人类的粮仓，人类就需要值夜的猫头鹰。

我不喜欢猫，因为猫在有鱼吃时，决不捕鼠。而猫头鹰不吃鱼，只捕鼠。我也不喜欢鹰，鹰只是高高在上，盘旋在人文动物园上空，随其喜怒，任意攻击弱小动物。鹰与狗一起，为豢养他们的主人，构筑起地空立体防线。而猫头鹰不受任何主人豢养，他凭借智慧女神赋予的良知，嫉恶如仇地攻击威胁人类粮仓的一切老鼠。他捕鼠不是为了吃鼠，而是为了灭鼠。

猫头鹰有猫的长处，却没有猫的短处。机警，而不懒惰。明辨是非，而不谄媚权贵。他像猫一样，眼睛里带着自备钟，而不做世态炎凉的阴阳眼。他像钟表一样守时，坚守自己的岗位。他准确掌握时间，不是为了像猫一样赴女朋友约会，也不是为了像猫一样准时赴宴，大吃生猛海鲜。

猫头鹰有鹰的优点，却没有鹰的缺点。强大冷傲，却不恃强凌弱。自由飞翔，却不独享逍遥。猫头鹰飞翔在高空，廓清被鹰霸占的寰宇，又俯冲到地面，剿灭被猫纵容的鼠辈。

只要老鼠在别人的粮仓里，而不是在自己的粮仓里，有些人就会厌恶猫头鹰，而无视老鼠的存在。他们认为，猫头鹰的出现，会迫使他们无法

忘记老鼠的存在，猫头鹰的鸣叫，会迫使他们承认现实的不圆满。他们认为，自己的幸福安宁，被猫头鹰破坏了。所以猫头鹰的警笛般叫声，被视为不吉利的凶兆。

黄鼠狼

黄鼠狼素有"偷鸡贼"的恶名，但是生物学家解剖了五千只黄鼠狼，仅在两只黄鼠狼的胃里发现了鸡，并且无法确定究竟是家鸡还是野鸡。

冤案可能是这样产生的：黄鼠狼与猫一样，以老鼠为主食。但是自从老鼠主动放弃野生，与人类住在一起以后，人类为了防鼠，豢养了猫。之所以不豢养黄鼠狼，是因为他的臭屁实在太臭。迫于生计，黄鼠狼不得不冒着极大危险，到人类的住所附近捕鼠。而鸡是一种惯于大惊小怪的动物，稍有动静，立刻咯咯喔喔大叫特叫。眼看不采取断然措施，主人将被惊醒，黄鼠狼迫不得已，只好把鸡全都咬死，但他并不吃鸡。等到农民披衣举火出来看时，整个鸡窝已经变成了鸡的停尸间。由于农民养鸡并非为了吃鸡（否则就该感谢黄鼠狼无偿替人屠宰），而是为了让母鸡生蛋，把公鸡当闹钟，因此农民对黄鼠狼恨之入骨。

只有到了过年，农民才会杀鸡，而黄鼠狼竟不顾节令地提早来给鸡以及鸡的主人拜年了。从"黄鼠狼给鸡拜年"这一奇怪谚语，可知黄鼠狼仅仅把鸡咬死而不爱吃鸡。从未听说狼给羊和羊的主人拜年，狼比黄鼠狼爽快得多，叼了羊就走。

我无条件反对一切鼠辈，按照"敌人的敌人是朋友"之逻辑，我对黄鼠狼颇有好感。我倒十分反感那些盲目维护主人利益的鸡鸡狗狗之辈，其盲目性休现在：他们气急败坏地鸡飞狗跳，连主人治下的鼠辈也一起维护了进去。他们维护鼠辈的逻辑是"朋友的朋友是朋友"，既然主人不是鼠辈，那么主人治下必非鼠辈。这种逻辑过于一厢情愿，更合逻辑的推论应该是：鼠辈的主人，也是鼠辈。

可惜能够正确推理的人不多，因此大部分人对黄鼠狼的痛恨，远远超过对狼的痛恨。于是不仅黄鼠狼的臭屁顶风臭十里，而且黄鼠狼的名声比他的臭屁还要臭。

老鼠

除了老虎，只有老鼠享有称"老"的尊荣。在十二生肖中，老鼠更是凌驾于老虎之上，成了老大。在以农为本的中国，连耕牛也不得不屈居老二，没能飞龙在天的老虎降为小三子，也无话可说。正如虎将张飞，只是卖草鞋的刘鼠辈的三弟。

到不得已之时，老虎还得向老鼠三拜九叩呢！其实虎落平阳之时，尚且被排行十一的小狗子欺负，让鼠辈占了上风，也算不上咄咄怪事。

许多善良的人们无钱娶妻，老鼠却敲锣打鼓地娶了三妻四妾。小时候，谁都听过"老鼠娶亲"的故事。长大后，谁没见过老鼠娶亲的街头活剧？三妻四妾的老鼠，自然生养众多，弄得鼠辈成了天下第一大族。刘鼠辈的二弟关羽，自己没媳妇，却抛下曹操所赐高官厚禄、娇妻美妾，过五关斩六将，拼着性命把刘鼠辈的两个小老婆完璧归赵。认为被鼠辈统治是天经地义的中国人，至今把关公的傻气，叫作"义气"。

尊称鼠辈为"老鼠"，实为大不敬，其实应该尊称"鼠老"。假设我是鼠辈，即便我还不老，却有资格被比我年长的人们，尊称为"老张"。待以时日，甚至有望成为"张老"。死后如果有幸被追认为羽化登仙，成了正果，就是"张果老"。而比我年长得多的忠厚老实人，我却可以平易近人地称为"小李"，和蔼可亲地称为"小陈"。做鼠辈实在太便宜，难怪不少人渴望跻身鼠辈之列。

做鼠辈的好处，不愿做鼠辈者肯定所知有限。比如说，老鼠偷油早已尽人皆知，但是鼠辈既然是尊长，就得为贤者讳（天晓得鼠辈"贤"在哪里），因此偷油必须婉称"揩油"。中国人特别讲究"正名"，不懂名学无所谓，不懂"正名"学，就会祸从口出。比如"马尾巴的功能"不能说，那样知识分子会翘尾巴。"鼠尾巴的功能"也不敢说，那样老鼠偷油就会尽人皆知。

明眼人一定看出了我的颠三倒四：刚才还说"老鼠偷油早已尽人皆

知"，现在却说"老鼠偷油就会尽人皆知"，似乎尚未尽人皆知。殊不知既然是鼠辈，必定弱智到如此地步：早已尽人皆知之事，鼠辈一定以为尚未尽人皆知。退一万步说，即便鼠辈明白早已尽人皆知，然而只要是鼠辈，必定永不承认。

　　请读者原谅我的颠三倒四。既然这个不能说，那个不敢说，那么说得颠三倒四，总比啥也不说强些。

鼹鼠

慑于人人喊打的声威，鼠辈不得不转入地下，成了鼹鼠。

鼹鼠是卑鄙的地下工作者，而非光荣的地下工作者。地下工作是否"光荣"，端赖乎地面上的世界是"光荣"还是"梦想"。也就是说，如果地面上永远伟大光荣正确，那么地下工作就是不光彩的。反之亦然。

地面道路越不畅通，鼹鼠们的地下通道越是四通八达，畅行无阻。鼹鼠向各地运送鸦片大麻，淫秽音像，违禁读物，盗版书籍，甚至运送拐卖的妇女，给人做媳妇或逼良为娼；运送拐卖的儿童，给人接续香火或做童工。一切地上鼠辈想运而不敢运的东西，鼹鼠都可以偷运。偷运常常得到地上鼠辈的关照和掩护，因为地上鼠辈也需要这些违禁品。

即便地面道路很畅通，一切地面上可以运送的东西，鼹鼠们照样在地下偷运，只不过偷运的都是劣质的廉价水货，逃税的走私物品。

所谓"鼠目寸光"，说的正是鼹鼠：他们长途跋涉所做的一切，都是短期行为。所谓"武装到牙齿"，说的也是鼹鼠：他们的牙齿，专门用于"挖社会主义墙脚"。所谓"挖空心思"，说的还是鼹鼠：他们的全部心思，都用于研究如何挖空地面建筑的基础。因此，如果不能有效遏制地上鼠辈和地下鼹鼠的相互勾结和猖狂活动，那么地面上的一切伟大建筑，无论是"纪念碑"还是"里程碑"，都有可能因地基被挖空而倾覆。

只要鼠辈不除，安定团结就没有真正的保障。

旅鼠

当巨大的鲸鱼集体冲上海滩，作为个体极为渺小，作为集体极为庞大的旅鼠，由于地面食物已被耗尽，不得不义无反顾地冲向大海，为自己的种族举行一次集体海葬。

老鼠是繁殖力最强的哺乳动物，所以其他家畜都是人类主动驯养的，仅有家鼠是不请自来的不速之客。大概老鼠们觉得，人类作为繁殖力次强的哺乳动物，最为值得亲近。在不可控制的繁殖力上，老鼠与人类犹如棋逢对手的天然知己。或许正因如此，人类的大部分医学实验，都在老鼠身上首先试刀。

而当人类的数量膨胀到某个临界点时，鼠疫通常十分凑趣地及时出现，为减少多余的人口，做出残酷而有效的贡献，也为维持地球生物圈不同物种的生态平衡，略尽绵薄。

然而现代医学在老鼠身上的实验更为成功，人类已经消灭或有效控制了旨在大规模减少人口的鼠疫，并且控制了大部分能够减少人口的传统不治之症。于是人类不得不束手无策地看着自己的种群急剧增长，甚至对不会增加人口的同性恋，加以阴险的鼓励。惯于维护传统道德的人们，也不得不眼开眼闭。

战争曾经是减少人口的最有效手段，尽管也是最愚蠢的手段。但在一切战争中，交战双方希望减少的都是对方的人口，而非己方的人口。因此每一方都致力于提高己方武器的杀伤力，这一竞赛终于走到一个临界点：核武器。已经有了原子弹和氢弹，更高级的中子弹虽有能力制造，但已毫无必要。因为现有的核武器不仅能够消灭人类，而且可能毁灭地球。于是一切敌对的民族，同时达成共识：全面核战争不仅没有胜利者，而且没有幸存者。由于战争的目的仅是减少人口，而非消灭人类，因此通过战争减少人口在核时代已经无效。然而战争这一历史现象，不会轻易退出历史舞台。个别大国正在研究如何人为地定向引发地震，以便像《圣经》中的上帝消灭罪恶之城所多玛那样,一举毁灭整个敌对国家。这可能是减少人口的最新手段,无疑也是有史以来最为疯狂的逆天之举。

无论如何,人类正面临与旅鼠相似的困境。与人口作战,将是二十一世纪的人类面临的最大挑战。或许比老鼠聪明的人类,不会像老鼠那样主动奔向大海,而是让过多的人口消耗更多的能源,使地球升温,让两极冰山融化,然后悠闲地坐在海滩上,在一次辉煌落日之中,守株待兔地等待滔天巨浪,向所有国家呼啸着扑来……

袋鼠

袋鼠是最为尽职的母亲。

若非袋鼠有哲学异禀，知道物质并非无限可分，她原计划永远不让任何小袋鼠离开自己的大肚兜。

袋鼠的乌托邦，叫作"无限的袋鼠"——

母鼠有袋，袋中有子；子又有袋，袋又有孙；孙又有子，子又有孙；孙又有袋，袋又有鼠……千秋万袋，绵延无尽。

后来，袋鼠母亲终于明白，如此一袋不如一袋下去，必将落到"鼠亦无袋，袋亦无鼠；鼠袋合一，同归空无"的悲惨境地。如果她永远拖家袋口，把全体鼠辈一袋子兜着走，最后必将成为绝袋佳人，连为她建造纪念碑的下一袋也留不下。于是，袋鼠母亲不得不放弃了可歌可泣的"一揽子"计划。

不过袋鼠母亲仍然想不开，她仗着曾经打遍天下无敌手的拳击绝技，认为只要自己在世一天，就有责任保护自己的鼠辈儿女，不被阿狗阿猫欺负。

于是她袋着早已长大成鼠的袋中加袋小姐和客落袋儿先生，开始周游世界。

蝙蝠

蝙蝠是哲学家。

他不偏爱任何特殊个体，而是泛爱整个世界。他不把目光投注在任何特殊领域，而是关注整个世界。他对万事万物作平等观，他对任何个体的重视程度，都无法达到这一个体主观期望的程度，因此他受到整个世界的憎恨。

蝙蝠热爱一切，因为他自己不是一切。蝙蝠有翅膀，但不是鸟，所以他从不冒充天使。蝙蝠不生蛋，因为他不认为自己优秀到有资格留下后代，这使他避免了生下坏蛋。蝙蝠有独特的眼睛，但他知道，在这个令人目眩的世界里，自己完全是个瞎子。

蝙蝠批判黑夜，但不会因为夜色的存在，而毫无根据地敌视一切。

蝙蝠热爱白昼，但不会因为阳光的存在，而不顾事实地赞美一切。

他还给事物以客观的本来面目。

蝙蝠衡量事物的客观尺度，是超声波。无论黑夜还是白昼，一块石头就是一块石头，一棵树就是一棵树；无论白昼还是黑夜，一头鹿就是一头鹿，一匹马就是一匹马。不管黑马白马，都是马；不管白猫黑猫，都是猫。任何颜色，任何面具，任何诱惑，任何危险，都不能影响他的客观。

他之所以能自始至终保持客观，就是因为彻底的无私和忘我。他用超声波关注世间一切，除了自己。

紫貂

紫貂的唯一长处，是她的珍贵皮囊。

没必要援引佛祖的"不净观"恶心你：那美丽皮囊里包着的，是与其他人一样的眼泪鼻涕浓痰粪便。也没必要借用市井痞子的口吻安慰你：关了灯都是一百分。但是胸大无脑的美女，大抵没心思读书。金玉其外，败絮其中，正是世间万物的常态。

三岁的美人坯子，就已学会媚笑。因为人人要她"笑一个"，然后就有"糖糖"吃。于是小美人就像巴甫洛夫实验室里的狗，学会了条件反射的媚笑。同时也学会了使用眼泪，那是比催泪弹杀伤力更大的精神原子弹。

十三岁的小美人，能够分配给功课的注意力极为有限。她的大部分注意力，用于捕捉男生有意无意发送的信息。在接受大胆男生的字条时，她巧妙地把握分寸，既确保老师不知道，又恰好能让其他男生知道。她的回家作业，由男生中的读书尖子代劳，但那个戴眼镜的书呆子离她最远。离她最近的，是假日远足时替她背挎包的，那个脸上长满青春痘的罗圈腿。他知道自己毫无竞争力，只能以自尊为代价，换取接近她的资格。其他小子在这两者之间。她的全部智力，都用于调节围着她转的男生之间的平衡，控制其间的张力：既要挑唆他们之间的敌意，又要防止冲突表面化和白热化。她最愿意看到如下最佳局面：在出席她的生日派对时，他们互相握手，同时暗暗铰劲。

二十三岁的大美人，比十三岁的小美人更上层楼。她要风得风，要雨得雨。她运用业已娴熟如本能的微妙周旋手腕，合理分配自己的魅力，维持着全方位等距离外交。她是高明的外交家：给每个人以无言的鼓励，使之永不泄气；又不给每个人以有形的许诺，使之永难得逞。她甚至学会了运用条件反射原理，让世界对她做出反应：她对谁"笑一个"，谁就会给她"糖糖"吃。她坚信，只要自己笑三笑，连唐伯虎那样眼高于顶的狂妄小子，都愿为她卖身为奴。她娇笑道：不知道谁更像巴甫洛夫的狗！

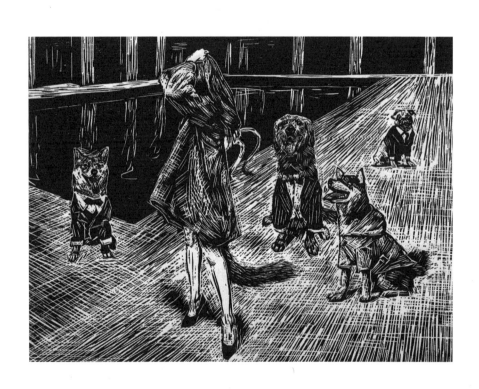

刺猬

刺猬是与啄木鸟不同的批评家。治病救树的高尚动机已被公认的啄木鸟，尚且因为时时啄到大树及其依附者的痛处，而遭到树上众猴子的围攻，何况满身是刺，常常不顾一切刺上一剑的拼命三郎刺猬？

只要刺猬受到围攻，我总是站在刺猬一边。而且总是违背辩证法，不研究具体情况，无条件声援刺猬。哪怕刺猬的某些剑招出错了，我还是站在刺猬一边。因为只有不苛求刺猬的批评艺术，刺猬才有可能成长为啄木鸟。

刺猬批评猴子的红屁股不好看，至少红得不是地方。猴子说：你刺猬也不是什么大美人，没资格批评我辈的美丑；我辈的红屁股尽管不好看，却不是你刺猬的箭靶子。我觉得不论刺猬的批评是否正确，但他指出猴子的屁股红，完全属实。他至少没有信口雌黄，没把雄猴子说成雌猴子，没把红屁股说成黄屁股。因此猴子的反驳非常无赖。按照猴子的逻辑，任何人都没有资格批评猴子，因为连大美人孔雀的屁股也不好看。那么猴子屁股，就会变成谁也摸不得的老虎屁股。这种容不得批评的态度，不利于提高猴子的美学境界。

老虎容不得批评，是因为老虎只相信力的原则。倘若理亏的老虎被逐出丛林以后，猴子以为既然老虎已经不在，他就不仅可以称大王，还可以继续推行老虎原则，那么猴子就比老虎更为可恶。不过猴子不敢承认不允许批评，只说希望刺猬不要以偏概全，更不要为了出名而胡乱批评名人，应该像啄木鸟那样，为了大树的健康而提出中肯批评，这样有利于猴子在树上安居乐业。

猴子其实是顾左右而言他。首先必须强调，批评的权利是绝对的，批评的高明与否、正确与否，都不能成为封杀批评的借口。所有的啄木鸟，都是从刺猬变成的。成熟伟大的批评家，都是从不成熟不伟大的批评家成长起来的。如果不许刺猬出错，那就永远不会有啄木鸟。可见猴子反对刺猬的真正目的，正是为了从根本上否定啄木鸟，这是一种声东击西的战法。只是因为猴子捉不到啄木鸟的错处，就借着攻击刺猬来出气。同时希望啄木鸟死后，不再有新一代啄木鸟继续挖猴子的疮疤。这样，猴子就能坐稳连老虎也没坐稳的王位。

另类动物

家猪

猪猡天庭饱满，耳大如扇，天生富贵相，一生不愁衣食享用。

猪猡脑满肠肥，大腹便便，腹中充满大小两便，一副德高望重的样子。

猪猡可爱的短尾巴，总是打着圆满的小曲卷，表示对任何现状都打满分。

猪猡把两个大鼻孔，亮在最显眼位置，表示不与任何不合时宜的思想一鼻孔出气。如果需要，他随时准备发表时事评论，对偏离常规的不良风气予以抨击。但他更乐于对如何顺应潮流，发表现身说法的高见。

在嗅觉灵敏的强大鼻子和积满脂肪的高大额头夹击下，猪猡的小眼睛如同两颗绿豆，这使他对读书不感兴趣。于是他用大耳朵代替思考，并且愉快地发现，流行歌曲里，充满指导人生的格言警句。他认定这是大众信奉的哲学精华，于是他的人生观，随着每周的榜首歌曲略作变动，体现出兼收并蓄的灵活性。作为坚定的和平主义者，他对一切争斗退避三舍。

只有当主人唱起他最熟悉的饭前圣歌："噢——猡猡猡猡，噢——猡猡猡猡……"他才精神亢奋，勇猛得像一个橄榄球手，以第一宇宙速度，奋不顾身冲向食槽。

只要肚子充实，他就对世界充满感激之情。于是他穿上自备的双排扣演出服，随时随地准备表演自己的保留曲目："呼哧呼哧，呼哧呼哧……呼噜噜噜，呼噜噜噜……嗯哼嗯哼，卡拉咳咳——永远OK！"

野猪

　　猪与狗在一点上很相近，家狗很容易变成野狗，家猪也很容易变成野猪。区别在于，丧家的野狗固然很快就会恢复狼性，但是野狗与家狗几乎一模一样。然而家猪一旦不受豢养，很快就会长出尖利的獠牙，变成真正的野猪。

　　猪具有非同寻常的适应能力，他很容易被豢养，所以汉字的"家"，就是一头关在屋顶下的"野猪"。屋顶下的野猪，很快就会獠牙脱落，变成知足常乐的家猪。儿童们常说把鸟儿虫儿"养家"了，就是把野的养成了家的。即便放到野外，也会不远千里万里，历经千难万险找回"家"来。

　　汉字的"家"，之所以不在屋顶下写个"人"，是因为中国人最明白，人具有十足的猪性。因此，中国人用于骂人的最常用动物就是"猪猡"。唐僧师徒四人中，猪八戒具有最多的人性：贪生，好色，又懒又馋，总是想着回高老庄。

　　如果你拒绝一切冒险，害怕取经路上的九九八十一难，那么你就永远不知道自己有多大潜力。如果你享有高老庄的终生劳保和铁饭碗，满足于做高员外的乘龙快婿，你就永远不知道自己也可以做自己的主人。不知道自己的潜力，就会"捧着金饭碗讨饭"。猪就是这样，能安逸则安逸，得省心便省心。他永远不知道，自己一旦回归丛林，连狮子、老虎也得对他退避三舍，忍让三分，阿猫阿狗之辈，狼狈为奸之流，更是不在话下。只要不安于现状，不向自己的惰性和兽性屈服，猪八戒就会从"猪无能"变成猪悟能，知道自己有足够能力，做一个顶天立地的天蓬元帅。

　　狗的家狗性，比猪的家猪性更为根深蒂固。一旦有新的主人愿意豢养野狗，野狗立刻就会恢复家狗性。尽管家狗对不豢养他的人，永远保有狼性。然而家猪一旦脱离樊笼，长出獠牙，想要重新豢养他就不太容易了。野猪尝到了与虎狼分庭抗礼的尊严，哪怕丛林中不无危险，但他已经懂得了自由与尊严的价值，敢于迎接任何挑战。

豪猪

　　豪猪既不是野蛮丛林里，勇敢挑战虎豹豺狼的野猪，也不是乡村社会中，安分守己知足常乐的家猪。豪猪不仅早已摆脱了野蛮，而且通过争取平等的长期斗争，在不久前摆脱了任人宰割的家奴身份。豪猪是现代市民，城市白领，甚至中产阶级。

　　家猪与豪猪的区别在于，"家"是一重简陋的茅草屋顶下的低贱的猪，"豪"是两重飞檐（还带窗户）下的高贵的猪。也就是说，豪猪住上了父辈祖辈做梦也不敢想的高级别墅。豪猪不仅在物质生活水平上大大高于父亲家猪和祖父野猪，而且精神装备也属豪华型。他受过高等教育，有博士学历甚至留洋经历，是大学教授、首席专家、企业高管。读的是牛皮精装的豪猪型书籍，写的是辞藻华丽的豪猪型文章。

　　从家常平庸的猪，变成豪华不凡的猪，是猪的生活的升华，也是猪的历史性进步。豪猪有了很大的权利和自由，只是他正在竭力逃避它们，或是滥用它们。除了沿着高速公路规定的路径和方向，快速而危险地行驶，他不知道还有其他路可走。

　　再也没有主人豢养他，同样再也没有主人保护他。豪猪不必再恐惧虎狼，但他现在恐惧所有的其他豪猪。他已经失去了祖父的獠牙，不可能再返回丛林，也不可能再长出獠牙，于是他不得不长出一身利箭，一套豪华的防卫装备。他担心刚刚获得的不受奴役的权利，随时可能失去，为了保住这些权利，他不惜践踏其他豪猪的同等权利。于是他身上的利箭全方位对外，以抵御一切想象中的可能侵犯。为了先发制人，他常常会向另一头同样"箭"拔弩张的豪猪，率先发起进攻。

　　即便是谈情说爱，他浑身上下的箭杆也不会真正软化，而是顶多像那个聪明的外科医生那样，把身体以外的部分剪去，而留下埋在体内的部分——箭毒已深深进入豪猪的血液。野猪的世界尽管不安全，却是开放的。家猪的世界尽管封闭，却是集体主义的。然而豪猪既是个体的，又是封闭的。由于把自己关在世界之外，豪猪陷入了自己并不渴望的孤独之中。

豪猪进退两难的困境，被叔本华概括为：挤得太近怕扎痛，离得太远怕冻坏，只好保持不远不近的距离。

猴子

如果说男人是上帝画的人类草稿，女人是上帝画的人类定稿，那么猴子就是上帝画的人类漫画。猴子让人相信，万能的上帝也是杰出的漫画家。

杰出的漫画必须神似，这一点上帝做到了。所以在达尔文以前，诚实的人们也不得不承认，猴子是人类的走了样的复制品。然而在达尔文以后，护短的人们却不肯承认，猴子是人类的近亲。因为达尔文的结论与前人相反：人类是猴子的走了样的复制品。猴子是人类的原版，人类是猴子的盗版。

人所具有的，猴都具有。比如好色：常常对着镜子臭美，结果不慎把镜子打碎。能在每一片碎镜子里发现自己破碎的脸，却找不到完整而真实的自己。而那颗破碎的心，则分赠给了无数的人。又如贪食：吃饱了不算，还得撑满两嘴巴，回家再细嚼慢咽。有桃子必吃，见好处必捞。贪心起来，时常伸手捞过界，甚至想打捞水里的星星月亮，却美其名曰钦慕李白的风雅。

猴子趋炎附势。看见老虎，必拍马屁。老虎不在，就充老大。见树就爬，树倒便散。不过猴子毕竟是猴子，树倒以后，立刻变成了耍把戏的猢狲。

猴子爱慕虚荣。脏的时候有魏晋名士气，抓住虱子就往嘴里放。洗过澡后爱戴高帽，在街头耍耍把戏。只要有人围观，就以为自己已经出名。只要有人喝彩，不管是正彩还是倒彩，都喜滋滋。倘若不能流芳百世，猴子宁可遗臭万年。

猴子的最大特点是喜欢模仿秀。喜欢跟着潮流走，流行什么就学什么。看见有人喝酒，就跟着喝，不怕脸红得像屁股，反正屁股早已够红。看见有人穿高跟鞋，也学着穿，不怕脚上生鸡眼，反正原来就是斗鸡眼。

猴子一旦富贵，必与出名的同姓古人攀亲。用其姓氏证明，祖上不是侯爵，也是子爵，所以爬上大树的猴子，看不起任何平头百姓。

猩猩

唐代诗人张若虚唱道："江畔何人初见月？江月何年初照人？人生代代无穷已，江月年年望相似。不知江月待何人，但见长江送流水。"时间无情流逝，一千多年过去，当代歌手面对张若虚的疑问，不得不这样回答：月亮还是那个月亮，猩猩还是那个猩猩。然而当代的猩猩们面对古代的月亮，却以"新人类"自居。

进化论告诉我们，人是唯一能够使用火的猩猩。烧光了木材，再烧煤块。烧完了煤块，再烧石油。眼看石油又要烧光，那就再烧原子反应堆。

进化论又告诉我们，人是唯一能够制造工具的猩猩。可惜猩猩们只是极端地改进了身外的工具，却没有改进自己的身体，更没有改进自己的灵魂，自己的思想，自己的道德，至今仍是自私自利而目光短浅的猩猩。

进化论还告诉我们，人是唯一能够使用语言的猩猩。看一看猩猩们的出版物吧：除了性与暴力，欲望与诡计，欺骗与虚荣，说教与恐吓，复仇与发泄，强词夺理的胡说八道，逻辑混乱的自作聪明，无可救药的悲观绝望，还剩下些什么？听一听猩猩们的闲扯吧：除了家长里短和房帏秘事，密谋滋事和黑箱交易，各怀鬼胎和口蜜腹剑，拉帮结派和勾心斗角，吵架造谣和背叛倒戈，阿谀奉承和恶语中伤，还剩下些什么？可见"猩猩能言，终是兽语"，灵魂没有进化的猩猩，即便直立行走，乃至衣冠楚楚，依然是茹毛饮血的裸猿。

然而进化论没有告诉我们，人是唯一能够制造沙漠的猩猩，人是唯一能够制造垃圾的猩猩，人是唯一能够捅破臭氧层的猩猩，人是唯一能够毁灭所有动物也毁灭地球的猩猩。猩猩们曾经嘲笑月亮只是向太阳借光的可怜星球，现在终于有能力用原子反应堆把地球燃烧成太阳了。

"三光日月星，四诗风雅颂"，风雅的猩猩们唱着对自己的颂歌，正在把自己的星球，变成与日月同辉的燃烧的星星，同时把自己变成在火光中涅槃的猩猩。

克隆人

1997年2月，英国科学家坎贝尔等人用克隆技术复制出了小羊"多利"。1998年初，美国狂人希德在一片反对声中宣布，将在三年内复制出501个克隆人。希德说："上帝照自己的形象造人，因此我希望人能与上帝结为一体，人应该可以拥有无限的寿命和无限的知识。"在宣布上帝之死以后，人类终于开始妄想自己扮演上帝了。

不少国家元首和亿万富翁，都曾为了自身安全而使用替身，克隆人无疑是更合格的替身。几乎没有力量能有效阻止某些特权人物预先为自己"生产"几个克隆人，像喂猪一样喂着，作为自己的器官备用仓库，任何器官一旦发生病变，就换上备用的克隆器官，像汽车换备胎一样方便。再进一步，克隆技术甚至可能帮助某些人实现长生不死的古老梦想。由于每个器官都能更换，而换上的任何器官都是"自己的"，因此通过更换克隆器官而实现长生不死的人，比一幅经过修复的古画，一幢经过修缮的古建筑，更有理由视为"原作"。然而生命的真正价值和一切欢乐，包括幻想长生不死的欢乐，恰恰基于人类会死。如果长生不死从幻想变成现实，那么一切欢乐就消逝了。既然生命不会消逝，那么一切努力都失去了目标，一切得失苦乐都毫无意义，甚至激动人心的爱情也将不复存在。人类将会成为彻头彻尾的行尸走肉，与石头没有多大差别。

事态还在进一步发展。1997年10月，美国科学家怀特成功地实施了猴子的换头术。至少在理论上，人类已能将濒死者的头部，移植到年轻健康的克隆躯体上，使濒死者起死回生，开始第二次生命。一旦年轻健康的克隆躯体再次老化，同样的技术还可一用再用。在克隆人的世界里，年轻的身体将驮着老衰的头颅。恹恹欲死的变态头脑，统治着跃跃欲试的年轻身体。人类世界，将会到处游荡着老而不死的僵尸。

有识之士正在试图通过立法，禁止悖逆天道的克隆技术。然而人欲无时知足，法律有时而穷。克隆技术如同魔瓶中的魔鬼，一旦逃逸而出，必将难以控制，它将如同核阴影一样，萦绕在未来世界上空，挥之不去。

兔子

兔子的红眼病，颇有历史渊源。当年嫦娥偷吃了丈夫后羿的不死药，白日飞升去了月球。嫦娥的宠物兔子一时眼热，把药罐里的药渣舔食得干干净净，也得以附骥登仙。其他没能升仙的凡间兔子，此后每当月夜就翘首仰望，久而久之，眼睛都巴望出血来了。

据说也曾有过其他幸运动物，仰赖主人的提携而得道成仙，所谓"一人得道，鸡犬升天"，可惜是查无实据的野史。鸡狗们前往的升仙之地，是天国乐园也好，蓬莱仙境也罢，毕竟"只在虚无缥缈间"，凡人眼不见心不烦，犯不着神经衰弱。嫦娥是天生丽质，选美大会的锦标获得者，美貌是上帝赐福的最大证据，獐头鼠目之辈，也只好接受这种天生的不平等。至于她在踏上月球之时，是否说过阿姆斯特朗那样的妙语："对于我，这是一小步；对于人类，这是一大步。"因年代久远，也无从查考。毕竟她原本是天仙化人，得道成仙让人无话可说。但是兔子算什么东西，凭什么一步登天？所以不仅其他兔子，连其他动物也都嫉妒得眼红。当然，他们都说是因为愤怒的缘故，或是由于熬夜赏月的缘故。

然而，赏月者的心情十分复杂。吴地的牛，一看见月亮就喘得慌。蜀地的狗，一看见月亮就叫得凶。饿着肚子的狼，整夜盯着月亮里的兔子，哀嗥着，恨不得一口吞了。人类每年要特地留出一个日子来，借着吃月饼，狠狠地咬一口兔子，偷偷地亲一口嫦娥，以平息内心的不平和焦虑。当然，他们给自己找了个很好的借口——那是为了诗意的缘故。可是我也跟着大伙儿看了几十年月亮，愣是没看出来，月亮究竟有何诗意。

鸽子

鸽子是一种特殊家禽。把鸽子称为家禽，你或许会感到意外。

鸽子或许是最早被人类豢养的动物。因此诺亚在方舟上能够放心地放出鸽子，让他去探察洪水的现状。鸽子不辱使命，衔着橄榄枝返回了方舟。狗会变成野狗，马也会变成野马，只有鸽子永远是鸽子，永远是人类的朋友。

我们无法追踪鸽子的原始状况，就此而言，不能说鸽子是一种被人类豢养的动物，鸽子是上帝造了给人类做楷模的动物。鸽子的温和，合群，守信，忠诚，渴望飞翔而又恋家，忠于爱情而又擅长咕哝情话，都使人类相形见绌，自惭形秽。像人类一样，每个鸽群也有同化其他鸽子的天然倾向，但不是通过强制，而是经由共同飞翔嬉戏。当群外的其他鸽子，慢慢习惯并且开始喜欢与这群鸽子共同飞翔时，扩大了的鸽群，就一起飞回家园。

人们习惯于把强硬的人称为"鹰派"，而把温和的人称为"鸽派"。人们渴望消灭战争，但是只要人类中有鹰——以个人利益、家族利益、阶级利益、民族利益或国家利益为借口攻击其他个人、其他家族、其他阶级、其他民族、其他国家，那么和平就难以实现。

人养狗是为了看家，人养鹰是为了捕兔。养马为了骑，养鸡为了吃。养驴为了推磨，养牛为了耕地。养猫为了捉鼠，养鸟为了解闷。只有养鸽没有实用目的，是高尚的审美活动。在代表人类文明的现代城市广场上，到处是成群的鸽子，到处是喂鸽子的人们。这些鸽子和人，使我们对人类的未来充满希望，不仅对人类之间的和平共处充满希望，也对人与动物的和平相处充满希望。

大象

怀疑主义者嘲笑盲人。因为盲人们没等弄清大象的全部真相，就急于发表意见。摸到象腿者，认为大象是柱子。摸到象尾者，认为大象是绳子。摸到象耳者，认为大象是簸箕。摸到象牙者，认为大象是萝卜。摸到象腹者，认为大象是大瓮。摸到象背者，认为大象是眠床。各执己见，莫衷一是。

大象究竟是什么？怀疑主义者并未发表高见。怀疑主义者莫测高深地说：大象就是大象，什么也不像。这就是老聃的名言："大象无形。"老聃反对任何一知半解，不肯告诉我们任何一知半解。由于痛恨一知半解，怀疑主义者让我们这些盲人，永远沉沦在知识的黑夜之中。

就本质而言，老聃是对的。真理常常是否定性的，但是否定性真理没有多大用处。在黑暗中挣扎的盲人们，需要伟大的肯定，哪怕肯定仅是一知半解。人类的一切知识，都是一知半解，连怀疑主义者莫测高深的怀疑也不例外。所有的人，都是不同程度的盲人，连怀疑主义者也是盲人。怀疑主义者与其他盲人的唯一不同，是知道自己是盲人。知道自己是盲人之后，盲人有两种选择：一是放弃对大象的认知，并且规劝所有的盲人放弃对大象的摸索；二是不放弃对大象的认知，从一知半解的摸索开始，同时永远记住——自己摸索到的，永远是一知半解。

知道自己是盲人而继续摸索大象的盲人，不仅胜过不知自己是盲人而把摸索所得绝对化的盲人，而且胜过知道自己是盲人并放弃摸索大象的盲人。对从未摸过大象的盲人来说，摸过大象的盲人们毕竟能够提供一些关于大象的局部信息。提供局部信息的盲人们，获得局部信息的盲人们，都必须明白这仅仅是局部信息。局部信息的正确性，很可能大大低于谬误性。

怀疑主义者反对把局部信息绝对化。只要正确理解怀疑主义者的警告，人类知识就能不断进展。如果错误理解怀疑主义者的警告，人类知识就会不断退步。后来的盲人，必须尽可能多地了解以前的大多数盲人的不同意见，然后合理综合尽可能多的盲人意见，才有可能趋近大象的终极真相。然而没有人能知道所有盲人的意见，因为所有盲人的意见，是另一头大象。因此除了尽可能多地了解大多数盲人的意见，更重要的是，每个盲人都必须亲手摸一摸大象。然后承认，自己以及任何人，注定不可能彻底认知大象。

大象是人类的全部认识对象，大象是历史，是科学，是社会，是整个自然，是全部宇宙。对大象的认知永无止境。除了那条传说中的巴蛇，尚未听说有谁能把整头大象一口吞下。更何况，即便认知对象小到蚂蚁苍蝇，人类也不可能得到最后的绝对真理。

因此我唯一知道的是，我对人文动物园中的动物一无所知。本书虽然尽可能多地综合了大量盲人的意见，也有不少亲手摸索大象的真切感受，仍是一个盲人的有限摸索。

上帝

把上帝列入动物，或许令人意外，其实十分合理。上帝是纯粹的人文动物。

每个民族都有自己的上帝，甚至每个人都有自己的上帝，这些上帝的形象，往往就是动物。在初民部落和氏族社会中，上帝常常就是一种动物。无论出于感恩，还是出于恐惧，他们都把这种动物视为神圣。

当人无法战胜动物时，上帝就是动物。当人与动物互有胜负时，上帝就是人与动物的合体，或是几种动物的想象性合体。当人战胜了动物时，上帝就是人的抽象。当人不仅战胜了动物而且战胜了自我时，上帝就是无形的抽象观念。除了最后的哲学化阶段，所有的宗教都是对人文动物的偶像崇拜，所有的上帝都是人文动物化的偶像。

宗教家的上帝，是人创造的观念动物。它无所不在，又无处是其所在，像宇宙一样广大，又像空气一样无形。宗教家的上帝，是与宇宙分裂的超级动物。

哲学家的上帝，是人创造的观念，但已不是动物。他同样无所不在，又处处是其所在。它像宇宙一样广大，却落实在一切有形物乃至无形的空气之中，但没有人文化的扭曲。哲学家的上帝，就是整个大自然及其运化过程。

有些宗教家可能认为，作为超级动物的上帝创造了一切动物，也创造了人和整个世界，并主宰着人及其世界的善恶与祸福。

有些哲学家却认为，自然运化创造了一切动物，也创造了人和整个世界，并且经由人的头脑，创造了上帝这一超级动物和超级观念。但自然运化并不主宰万物的善恶与祸福，一切善恶都是人的主观判断，一切祸福都是自然运化的结果。

有些宗教家可能认为，本书是在上帝主宰之下产生的，而且亵渎了宗教的上帝以及某些神圣的观念，因此是必须禁焚之书。

有些哲学家却认为，本书只是我的生命在自然运化过程中，自然而然产生的。所谓自然而然，就全体而论是必然的，就个体而论是偶然的。正如就全体而论，人能够写作是必然的。就个体而论，我写本书却是偶然的。就全体而论，人能够读书和思考是必然的。就个体而论，你读本书却是偶然的。倘若阅读本书使你得到了些许愉悦，更是大偶然中的小偶然，我愿为此感谢上帝。

人类素描

王震坤／插画

本书说明

《人类素描》所收人文小品100篇，选自1993年至1999年所写大量人文小品。这些人文小品发表、转载于全国上百家报刊，入选多种散文选本、杂文选本，中小学语文考卷经常选用。

《张远山作品集》之前，《人类素描》有六种版本。上海文化出版社1999年7月第1版，2001年2月第2版，入选教育部"中学生课外读物100种"。少年儿童出版社2006年8月第3版，入选教育部"捐赠贫困地区中小学优秀课外读物计划"，作者放弃捐赠之书版税。台湾海鸽出版社2002年3月出版上册50篇，书名《人类素描》；2002年6月出版下册50篇，书名《人的寓言》。美国亚马逊网站2016年以后另有限量定制版。

本次收入《张远山作品集》，文字略有修订，小异以往各版。100篇分为十类，每类10篇，同于以往各版。王震坤插画100幅，同于以往各版。另增四个相关附录。

目 录

三

情感的人

四

伦理的人

五

性别的人（上）

人之异于禽兽者

美国人爱默生曾以相当不屑的口气说，一只乌龟的全部思想就是一只乌龟。此话固然俏皮，然而过于苛刻，也十分傲慢。试想，如果一只乌龟的全部思想是一头大象，那么他还是一只乌龟吗？与此相似，如果人类的全部思想都是非人的思想，那么人类还是人类吗？因此本书的全部思想都与人类有关，从具体的手指、脚趾，到抽象的种族、国家。

本书的对称版或曰翻版，是另一本拙著《人文动物园》，那本书尽管写的全是动物，但仍然都与人类有关。我不希望自己的思想是非人的思想，更不希望自己的思想是反人类的思想。只不过，有时非动物的思想就是非人的思想，反动物的行为就是反人类的行为。因为人类与动物都是上帝或曰大自然的伟大造物，应该和谐共处。

人类被中国人孟轲称为"异于禽兽者几希"，被希腊人亚里士多德称为"理性的动物"，被英国人莎士比亚称为"万物之灵长"，被法国人帕斯卡尔称为"会思想的芦苇"。因此，如果乌龟不能想得更多，那么人类就该想得更多。如果大象不能做得更好，那么人类就该做得更好。

归根结蒂，人类与所有的动物，被佛陀称为"一切有情"，被庄子称为"众生"——可惜有人把这一词语当成了骂人话。如果任何人还有一点慈悲之心，那么就该爱护同类，同时爱护异类，包括所有的动物和植物，乃至蓝天白云和清风明月，以及我们人类与所有生物共有的这个星球。中国古人描绘的盛世景象中，最令我感动的，就是"百兽率舞"。毫无讽刺意味地说，假如人类希望在这个星球上长存下去，那就必须与狼共舞。

1998年12月28日

感官的人

手

一个人空荡荡垂着两只手，是一种耻辱。每个人都明白，上帝让人腾出两只手，单用两条腿走路，并非让人游手好闲。于是手的悲喜剧开演了。

文明的成毁，或可归因于如何安置人类的手。创造和使用工具，用手。行凶杀人，也用手。耶稣为信徒摩顶祝福，是圣洁的手，因此彼拉多把这手钉在十字架上。犹大为苟活而攥紧钱袋，是肮脏的手，因此达·芬奇把这手画进壁画之中。

争夺天下看"鹿死谁手"，背后捣鬼要"上下其手"。孔子一度被称为"吹鼓手"，佛祖通常捏着个"兰花手"。大丈夫狠心"下毒手"，小家子存心"打偏手"。叫"一把手"的却多两只手，一只是"帮手"，一只是"助手"，合起来是"左右手"，倒仿佛有三只手。但叫"三只手"的并不多一只手，万一不小心"失了手"，倒常常"留一手"。

刺客叫作"青手"，党徒称为"黑手"，手无寸铁是"赤手"，身无分文叫"白手"。倒是色彩纷呈。落第秀才替别人进考场，叫"枪手"，但没人拿着枪。无论贵贱都自己上厕所，叫"净手"，但多数人都不洗手。可谓名不符实。

西方人行礼握别人的手，中国人作揖握自己的手。女士们与人握手，只是伸出手来让别人握。歌星们最不懂礼貌，偏偏老是握着自己的手。穿西服的人更喜欢背着手，这样显得傲慢或神气。穿长衫的人更愿意袖着手，这样显得谦恭或颟顸。一概都是与手过不去，不让手闲着。

人类变着法儿与手为难。幼年起，人们就用牙咬指甲，用嘴吮指头，武装到牙齿，心理学家却说是爱欲的表现。长大后，人们用锉刀锉指甲，将指甲抹得血红，把手弄得像个小丑，如此真刀真枪，竟不算虐待，反而是优待。人们给手指箍上一只小小的金属圈，勒得手指血脉不通，奄奄一息，却是为了求爱求婚。倘若敬酒不吃，就用两只稍大的金属圈把两只手腕一铐，请你进班房。这下可好，把你的十根手指夹在拶子里，拶得你七佛出世。在你的十根手指扎进竹签子，扎得你灵魂出窍。但恶名还得让手背着，折磨手的手，是"捕手"，是"打手"，是"凶手"，是"刽子手"。

一部文明史，就是手的劳作史，手的血泪史，手的受虐待史，手的遭迫害史。手所创造的机械手，已经解放了全人类，手却没有最终解放自己。手替人创造了文明，带来了自由，人却不愿文明地给手以自由。人们常常晃荡着双手抱怨没事可干，只有哑巴从来不为手烦恼，他们的手正忙着说话呢。

脚

梁山好汉骂人，讲究细节的真实："兀那鸟人！"人与鸟类，确实有点相似，只有两只脚。这是孟老夫子也肯定的："人之异于禽兽者几希！"把禽放在兽之前，并非毫无道理。

脚是最受压迫的阶级，总是挨骂。《梨俱吠陀》唱道："婆罗门是大梵的嘴，他的双臂成为刹帝利，他的两腿即是吠舍，从其双足生出首陀罗。"首陀罗是最低种姓，与脚正好般配。贡献最大的，往往地位最低下。这是历史的通则。

骂人没好口。用脚取譬骂人，大多没啥道理。大个子是"长脚鹭鸶"，小个子是"矮脚虎"。一禽一兽，还算符合孔孟之道。但手艺精的既然叫"三只手"，手艺不精的，总不该怪脚不好吧？却叫"三脚猫"。"三脚猫"干的手工活，自然不会好，脚却黑锅背到底，叫"落脚货"。拍电影演话剧，剧本位居首要，却说是"脚本"，好像剧作家是用脚写作的。唱戏扮不同人物，主要是脸谱不同，说"脸色"不同倒也合理，却说"脚色"不同。再苦再累的活，总是手干的，却称苦人为"脚夫"。教皇算是足够尊贵了，但是信徒只配吻他的脚。可见连教皇也认为，他尊贵的脚最为卑下。

赞美意中人，多赞其眼、耳、鼻、舌、身、意，少有人赞美爱人的脚。陶渊明《闲情赋》仅仅写了一句："愿在丝而为履，附素足以周旋。"竟被后人诟病千年，视为一生的重大失足。

有条格言很适合于脚："小的就是好的。"算是一个好注脚，天然小脚确实很美。比如赵飞燕，脚小得可在掌上盘桓起舞。但这属于可遇不可求，一旦强求，非要人定胜天地改变脚的天然大小，就不美了。《庄子·骈拇》曰："凫胫虽短，续之则忧；鹤胫虽长，断之则悲。"有些人禁不住对小脚的奇癖，硬是把女孩的脚用人力缠小，其浪费布匹，兼制造异味，都不必说，最主要是违反了力学原理。人为了腾出两只手，已经迫使两只脚承受了加倍负担，而且两点支撑一个物体，已经不如三点稳当，竟然还要违反自然地缩小两只脚的支撑面积，可谓不智之极。缠脚遗毒流播之广，连阿Q爱上吴妈时也叹道："什么都好，就是脚太大。"照理女孩子天生脚小，该是求之不得的大好事吧？竟又挨一声恶骂："小蹄子!"

眼睛

眼睛是人类最主要的感官，列于"眼耳鼻舌身意"六根之首。据说上帝创世的第一件事，就是为眼睛创造了光。中国的创世神话，更把日月与人的眼睛直接联系起来，盘古"垂死化身"，"左眼为日，右眼为月"。

路人不慎冲撞发生争执，总是指着对方的鼻尖痛骂："你瞎了眼睛！"诅咒别人的眼睛瞎掉，而不诅咒其他感官，可见眼睛多么重要。

夫妻之间偶尔发生口角，总是捶着自己的胸口痛哭："我瞎了眼睛！"宁可自己眼睛瞎掉，也不承认智力低下，可见爱情依然存在。爱神丘比特正是瞎子。

男人用眼睛恋爱，女人靠鼻子恋爱。男人的眼睛像丘比特一样不牢靠，即使戴上眼镜，由于鼻子受到两面夹击，嗅觉依然不够灵敏，再说各种香水早已混淆了是非，上当受骗也是常有之事，所以男人用眼睛挑选的妻子，大多不能给自己带来幸福。

女人一般不愿读太多的书。不得已读一点，把眼睛读近视了，又偏偏不肯戴眼镜，这样鼻子没有沉重的负担，正好用来细细品味，所以女人用鼻子挑选的丈夫，大多能给自己带来幸福。

欲知眼睛之重要，必须了解盲人的痛苦。美国女作家海伦·凯勒又聋又哑又盲，但她最希望得到的是视觉，她用笔向上帝呼告："给我三天视力！"

有一双水灵灵的大眼睛，似乎对女人特别重要，因为女人眼睛的口才，通常胜过嘴巴。哪怕是哑巴，她的眼睛照样滔滔不绝，却又没有长舌妇的恶名。

男人没有视力，有时是天才的标志，比如希腊的荷马擅长吟诗，中国的师旷精通音律。最不济的，至少可在街头替人算命。

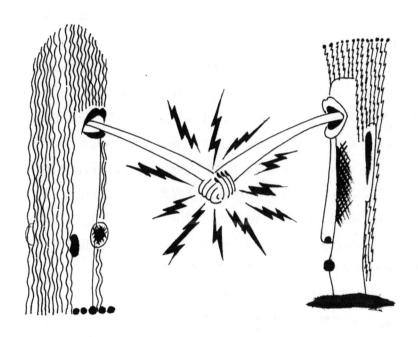

鼻子

鼻子之美空前绝后的埃及艳后克莉奥佩特拉，为自己挑选了两个罗马统帅：恺撒和安东尼。尽管她用自己的古老王国做了陪嫁，但也不算太赔本，他俩都为她的鼻子而死。帕斯卡尔说："如果克莉奥佩特拉的鼻子生得短一些，那么整个大地的面貌都会改观。"

在历史与埃及差不多同样悠久的印度，女人们同样了解鼻子的重要性，于是把本该戴在手上的戒指，直接戴在了鼻子上。

中国人把最崇拜的祖先称为"鼻祖"，因为祖宗的鼻子是最经久耐用的器官。中国人不敢断定祖宗死后是否真的有灵魂，却坚信祖宗的鼻子一定能闻到冷猪肉的香味。这或许是因为中国人活着时，鼻子长期休假，对茅坑之类各种恶臭，能够完全置若罔"闻"。甚至为了味觉的香喷喷，让鼻子忍受臭豆腐霉千张，为了意识的香艳艳，让鼻子忍受女人的裹脚布。

中国人活着时，鼻子的正常功能完全放弃，鼻子被迫转业，专门用于表达轻蔑和傲慢。道学家看到美女，立刻运用长期训练出来的特异功能，眼观鼻，鼻观心，收煞心神，等到缓过一口气，就鼻子一歪："哼！臭美！"野心家充分估计到中国人的鼻子训练有素，立意永久污染死后的空气："哼！不能流芳百世，宁可遗臭万年！"

大亨们的哼哼，确实管用。中国女子至今不敢理直气壮地追求"美"，中国男人至今被秦始皇运尸车上的鲍鱼熏得呼吸不畅，仿佛得了超级慢性感冒，久而不闻其臭。

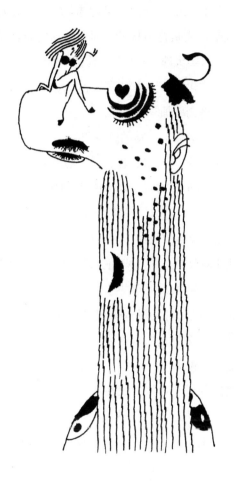

嘴巴

人的感官中，嘴巴兼职最多。本职工作是吃饭，同时兼顾说话。专业演说家，古代可以进元老院，现代可以竞选总统。普通人说话，没这么大好处，顶多混口饭吃，或是打发日子。两者偶尔也能兼顾，比如吃开口饭的教师，就被誉为"人类灵魂工程师"。旨在表彰他们，用灵魂流水线打造了一模一样的无数标准化头脑。假如教师是"人类灵魂艺术家"，或许其产品，乃至整个世界，将会更加丰富多彩。

动物的嘴用于进攻敌人，人嘴的这一职务，已经移交给高举武器的手，嘴巴仅仅负责和平地抒情。个别武装到牙齿的返祖现象，不在此例。我不反对把野兽的吼叫和鸟儿的鸣叫，称为说话和唱歌，不过要么算唱歌，要么算说话，不能两样都算。只有人的嘴既唱歌又说话，甚至唱着说话。动物的说话或唱歌，意义容易判断：野兽的吼叫难听，鸟儿的鸣叫好听。人嘴发出的声音，就比较复杂：有人唱的比说的好听，有人说的比唱的好听。

动物的嘴用于撕咬敌人，人嘴的这项劳作，已经减轻为啃咬煮烂的肉骨头。由于工作过于轻松，为了防止嘴巴功能退化，人类用互相啃咬爱人来加强锻炼，顺便用舌头替爱人刷刷牙。两个人的唾液，具有双倍杀菌作用，有利于双方身心健康。

接吻毕竟是嘴巴的业余爱好，照理不该喧宾夺主，然而对待业余爱好的热情，往往超过对待本职工作的热情，因此接吻成了嘴巴的主要功能。除了犹大之吻，很少有人拒绝别人的吻。据说只有妓女拒绝与客人接吻，因为对待本职工作不该感情用事。倘若有人啥也不干，几天几夜连续接吻，肯定不是爱得废寝忘食，而是志在打破吉尼斯纪录。

耳朵

读《新约》福音书，耶稣常说："凡有耳朵的就应当听！"听什么？听福音。福音就是耶稣的话。耶稣非要别人听他的话，别人不但不听，还指控他犯了僭越的罪，把他钉上了十字架，因为他没有这样的权柄。三千大千世界，可听之音多乎哉！为何非要听你的？焉知福音非祸音邪？试询之智者老庄，必曰："听天籁。"再问问仁者孔孟，必曰："听雅乐。"儒道两家皆主张无言之教，故与耶稣异趣。他们没人宣称自己握有非要人听的权柄，所以没人死于非命。

中国的圣贤大哲如此谦退，然而中国的伧夫村妇们却僭越得可笑。每每在街头巷尾听到他们教子训女的断喝："听话！"似乎他们自信有与耶稣一样的权柄。耶稣的话很值得一听，但就连他也没有非要人听的权柄。

其实伧夫村妇们毫无自信，因为他们要子女听的话，并非自己的话，而是从爹娘那里听来的。他们的爹娘，又是从老爹老娘那里听来的。每个教导人训斥人的都很清楚，他们自己从来不听爹娘的话。

所以是否照听到的话那样去做，已经不重要，每一代人只需听来，记住，传下，加入一个祖祖辈辈、子子孙孙的传话接力赛。至于传的时间过久，那些有口无心、光说不练的古训，是否霉味十足、臭气熏天，或者传的空间太远，那些姑妄听之、姑妄传之的老调，是否成了神话，没人去操这份闲心。

当每个人父母归天，不再耳提面命要他"听话"时，他很有一种失落感。于是他开始想尽办法听别人不想让他听到的话，为此不惜在寒冬腊月赤着双脚躲在人家窗下，直到女主人兜头浇下一盆洗脚水，才鬼鬼祟祟逃之夭夭。然后把听来的话，习惯成自然地记住、传开，但是绝口不提被泼一头洗脚水，倒把别人弄得满头雾水。听的人既听之，则传之，照样唾沫飞溅、普降雨露。不过由于没头没脚，传着说着就成了鬼话，而且水分太多，这些教外别传，当然不能传之久远，太阳一出，就云消雾散。

我也曾经听到一句话，不知是不是神话：唵—嘛—呢—叭—咪—吽！意思似乎是：俺们没把你哄。

皮肤

很少有人知道，皮肤也会饥饿，假如它缺乏最低限度的爱抚。更少有人了解：忽视皮肤的需求，会遭到严厉的报复。

皮肤饥饿的人紧抱自己，上下急速搓动。然而指尖的皮层兴奋，与身体的皮层兴奋，同时传达到神经中枢，形成了短路，取消了快感。

皮肤饥饿的男人，抓破自己的皮肤，宁愿皮肤痛苦，也不肯让它麻木。他要皮肤保留敏锐的感觉，等待那只创造奇迹的手。

皮肤饥饿的女人，让猫狗舔自己的皮肤，这是猫狗成为家庭宠物的隐秘原因。之所以隐秘，并非不可告人，而是人们一贯太轻视皮肤。

皮肤饥饿的男人，用针刺破自己的皮肤，涂上各种颜色，弄成各种花纹，多是皮肤如铠甲的龙蛇、鳄鱼之类。受伤的他，从此拒绝任何人对他皮肤的亲近和爱抚，但当需要突然爆发时，就有可能强行袭击女性。

人类的大部分需求，可以自己独力解决，唯有皮肤的需求，无法自给自足。必须别人抚摸，才能带来快感，正如必须别人呵弄，才会造成痒痒。上帝这一设计的意图，就是要让人们互相需要。一个人的皮肤，渴望另一个人的皮肤，正如饿汉的嘴巴，垂涎别人的饭碗。

物质食粮越吃越少，精神食粮越吃越多，皮肤正好介于灵与肉之间。灵与肉，仅仅隔着薄薄一层皮肤。过于忽视皮肤，或过于重视皮肤，灵与肉都不可能充分和谐。足够一个人吃饱的饭，两个人就吃不饱，而两个皮肤饥饿的人，却能同时喂饱对方的皮肤。

经常得到揉搓的皮肤不易起皱，经常得到爱抚的皮肤熠熠闪光。粗糙起茧的双手，也能让皮肤饱餐一顿。不善言词的舌头，也能让皮肤陶醉得微微泛红。爱人的双手，是最好的护肤霜。爱人的舌头，是最佳的润肤膏。爱人的唾液，是皮肤的玉液琼浆。忽视皮肤的需要，将会使人变成卡夫卡笔下的格里高尔，一只皮肤变成铠甲的大甲虫。

人就是一具皮囊，因此必须尊重皮囊。

身体

人们一向藐视身体，甚至把身体视为心灵的敌人。人们相信，身体过于健康，心灵必不健康。但是人们忘了，倘若身体不健康，心灵也很难健康。

人们违心地歌颂身体的畸形，歌颂卡西莫多。

人们违心地贬斥身体的优美，贬斥艾丝美拉达。

贬低美女的男人，通常没得到过美女青睐。

贬低美女的女人，通常是身体丑陋的女人。

然而无论男女，都不应该以一己得失左右是非，更不应该出于私心颠倒黑白。

卡西莫多为何不爱身体丑陋的女人，却要爱上身体美丽的艾丝美拉达？不想亡国的帝王为何不爱身体丑陋的女人，却要大费周章广选"祸水"？丑陋的女人，从未有过称为"祸水"的荣幸。

对身体和心灵使用两种不同的判断标准，是"文明人"的普遍痼疾，是男人对女人的"阳谋"。女人很少身心对立和人格分裂，男人则多多少少被自己的肉体和灵魂撕成了两片。即便是那些得到美女垂青的男人，也在假撇清地贬低美女，以此证明灵魂纯洁和道德高尚。

无论现代人对异性的身体多么心情矛盾，现代人对自己的身体却给予了不必要的过度关注。西方的健美运动，中国的进补运动，都是上帝死后现代人失魂落魄的表现。身体只是生命的逆旅，灵魂的驿站，而非人类的安身立命之所。某些苦行的古人，曾经像用旅馆中的床单擦皮鞋一样，欲把身体糟蹋之而后快。这固然是不足取法的极端，然而少数纵欲的现代人则走向另一极端，把暂住的旅馆当成了真正的家园，把身体的欲求当成了上帝的全部旨意。

对任何事物的过度关注，都会导致事与愿违的强直性痉挛。身体的无病呻吟，与灵魂的无病呻吟同样可笑。所有的无病呻吟，最终都会变成真正的有病呻吟。

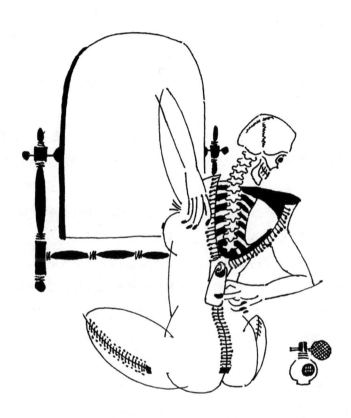

毛发

头发被佛教徒称为三千烦恼丝，所以出家人除了六根清净以外，还要剃光头发，以示大和尚的脑瓜长不出任何杂念。带发修行的善男信女之所以不剃头，是因为留着烦恼丝，等于随身携带着彻悟"烦恼即菩提"的活教材。古代有个读书人，发明了把头发挂在屋梁上之类的熬夜读书的方法，于是烦恼化为菩提，成了身佩六国相印的大策士，开创了战国策时代，小骂大帮忙地促成秦始皇统一了中国，为中国历史留下了不少"菩提即烦恼"的难题。

从前的欧洲上等人，为了表示自己有很多"菩提"，戴上一大蓬假发，以示自己的"烦恼"比下等人更多——据说是在忧国忧民。现代人知道，假烦恼并非真菩提，于是不再戴假发。唯有现代法官，为了在判案时运用足够的真"菩提"，依然戴着假"烦恼"。至于葫芦僧乱判葫芦案，给别人带来了多少真烦恼，就顾不得了。

与男人出家必须剃头略有不同，姑娘出嫁必须绞面或曰开脸，用一根棉线把脸上的汗毛除尽，因为留着汗毛会给她带来许多烦恼。总之男人出家和女人出嫁，都要除掉杂草。与之相类，信女慕男就铰下一绺青丝相赠，善男佞佛就烧掉一根手指娱神。八指头陀比别人多烧了一根手指，于是名声大噪。

现已不知学说的杨朱，留下了"拔一毛以利天下而不为"的名言，被认为是"一毛不拔"的自私自利典型。殊不知他的另一名言是"不以天下大利易胫一毛"，不宜笼统否定。可见毛发问题并不那么简单。

最古怪的是满洲人，他们既不把头发全部剃掉，也不全部留着，而把脑袋弄成阴阳对峙的太极图：剃掉的半边代表阳，像大和尚一样光溜溜；不剃的半边代表阴，像大姑娘一样扎辫子。这种阴阳哲学十分费解，因此他们入主中原时，不是在发明了阴阳学说的汉人头上剃头发，而是剃掉了许多弄不懂这种半阴半阳文化的汉人脑袋。

现代男人出门，总要刮刮胡子，希望在女人面前刮刮叫，只有艺术家们还留着大胡子。女权运动兴起以后，男子汉们唯恐雄风不再，纷纷开始贴假胸毛，既不违反奥林匹克反兴奋剂条例，又能立竿见影地炫耀雄性激素。然而女权运动兴起以后，女人们唯恐男人看不懂她们的眉目传情，纷纷画起了假眉毛，贴起了假睫毛，算是给默默的心声，装上了扩音器。

超感

有些介于人神之间的特殊人物，完全不信任自己的正常感官，却自以为有神秘的超感能力——属于上帝赋予的非凡感官。只有特地来拯救世界（毁灭世界是另一种拯救方式）的伟人圣人，才有这种先知先觉的神通。孟子曾经如此夫子自道："天将降大任于是人也，必先苦其心志，劳其筋骨，饿其体肤，空乏其身，行拂乱其所为，所以动心忍性，增益其所不能。"所谓"动心忍性"，就是用苦、劳、饿等方法，使他正常的身心感官完全失灵；所谓"增益其所不能"，就是让他具有常人所无、先知先觉的超感。

训练这种神通的方法，据孟子介绍，是"养浩然之气"。练这种特殊气功的另一方法是辟谷，即不吃饭或曰不食人间烟火，练成的标志是像乌龟一样用脚趾尖呼吸。庄子认为是用脚后跟呼吸，属于另一流派。佛教徒认为，还有用耳朵看、用鼻子听等等神通。儒家的天人感应学派，则认为可以像刘备那样，用眼睛看到自己的耳朵，让双手垂到膝盖以下，像个返祖的长臂猿。总之，练就超感的人将成为不学而能者，生而知之者。这种让感官失灵的修炼，似乎不宜称为"学习"。求学的人总是使自己的感官更敏锐，求道的人却是使自己的感官更迟钝。这就是所谓"为学日益，为道日损"。

或问：连老鼠都有超感，高居万物之灵长的人为何不能有？确实，地震或沉船前，老鼠会逃出屋子或逃上岸来，但那是因为老鼠实实在在地感知到了我们人类无法感知的信息。看见闪电的人，就能预知必将打雷，老鼠感知到的震前信息，相当于打雷前的闪电。所有的超感，可能是我们尚未找到其规律，也可能是已知其规律但不知为何有此规律，总之真正的解释一定是科学的，所以哈雷能准确预言那颗彗星七十六年后必定回来。科学是能够解释超感的唯一根据。任何超感一旦与科学相悖，必属巫术。一切科学知识都能重复验证，只有科学才能准确预言，下一次一定如此，或一定不如此。因此一切科学都是超感术，一切懂得科学的人都有"超感"。

科学能使人类看得更远，听得更清。科学能使人类看见原本看不见的红外线，听见原本听不见的超声波。科学强化了人类的"昏暗感官"（柏拉图），科学是人类最伟大的超级感官。

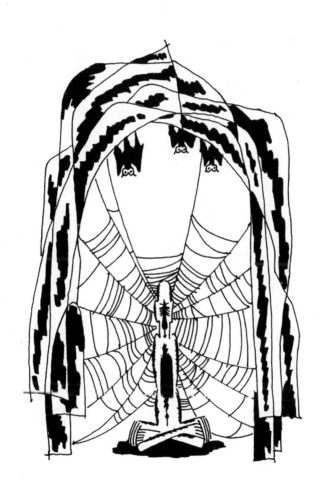

阶段的人

孩子

孩子是人类的玩具，人类是魔鬼的玩具，魔鬼是上帝的玩具。

小男孩最好永远是三岁，小女孩最好永远是五岁。

人如果不长大，魔鬼就没有玩具了。魔鬼如果没有玩具，就不肯陪上帝玩到底了。而一切都是上帝创造的，上帝不会与自己为难。因此，人必须长大。

有一个孩子都不要的人——他肯定不明白孩子多么好玩——没有自愿只要一个孩子的人。因为一玩就上瘾，一上瘾就没治。没等你玩过瘾，孩子已经长大。父母为了再玩一次，只好再生一个。第二个也很快长大，只好再生第三个、第四个。即使父母既没有养活孩子的经济能力，也没有教育孩子的精神装备，孩子也多多益善。

不要孩子的人有两种：一种是哲学家，包括部分科学家、艺术家；一种是道学家，包括形形色色的太监。

哲学家不要孩子，是为了彻底不做魔鬼的玩具，既不做先天魔鬼（情欲）的玩具，也不做后天魔鬼（权力，包括把孩子当玩具的权力）的玩具。他们参与了上帝的创世，已经成为上帝的一部分，所有的孩子都是他们的精神孩子。

道学家不要孩子，固然是为了不做先天魔鬼（情欲）的玩具，同时也是为了借助后天魔鬼（权力，包括借助暴君的权力）的力量，把所有人当成玩具。他们参与了魔鬼的舞蹈，已经成为魔鬼的一部分，所有的孩子都是他们的精神奴隶。

上帝保佑孩子：哪里有孩子，哪里就是上帝的花园。

少女

　　少女是上帝存在的确凿证据。除了全能的上帝，谁也创造不出少女。如果没有少女，世界没有必要存在。

　　上帝热爱少女，让她变成天使。魔鬼热爱少女，让她诱惑男人。男人热爱少女，让她任意胡闹。于是世界变得如此精彩，文明变得如此灿烂。

　　每个男人背后，必有一个母亲——爱他。爱他的母亲，曾经是少女。

　　每个男人面前，必有一个少女——他爱。他爱的少女，将要做母亲。

　　因为爱一个母亲，他爱一切少女。因为爱一个少女，他爱一切母亲。

　　少女是一切美好事物的起源：她要什么，她的情人就给她什么，不存在，就创造。少女是一切历史变迁的缘起：她要怎样，她的情人就由她怎样，要不然，就拉倒。

　　少女是一切艺术杰作的原因：她一撒娇，她的情人就欢笑，一欢笑，就灵感蜂拥。少女是一切聪明智慧的因缘：她一任性，她的情人就苦恼，一苦恼，就大彻大悟。

　　莎士比亚说："凡是女人生的男人，谁会不爱女人？"那么凡是爱女人的男人，谁会不爱少女？男人爱少女，不是在他爱的少女变老以后，又去爱另一个少女，而是让他爱的少女成为永远的少女。只有得到真爱的少女，才能成为永远的少女。因此，少女最大的心愿，就是得到真爱。

青年

青年往往反对自己出生以前的一切旧传统，因为他不是旧传统的主人。

青年往往拥护自己出生以后的一切新传统，因为他误以为能够成为新传统的主人。

青年往往急不可耐地渴望成为世界的主人。

急于做世界主人的青年，误以为对传统已有足够了解。他把全部精力用于维持反叛的姿态，而荒废了应该深入了解传统的青春年华。他不知道，他的反叛姿态一点不新鲜，反传统是每一代青年的老传统。进入中年以后，他将很快发现，他连自己的主人也做不了，于是不得不向传统彻底屈服。他没能成为世界的主人，世界反倒成了他的主人。

不急于做世界主人的青年，知道传统不会毫无道理，祖辈父辈不比自己笨。传统的明显弊病之所以不能很快根治，一定有极不明显的病源和极为深刻的原因。只有深入学习才有可能找到病源，但更可能自己找不到，因为远比自己了不起的无数前辈天才也没能找到。他还知道，即使自己找不到，努力不会白费，更大的天才会来，自己可以"铺平他的路，修直他的道"。

不急于做世界主人的青年，必将是世界的真正主人，因为他已经是自己的主人。他知道，没有一个青年做过世界的主人，世界的主人永远是一些老头。世界不承认伟大的青年，只承认伟大的老头，但是每个伟大的老头，都曾经是伟大的青年。

伟大的青年老了以后，是否会变成自己曾激烈反对过的顽固不化的老头？

伟大的青年老了以后，是否会因为自以为胜过自己曾激烈反对过的老头，成为更加顽固不化的糟老头？

倘若青年们未老先衰，像古老的歌谣"从前有个年轻的老头"所唱，人类将何去何从？

年轻的老头们是否知道，自己是不如糟老头的糟青年？

少妇

少妇是完美的女人。由于完美，少妇变成了女神。

没有一个女神是小丫头，也没有一个女神是老太太。所有的女神，都是少妇。

最为完美的希腊女神，是与丘比特嬉戏的维纳斯。这位少妇的儿子，将要统治所有的肉体。

最为完美的欧洲女神，是俯视耶稣的圣母玛利亚。这位少妇的儿子，将要拯救所有的灵魂。

最为完美的东方女神，是怀抱婴儿的送子观音。这位少妇让一切苦难者，把希望寄托在儿子身上。

没人记得这三位少妇的丈夫是谁，也没人在乎这三位少妇的丈夫是谁。他们只是执行上帝意志的工具，可以是随便什么人。

少妇的丈夫执行上帝的意志，少妇完成上帝的意志，使人类生生不息，并使人类从野兽一步步变成天使，尽管至今尚未如愿。一个没有孩子的女人，是悲哀的女人。女人不能生育的时代，是悲哀的时代。

有史以来最为迷人的雕塑，是米洛岛的维纳斯。

有史以来最为优美的绘画，是拉斐尔的圣母像。

有史以来最合人情的宗教，是崇拜观世音的中国佛教。

佛教信徒有时念"佛祖保佑"，有时念"阿弥陀佛"，念得最多的是"大慈大悲救苦救难观世音菩萨"。

中国人即使为佛祖塑像，也把面相塑成女人。这一美学原则，称为"男身女相"。女相既非少女之相，也非老妪之相，正是少妇之相。

人类崇拜女神，女神保佑人类。

没有丘比特之母维纳斯，希腊不会成为令人着迷的梦幻国土。

没有耶稣之母玛利亚，基督教不会成为影响最大的世界性宗教。

没有大慈大悲的送子观音，中国不会成为硕果仅存的文明古国。

中年男子

欧洲男人说："四十是人生的开始。"

中国男人尽管还没绝望到说"四十是人生的结束"，但"四十而不惑"，毫不神秘的人生已了无生趣。

四十岁是中国文化和欧洲文化的远日点，最富戏剧性地放大了两种文化之间的差异。

对于中国男人来说，如果到四十岁还没有成功，他已不必参与竞争了，因为他曾经为之奋斗的尊敬，无须任何努力，都将随着年龄步步递增。胡子为他赢得了一切，年纪使他（尤其是失败者）欣喜。他开始对别人自称老夫。

对于欧洲男人来说，如果到四十岁还没有成功，他也可以退出竞争了，因为他避之唯恐不及的失败，不管怎样逃避，都将随着年龄寸寸逼近。胡子使他失去了一切，年纪使他（也包括成功者）绝望。他开始请别人叫他乳名。

四十岁的中国男人开始加薪，他自信地留起了胡子，悠然地端起了酒杯。他豁达地嘲笑别人，对年轻人不屑一顾。

四十岁的欧洲男人开始减薪，他自卑地天天刮胡子，颓然地端起了酒杯。他无奈地嘲笑自己，对年轻人望而生畏。

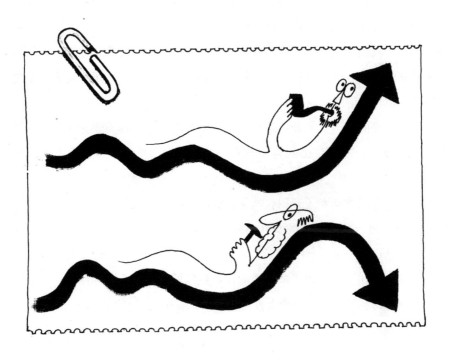

中年妇女

欧洲女人说:"四十是爱情的开始。"

中国女人说:"四十是婚姻的结束。"

对于中国女人来说,四十岁意味着丈夫已不是她的第一主题,她把目光转向儿子,她不再打扮自己,她开始烧香并且迷信,她正在变成一个老巫婆。她开始对别人自称老娘。

对于欧洲女人来说,四十岁意味着丈夫已不是她的第一主题,她把目光转向情人,她开始打扮自己,她开始抽烟并且自信,她正在变成一个老妖精。她开始请别人叫她小姐。

四十岁的中国女人开始脱头发,她对所有的男人都不感兴趣。她嫉妒自己的婆婆,她向自己的婆婆看齐。她全面退出生活,她彻底不属于自己了。

四十岁的欧洲女人开始长胡子,她对所有的男人都很感兴趣。她嫉妒自己的女儿,她向自己的女儿看齐。她全面介入生活,她已完全属于自己了。

以上对比,仅是粗线条的漫画,难免以偏概全。希腊神话中,忒瑞西阿斯因为与赫拉争论男人和女人谁更幸福,被罚做了七年男人和七年女人,以便得到亲身体验。凡人没有兼为男女的机会,不能既做中国男人又做欧洲男人,不能既做欧洲女人又做中国女人,因此中国男人、欧洲男人究竟谁更幸福,欧洲女人、中国女人到底谁更不幸?找到确切答案颇为渺茫,但是知道自己的不幸,比不知道自己的不幸,大概离不幸稍远一些。

老处女

老处女的存在足以说明，道德是可能的。

老处女越多的国家，男人越有道德。

英国有最多的老处女，英国男人最有道德，英国男人最尊重妇女。

然而反命题"老处女越少的国家，男人越不道德"，似乎不成立。因为中国几乎没有老处女，但是中国男人最讲道德。讲道德尽管不等于有道德，不过中国男人坚信，讲道德一定胜过不讲道德。

老处女的大量存在，使文明成为必然。

由于盛产老处女，英国男人摆脱了家室之累，把精力转移到发明创造上。当伊丽莎白女王的榜样力量开始起作用时（她也是老处女），工业革命很快就产生了。

由于没有老处女，中国男人沉湎于天伦之乐，把聪明倾注在还精补脑上。当某个荒淫的末代皇帝占有了过多女人时（几乎总是如此），农民起义立刻就爆发了。

盛产老处女的英国，也有大量女作家，她们大都是老处女。没有一个国家，产生过那么多的女作家。也没有一个国家的女作家，比英国女作家更出色。

没有老处女的中国，竟有大量单身汉。他们不仇恨使他无妻的皇帝，而是羡慕皇帝。他们只仇恨女人，永远不把女人当人。

寡妇

没有老处女的中国，有大量寡妇。没过门就死了丈夫的少女，则是被迫的老处女。中国没有自觉的单身汉，也没有自觉的老处女。

苦难深重的人类中，妇女是最苦难者。苦难深重的妇女中，中国寡妇是一切苦难者中的最苦难者。

印度人让寡妇殉葬，印度寡妇很苦，但是印度人相信轮回，此生只是永世轮回中的一环。印度男人强迫寡妇殉葬，寡妇没有选择的自由。

中国人不相信轮回，中国人知道生命仅有一次，所以中国男人让寡妇们自由选择：或者自杀，或者守节。非此即彼，别无出路。

中国男人不强迫寡妇自杀，而是诱惑寡妇自杀——用贞节牌坊。自杀的中国寡妇比殉葬的印度寡妇更苦：她可以不死，没人强迫她。她是自由的，是她自己，自由选择了死。

不自杀的中国寡妇比自杀的中国寡妇更苦，她活着，但她是"未亡人"，是活死人。她如此年轻，就必须忘记自己的性别。而单身汉们没有忘记她的性别，她必须抵抗他们无休无止的挑逗。她如此美丽，却必须放弃爱的权利。而表彰贞节的男人们没有忘记她的美丽，她必须忍受他们毫无节制的调戏。

每一位贞节的中国寡妇，都与耶稣一样伟大。她像耶稣一样，成功地抵抗住了魔鬼的终生诱惑。然而，谁需要这样的伟大，谁需要这样的成功？

一座座伟岸的贞节牌坊，就是一座座苦难的十字架。每一位贞节的中国寡妇，都是苦难的女神。愿她们在天之灵安息！

老太太

老太太从卑贱的丫头片子出发，经过一生的艰辛跋涉，终于登上了尊严的峰顶。一个长寿的老太太（她的丈夫早已死去），有着最为纯粹的威望。她的威望不像帝王那样，依靠先人的余荫。她的威望不像老太后那样，仰赖丈夫与儿子。

老太太是义务教育家，她在家里教育孙子。她的教育使她的孙子走出家门以后，抵制一切学校教育。

老外婆是迷信的传播者。她要外孙们相信，狼是坏的，狼的外婆是好的。

老祖母是道德的维护者。她要孙女们相信，好人永远是好人，坏人永远是坏人。

老太太是常识的捍卫者。常识由迷信和习俗两部分组成：由于有迷信，人类不可能很快实现理想。幸亏有习俗，社会不可能轻易礼崩乐坏。

有个外孙成了伟人。老外婆相信，那是听她话的必然结果。她看不出那个伟人有啥了不起。她知道所有伟人都曾尿床。

有个孙子成了罪人。老祖母相信，那是不听她话的唯一结局。她早就看出那小子不是东西。她早就预言他是个坏坯子。

老太太们相信，丰富的经验胜过一切知识。长寿使她有足够的经验，所以她有资格教训任何人。如果她服从了一辈子的丈夫还活着，她也会当着儿孙的面，毫不客气地严厉申斥："老废物！"

老头子

老头子从尊贵的心肝宝贝出发，经过一生的蹉跌，终于降到了落寞的谷底。

老头子是多余的动物，没人需要一个老头子。老妻不再需要他，她已有了儿子。儿女不再需要他，他总是碍手碍脚。孙子孙女不需要他，他不会讲故事。整个社会不需要他，他已被榨干了所有的剩余价值，成了造成车祸和消耗福利基金的材料。曾经创造历史的老头子，竟被视为阻碍历史的老顽固。

于是老头子们一致决定，不再忍受已经忍受了一辈子的东西。他不愿再承担男子汉的一切责任，他的腰板早已被责任感压弯了。他不愿再忍受妻子的唠叨，他的耳朵适时地变聋了。他不能再忍受孙子的吵闹，即使孙子比儿子文静得多，在他看来也像个小流氓。

极度的寂寞，使老头子变得像老太太一样唠叨。如果找不到其他老头子作伴，他就会面对一堵墙，或者面对一片草地，独自一人高声说话。他当了一辈子听众，现在轮到他说个痛快了。

被现代幼儿园制度剥夺了孙辈学龄前教育权的老太太们，现在也变得像老头子们一样不幸，她们也不得不加入了原本属于老头子们的大部分游戏。这使人很难判断一群老人的真实性别，尽管他们差不多都已失去了性别。但有一个例外：如果两位老人在公园的草地上下棋，那么一定是两个老头。老太太永远不下棋。

情感的人

迁怒的人

社会无论理想与否，个体之间总有智愚、强弱、贫富、尊卑等诸种差别，而且几乎没有一个幸运儿会在所有方面比他人优越。由于普遍的社会矛盾和人性弱点，每个人都会受到他人有意无意的愚弄、非礼、侮辱甚至强暴。冒犯者又往往比被冒犯者强大，因此被冒犯者出于自我保护的现实原则，不得不把怨愤之气暂时隐忍下来，转而把本该还施其人的怒气，发泄到比自己更弱小的个体身上。这就是"迁怒"。

更弱小的个体，同样会把怒气转嫁他人，最后的受害者，常常是最弱小者自己的妻子或儿女，他们会无缘无故地遭到丈夫或父亲的打骂。但是"迁怒之链"至此并未终止。在儿童世界，迁怒也遵循与成人相似的轨迹在蔓延传递。进而当这些儿童长大以后，又会把老人甚至父母当作迁怒的目标。于是这股乖戾的迁怒之气，终于相磨相荡，薄积厚发，进入了恶性循环。迁怒加剧了每一社会、每一时代、每一个体的不幸，使人间失去了大部分欢乐。举凡一切尘世扰攘和个人不幸，几乎都因迁怒而起，或由迁怒加剧，直至不堪收拾。

除了罕见的道德高尚之士，能够做到不迁怒的是那些平凡的母亲。她们长期处于低下无助的社会底层，是人类迁怒的集中承担者，但是她们极少把委屈和愤怒转嫁到儿女身上。女性正是天生的道德高尚者，母性的仁爱与忘我，是不迁怒的最大原因。妇女们尽管常常无抵抗地忍受男子的施暴，但是并非因为她们弱小。那些自诩强者的男人，在其妻女眼中仅是不成熟的任性顽童，道德上的弱者，被怜悯的对象。或强或弱的男人，常常在上司面前唯唯诺诺，在挑战者面前俯首称臣，却自饰为以德报怨、忍辱负重的谦谦君子，但是一进家门就变成了暴君，成为在外能屈、在家能伸的半吊子"大丈夫"。

一个人能在多大程度上做到据理力争，恩怨分明，保持尊严，维护人格，就能在多大程度上跳出"迁怒之链"，从而有力遏制强梁者的作恶，有效增进人间的祥和。

不满的人

人类牢骚满腹，为此上帝为人类造了两条眉毛，让他们表达不满。

不少人对邻居不满，因为邻居太自私。然而，如果你真的不自私，就不会对侵犯你利益的邻居不满。"无私"的人，你是否记得耶稣的教导"爱你的邻人"？你的不满并不能使你的邻人不自私，而你如果无私地爱他，或许他会由于不好意思而有所收敛，尽管他还是自私。其实你正是由于不好意思，才不像你的邻居那样明目张胆地自私，否则就轮到别人对你不满了。

许多人对风纪败坏不满，比如没人下水救落水者。那么如果你在现场，你会跳下去吗？哦！你不会游泳。原来你不满的是：没人在做连你也做不到的好事。

还有人对官场腐败不满，比如以权谋私、贿赂公行。那么如果有人用公款请你，或这厢有"礼"，你果真会拒绝吗？哦！你从来没碰到过这种"好机会"。原来你不满的是：有人在干你想干而没机会干的坏事。

此类不满，只会淡化你的廉耻之心。你不满的次数越多，就越接近令你不满的人，直到最后与他们完全一样。很多人就是从对别人不满，变成让别人不满的。

阿Q曾经十分不满。假洋鬼子和赵秀才们到静修庵里闹"革命"，居然"不来招呼他"一起去："难道他们还没有知道我已经投降了革命党么？"许多心理不平衡的人，真正不满的是：自己居然没机会把社会风气搞得更坏！社会风气居然还没坏到把他也一起拖下水！莫非只有听任社会风气继续坏下去，直到每个人都无一幸免地堕落下贱，不满的人们才会满意？

仅对他人不满，于事无补。不满之所以曾经推动变革，是因为那些伟大的不满现状者，只对自己的现状不满，努力使自己做得更好。

敬爱的人

敬与爱是人类最美好的情感，可惜很少有人同时赢得两者。

女人很容易成为可爱的人，却很难同时成为可敬的人。这种成就固然常常体现在母亲们身上，可惜荣誉仅仅来自她的孩子，因而稍有减色。

男人很容易成为可敬的人，却很难同时成为可爱的人。不少男人在社会上相当可敬，在屋顶下相当可爱。但是两者难以融合为一，多少有点人格分裂。

文明进步的具体表现是：过去，美丽是女人的"责任"，尽管不少女人"很不负责任"。现在，美丽是女人的"权力"，可惜能享受这项"权力"的女人仍是少数。更无法改变的是，"权力欲"像"责任心"一样，都会随着年龄增长而下降。

男人和女人的区别之一是：总有不嫉妒其他男人的男人，当他抵达受尊敬的顶峰时。但是从来没有不嫉妒其他女人的女人，总有比这个女人更可爱的另一个女人。另一方面，有不想取悦男人的女人，却没有一个不想取悦女人的男人，哪怕他貌似憎恨女人。

一个男人压迫、欺凌甚至杀死另一个男人，尽管不合人间法律，却符合大自然的生存法则。但一个男人如果以同样的手段对待一个女人，那么他就违反了自然法则。这样他不仅失去了人性，而且也失去了兽性，连狗都不如。

女人一旦爱上可敬的男人，会对他说："我是为你而生的。没有你，我根本不会出生。"

男人一旦爱上可爱的女人，会对她说："我是为你而活的。失去你，我根本不想活着。"

不讨厌的人

青年男女恋爱，到一定程度总要考考对方："你喜欢我什么？"被考的一方，考试大多不及格。这说明考试制度不理想。

其实相爱而且打算结婚的男女，应该先旅行，然后再相互问问："我有什么地方让你讨厌吗？"如果没有，就可以踏上红地毯了。如果有，尽管不影响继续恋爱，但是暂时不宜结婚。因为爱情是否热烈，得从积极方面评价：有多少我喜欢的优点？而婚姻是否美满，要从消极方面判断：有没有我讨厌的缺点？

美满的婚姻，双方一定互不讨厌。相爱的人，未必天天在一起，偶尔在一起，只展示只看见美好的方面。婚姻却必须生死相守，原本不起眼的小缺点，由于天天在一起，就会放大到无法忍受。因此，有没有令你讨厌的缺点，对爱情无关紧要，对婚姻却生死攸关。因此智者钱锺书说，两个相爱的人经过长途旅行后还互不讨厌，才可以结婚。不讨厌是爱情的最低标准，却是婚姻的最高标准。

青年男女相爱时，常常如胶似漆，难舍难分，这个非她莫娶，那个非他不嫁，于是结婚，然后蜜月旅行。但是旅行回来，往往已经舔完爱情的全部糖衣，开始品尝婚姻的苦涩。

旅行的愉快与否，更多地取决于主观性情。旅行中不断变换的周遭环境，又能全面检测性格学识和应变能力。在设施极不完善的国内旅行，往往费钱费时费力，得到的并非受用，而是受罪。即便在服务设施方便周到的发达国家旅行，花大钱遭洋罪，也是家常便饭。一旦旅行不愉快，旅伴之间相互指责，或心怀怨怼，也是人之常情。两个朋友，顶多不再结伴同行，但不妨碍继续做朋友，而新婚夫妇除了立刻离婚，唯有终生忍受。所以未婚夫妻要么先旅行，再考虑是否结婚，要么结婚后再也别一起出门，甚至不要一起上街。

倘若一个人把东西买回来，另一位即使不满意，面对既成事实也只好接受。如果两个人一起上街购物，往往你想要的，他却不喜欢，你不喜欢的，他偏偏乐意掏钱，这样非打起来不可。所以聪明的夫妻要么不一起出门，要么为了做出一副恩爱的样子，不得不一起上街，但很少一起回家。如果非要一起回家，那就当其中一位撞进服装店时，另一位在外面站岗放哨。当其中一位钻进书店时，另一位在外面左顾右盼，作特务接头状。

不过这未必表明不相爱，仅仅表明尚未抵达相互不讨厌的最佳婚姻状态。倘若相互不讨厌，那就百无禁忌。

一见钟情的人

　　一见钟情是一种奇异的感受和激情，这种体验本质上无法回忆，更无法用语言复述。这是大梦初醒般的真实的幻觉。一种可遇不可求的罕见的奇迹。

　　刹那间，你感觉到从降生至今的全部存在，全都不真实和无意义。你过去的全部生命和坚定信念，在一瞬间轰然崩溃和彻底幻灭。然而在这幻灭的绝望中你却感受到了前所未有的狂喜和至高无上的欢悦，仿佛整个世界突然变得美妙无比。但你又不知道为何变了，你简直晕头转向和莫名其妙。你似乎在睡梦中被人狠抽了两巴掌给彻底打懵了。啪啪两下，左右开弓。你脸上热辣辣地发烫，僵硬而且麻木。你两眼发直，事后却连他长什么样也不知道。此刻你智力低下得如同白痴。你嘴巴发干，喉头发紧，下意识地拼命吞咽。喉结一上一下，好像一只小老鼠在你的气管里惊惶失措地来回逃窜却偏偏逃不出去，搔得你嗓门痒痒却不敢打喷嚏，抓得你心里痒痒又不敢大喘气。你的血液已经中毒到了不可救药的地步，你的耳朵里嗡嗡轰鸣好像钻进了两只黄蜂，却又自以为幻听到了从遥远的天上飘下来的纶音仙乐，你忍不住要随之手舞足蹈，拿大顶，翻斤斗。但实际上你泥塑木雕般一动未动，你只是和他机械地说话，事后一句也想不起来胡诌了些什么，好像这是一件最不值得记忆的琐事。但你明明知道决非如此，因为任何一件琐事你总能在适当的时候把它的每个细节回忆得纤毫毕现，唯独这个神圣的瞬间，你却竭尽全力绞尽脑汁也不曾有过一次隐约的重现。你只能模模糊糊地感觉到在灵魂深处的某个死胡同里有一个看不见摸不着的记忆死角，那里有一大团如烟如雾抹不开捏不拢的原始星云，那是孕育整个世界又蕴藏宇宙根本奥秘的所在。你祖先的生命，你自己的生命，你子孙后代的生命，都从那里诞生。于是，你被这生命的奇迹震撼了。

　　这是一次真正的雷劈电击，这是一次真正的醍醐灌顶。从此刻起，你意识到你有了肉体。从此刻起，你意识到你有了灵魂。这顷刻间的充电，赋予你无所畏惧地迎接一切磨难的全部力量，你已经与神灵和天地融为一体。但你说不出这究竟是快乐还是痛苦，任何一种情感都不能确切地规定和把握它，任何一种语言都无法精细地分析和描绘它，既远且近，不能稍忘又永难忆起。

彻底的圆满，绝对的浑沌，纯粹的非理性。

嫉妒的人

有一种品质，缺乏这种品质的人，总是坚持说自己有。这是幽默感。有一种情感，富有这种情感的人，总是坚持说自己没有。那是嫉妒心。

产生嫉妒的外因是差别，内因是自私。爱，如果纯粹出于对某人某物的赞美，人不仅不会嫉妒，而且还会因为有人与自己具有共同的爱好，而引为同道，视为知己。如果人与人没有差别，你的爱人就不会爱上别人，你就不可能嫉妒别人。然而只要世界上有两个人，就有差别，就有嫉妒。

嫉妒是爱依然存在的标志，更是爱变成恨的转折点。

嫉妒之心，人皆有之。嫉妒是一只丑陋的毛虫，然而如果这只毛虫向往美丽，它就会摇身一变，化身为名叫"羡慕"的蝴蝶。

嫉妒的可怕，如同一只毛虫掉在你的脖子里。羡慕的可爱，如同一只蝴蝶停在你的手掌心。羡慕是嫉妒最优美的表现形式。

东施羡慕西施的美丽，吕后嫉妒戚夫人的美丽。羡慕使东施效颦，尽管她的外貌没能变美，但其爱美之心却很可爱。嫉妒使吕后把戚夫人弄成了"人彘"，尽管她的地位从此稳固，但其嫉美之心却很可憎。

张湛羡慕列子的御风而行来去无踪，于是写出一部《列子》，把本该属于自己的荣誉拱手让给一个不相干的古人。宋之问嫉妒外甥刘希夷的诗句"年年岁岁花相似，岁岁年年人不同"，不惜用土袋压死外甥，把这两句诗据为己有，把不该属于自己的荣誉归于自己。

羡慕使人对同性我见犹怜，嫉妒使人对同性幸灾乐祸。爱慕女人的男人说，"女人是男人的学校"。嫉恨女人的男人说，"女人是男人的奴隶"。

羡慕喻于义，嫉妒喻于利。希圣慕贤的人刻苦修炼，嫉贤妒能的人投机钻营。

羡慕导致创造，嫉妒通向破坏。一部嫉妒史，就是一部美好事物的破坏史。一部羡慕史，就是一部美好事物的创造史。仅有极少数嫉妒，羽化为羡慕的蝴蝶。因此文明的进步如此缓慢，缓慢得如同毛虫的蠕动。

自恋的人

适度自恋，是所有生命的本能。自恋固然是自私的同义语，但是自私不完全消极。文明的进步，多半受益于自私的动机。除了过度自恋自私的道学家，没有人会指责适度的自恋自私。只有认为自己比大多数同类优秀，甚至比所有的同类都更加重要的自恋狂，才应受到批评。因为一个人的过度自恋，危及了其他人的适度自恋，也就是危及了作为人类社会基本准则的对等原则。

少年人的过度自恋可以原谅。他对父母的爱情结晶如此陶醉，实为天生的多情种子。欲维持自恋，就要抵达优秀。欲抵达优秀，就必须刻苦学习知识。而知识是一种魔术，在维持个体优越感的同时，不断淘洗汰清个体的自恋，直到个体的优越感被人类总体的自豪感取代。于是，一个以自私为动机的少年，就在用知识维持自恋的过程中，升华为一个放弃自恋的文明人——爱他的邻人。再进一步，就会放弃对人类自身过于执着的自豪——傲慢，转而对天地充满敬意，他已经没有过度自恋，只有无限谦恭。

成年人的过度自恋难以容忍。他竟认为世上没有一个人或一件事值得他暂时忘却自己。他自始至终是一个自私者，一个索取者。自恋狂如果是强者，他就向整个世界索取，甚至索取他人的生命。自恋狂如果是弱者，当世界不能满足他的索取时，他就向自己索取，直到索取自己的生命。自恋狂常常不够自爱，甚至常常是自虐者。

忘我者不会自杀，只有自恋狂才会自杀——烈士除外。当自恋狂看到自己的遭遇竟与比他"低下"的人一样时，就以结束自己的生命，抗议并终止世界对自己的"不公正"，以此向世界报复，让世界难堪。忘我者不会把自己的苦难视为巨大的不幸，他不能忘怀的，是他人的苦难，世界的苦难，因为他爱人类，爱世界。

焦虑的人

被贪婪的魔爪劫持的人，是被自己扣压的人质，没有人能带着巨款把他救赎出来。他得到的利益越多，就把自己出卖得越贱。

被欲望的邪火焚烧的人，是一块情感的焦炭。心灵的焦虑，是扑不灭的炼狱之火。只有等到生命之水被全部蒸发净尽，才会倏然熄灭。

点燃焦虑的是五根火柴：名，利，食，色，权。此五者，适度是养生之"五福"，过度是伐性之"五蠹"。

"名"扯住你的耳朵，迫使你言听计从。

"利"指挥你的手脚，迫使你终生奔竞。

"食"拉长你的舌头，迫使你灵魂结巴。

"色"诱惑你的眼睛，迫使你不辨西东。

"权"牵住你的鼻子，迫使你屈身下跪。

贪欲过度而不知餍足的人，焦虑使他夜叉般凶暴，游魂般鬼祟。

贪欲过度而得到满足的人，焦虑使他饕餮般狰狞，恶魔般傲慢。

焦虑的人睡不安寝，他的灵魂受着噩梦的煎熬。

焦虑的人食不甘味，他的腑脏受着硫磺的搜刮。

焦虑的人鬼鬼祟祟，神神经经，却又疑神疑鬼。

怜悯的人

没有人愿意被别人怜悯。因此幸运儿与其怜悯他人,不如施舍他人。施舍尽管有时也令对方难堪,不幸的人至少得到了实惠。惠而不费的怜悯,则是对不幸者雪上加霜的精神侮辱。

作为硬币的另一面,也没有人愿意对别人感激。因此施舍者与其直接施舍,不如隐身布施。直接施舍,使受惠者必须感激一个本该与他平等的人,受施者在缓解了肉体不幸的同时,加剧了灵魂痛苦。而隐身布施使受惠者感激天地宇宙,他在改善了肉体境遇的同时,超拔了精神境界,对世界充满善意。

人与人天赋平等,怜悯使人傲慢地自以为在精神上高于他人。除了上帝(如果有的话),没有一个凡人有资格怜悯他人。

天地万物属于全体人类,直接施舍使一个人把取之于天地万物的财富据为己有,傲慢地自以为对财富的占有足以证明他比别人优越。一个原本与任何人平等的人,强迫他人接受人格屈辱,是十足的僭妄!一个原本与任何人一样赤条条来到世上的人,强迫他人接受嗟来之食,是为富不仁!索取感激的人,只能得到憎恨;施予怜悯的人,才该受到怜悯。对僭妄者的怜悯,才是唯一公正的怜悯。

当人们异口同声谴责忘恩负义和恩将仇报之时,有必要问一问:为何施舍者把对他人的恩义铭记在心,无时或忘?为何施舍者时时刻刻以恩人自居?为何自从他有恩于某人以后,就再也不能容忍此人对他的些微"不逊"?如果所谓"不逊"来自另一个人,他往往毫不介意或一笑置之。可见施舍者被自己的施舍囚禁了,施舍者变成了一个精神上的高利贷者,他希望微薄施舍赢得高额利息,而利息是世间最宝贵的东西——受施者的人格尊严。

如果施舍者在施舍之后,自以为有了侮辱受施者的权力,那么我无保留地支持一切忘恩负义,受施者只要感激天地就行了。受施者真正的报恩行为，应该是在自己绰有余裕时，把余财转施于其他不幸者。真正的善意布施者，付出的决非贷款，而是仁慈。一个施恩望报的施舍者是假慈悲者，他的施舍决不是恩，而是最大的恶——一张精神奴隶的卖身契。施恩望报的施舍者，具有恶魔般的傲慢。把受施者的保持个性和维护自尊，视为对施舍者的"不逊"，才是对人类天赋权利的大不逊。正是这一大不逊，逆转了施者与受者的关系，直接导致了受施者的恩将仇报。

世间已有太多的傲慢施舍者，受到了严重报复。我为他们的自食其果和咎由自取，而开怀大笑。

寂寞的人

情感是人对生存状态的直接反应。不同的生存状态，引起不同的情感。生存状态的变化，导致不同情感的波动。因此，生存的状态决定生命的意义。生存状态相对稳定，几无变化之时，人处于相对静止的心理虚空。但是无边的欲望，又会使人的情感如一池春水，微风起皱，仁者心动。

只有入过禅定的人，才能真正抵达绝对静止的生存状态，抵达止水无波的心理虚空，抵达释迦牟尼在菩提树下打坐七天七夜后登临的澄明之境，并洞观生命意义的空无。这就是生命的本质：寂寞。人的生命，没有任何前定的和外在的终极意义。

但是真正的智者决不止于生命意义的抽空和消解。真正的顿悟是意识到：尽管生命的寂寞本质，把每个人置于孤立无援的绝境——人是孤独的，没有人能代替你生活。然而正是寂寞给了人以自由，寂寞的虚空，正是自由舞蹈的广阔天地。无论你是否愿意，每个人都必须用自己一生的努力，赋予自己的生命以不可复制的独特意义。

寂寞使人脱离了动物，孤独使人完成了自己。因此在"认识你自己"以后，人必须自己去生活：用你的智慧花朵，开满人生的春夏秋冬；让你的劳动果实，结满世界的东西南北。不同的人赋予生命以不同的意义，因此人生充满悲欢苦乐，世界变得多姿多彩。

寂寞使人自由，孤独使人圆满。

逃避自由的人，止于寂寞。两个寂寞的人在一起，加倍寂寞，加倍不自由。

拥抱孤独的人，臻于圆满。两个孤独的人在一起，加倍圆满，加倍不孤独。

寂寞者消费文明，孤独者创造文明。我愿把印度经典《大林间奥义书》的颂赞，献给一切孤独者：

彼为圆满，此为圆满；

是由圆满，生起圆满。

而由圆满，减去圆满；

则其所余，仍此圆满。

伦理的人

心灵之爱

心灵用暗号联络，从古至今，暗号照旧。

寻找爱情的人，犹如潜伏在敌占区的特工人员，对任何可能的接头对象，都必须用暗号试探，以免错过。一旦错过，今生也许不再重逢，特工人员就会失去祖国，你的子孙就会失去祖先。

暗号必须运用极为普通的词语，只是予以特殊排列，加上特殊语气，可以通常理解，也可以反常诠释。只有一个人，明白暗号的真正含义。

总是弄错接头对象，因为命定的接头人只有一个。接头人像你一样需要隐蔽，这使她和他，与其他人几乎毫无差别。

冒充的接头人很多，开头几句暗号，对得像模像样。如果你过于冲动，立刻说出关键词语，就可能被冒充的接头人逮住，把真正的接头人吓走。

不能轻易暴露目标，否则羞辱和危险就会接踵而至。你要沉住气，不动声色，神情淡远，东拉西扯，十句话里夹一句暗语。她也不慌不忙，不急着对出下句。万一你是冒充的呢？于是电影开始放慢镜头，心律却开始加快。

暗号一旦对上，嘴巴就不再说话。这是心灵之约：跟我来！

肉体之爱

肉体的齿轮，有几个渐进阶段：手指的叉合，口唇的吻合，牙舌的咬合，直至卯榫的接合，于是欢乐的轮船，点火起航。

我永远赞美肉体，肉体永远是圣洁的。哪怕是残缺不全的肉体，也是圣洁的。

肉体表达了大自然最神圣的意志。大自然只创造了肉体，而热爱肉体的人们创造了灵魂，创造了文明，创造了历史。肉体是一切美好事物的唯一基础。

如果灵魂邪恶，应该厌恶的仅仅是灵魂。如果灵魂的邪恶导致了肉体的狞厉丑陋，应该受到谴责的也是灵魂，而肉体应该得到宽恕，甚至得到爱抚。

灵魂之所以走向邪恶，恰恰是因为肉体受到了冷落和蔑视，或者禁锢和虐待。充分欢悦的肉体，不可能寄居邪恶的灵魂。因此给肉体欢悦，就能使灵魂优美。

有欢悦的肉体，才会有欢悦的灵魂。有欢悦的灵魂，才会有完美的肉体。完美的肉体是大自然的奇迹，理应得到最高礼赞。

为爱情而泛红的肉体，是大自然最鲜艳的花朵。爱情的乐章，使最残缺的肉体，也洋溢出最耀眼的光彩。

我赞美肉体，胜过赞美上帝。

情人之爱

情人之爱是最纯粹的爱情，没有利益的交易，没有虚伪的敷衍，只有灵与肉的交响。一旦爱情消失，没有任何力量有权阻止两个情侣分开。要么最好，要么没有，这就是情人的选择。

情人相信，如果他想让你知道，他自己会说。如果他不想让你知道，问也没有意义，他必定撒谎。即使他偶尔鬼迷心窍，此刻早已后悔莫及。如果你不问，他心里有愧，或许不再有下一次。如果你追问，他被迫撒谎，就解脱了。他会发现，撒谎非常容易。知道你要问，下一次他会事先把谎话编得滴水不漏，不等你开口，就装出漫不经心的样子，把可能开启你疑窦的所有漏洞，　　堵住。

如果需要铁证如山，那就放弃完美的爱情。如果渴望完美的爱情，那就放弃用逻辑来证明十全十美。爱情与逻辑水火不容，爱情原本就是灵魂的发烧状态，是仅有死亡才能证明的神话。高度完美的情侣，都已双双殉情而死。

甜蜜的爱情，是生命苦果之外裹着的一层薄薄糖衣，上帝用它诱惑人类执行繁衍种族的使命。如果你不知餍足地一再狂舔，尝到苦味是迟早之事。

只要一方的爱情被猜疑腐蚀，他就把自己逐出了乐园。不能安于仅有上帝作证的天堂之爱，只有两条路可走：要么自我根除疑忌，散伙；要么走向人间之爱，结婚。于是完美的情人之爱，变成了爱恨交织的夫妻之爱。

夫妻之爱

　　婚礼是使做爱合法化的一项巫术仪式，它合的是人间之法，而不是天上之法。这项巫术仪式，曾经用来宣布一个男子对一个女子的独占：这把钥匙，还能开启其他门锁。现在它宣布两个人的互相独占：这把钥匙，只能开启这个门锁。这是门锁对钥匙的一场革命，但是门锁只有砸烂钥匙与门锁、开启与被开的根本关系，才能最终改变自己的命运。

　　大部分婚姻是合作社，互助组，维持会，与爱情无缘，即使它还被法律勉强约束着。这种婚姻如同监狱和死刑，属于"必要的罪恶"。大部分离异的夫妻，都曾有过较完美的爱情，否则他们也会像其他夫妻一样，麻木不仁地过下去。正因为不能忍受爱情的衰变，他们决定分开。

　　打骂妻子的丈夫，是不甘心的社会失败者，他在家门之外受到的屈辱和欺凌越多，一走进家门，就越会变成丧心病狂的暴君，以证明自己的"强大"，否则他的心理就无法平衡。对这种丈夫，妻子应该怜悯他，然后离开他。

　　奴役丈夫的妻子，是没奈何的爱情失望者，她在丈夫身上得到的爱情和幸福越少，在外人面前，就越要扮演不可理喻的泼妇，以证明丈夫多么爱她。对这种妻子，仍然应该责备丈夫。如果他不能让妻子得到最低限度的陶醉，就不配结婚，甚至不配繁衍后代。

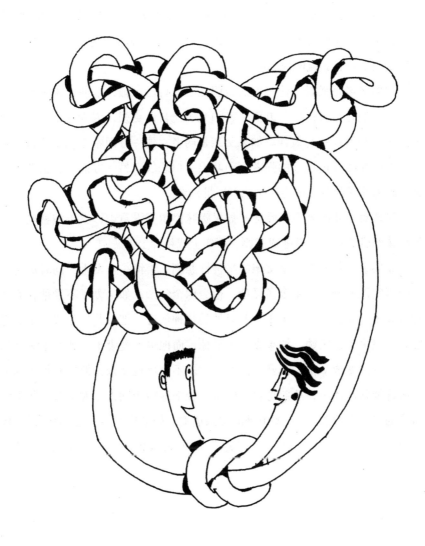

父亲之爱

父亲之爱，最富戏剧性：不是啼笑皆非的喜剧，就是惨绝人寰的悲剧。

父亲对儿子的爱充满矛盾。如果矛盾仅是不协调，就上演喜剧；如果矛盾变成不兼容，就酿成悲剧。

如果父亲是强者，他一方面希望儿子比自己更强，以便让未来时代的人们知道他是强者；另一方面又害怕儿子比自己更强，因为他不希望同时代的人们知道他并非最强。如果父亲是弱者，他一方面希望儿子比自己强些，以便在凌辱过自己的强者面前吐出一口恶气；另一方面又害怕儿子太强，因为儿子最可能成为父亲的严厉批判者。

父亲对女儿的爱充满暧昧。如果暧昧停留于潜意识，就上演喜剧；如果暧昧变成显意识，就酿成悲剧，事实上或精神上的悲剧。

如果事情不发生，是父亲的精神性悲剧；事情一旦发生，同时成为女儿的事实性悲剧。如果妻子爱他，他会像个父亲；如果妻子不爱他，而他却爱妻子，那么他会满足于女儿对他的精神依恋，把女儿想象成妻子的青春版，但决不伤害她。如果妻子不爱他，而他也不爱妻子，那么他对女儿的爱就可能变成乱伦的强暴，而女儿大多不会反抗父亲。但她心目中的第一座神像就此倒下，从此把自己的身体轻率地给予别人。大多数并非生活所迫的"天生的贱人"，要由她的父亲负责。如果男人骂她是"贱人"，她会回骂"所有的男人都是猪"。意思非常明白：她的父亲，正是第一头猪。

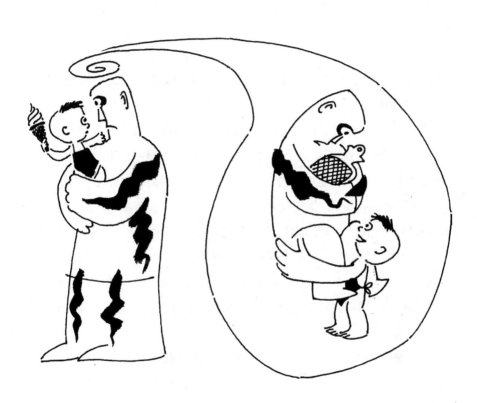

母亲之爱

母亲的爱，往往被称为无私的爱。这几乎是对的，因为她为了儿女可以彻底牺牲自己。其实母爱也有自私的一面，为了亲生儿女，她对其他孩子，尤其是丈夫前妻的孩子，偶尔会做出非常可怕的事。母爱是世间最盲目最不理智的本能力量。

称颂"母爱无私"，主要是男人—儿子，而非女人—女儿。因为儿子永远不会成为母亲，他不明白母亲为何爱他。不知原因，正是他称颂"母爱无私"的原因。

女儿一旦自己做了母亲，一旦明白了自己为何"无条件"地爱儿子，也就明白了母亲对她兄弟的爱为何是"无条件的"；她一旦明白了自己为何"有条件"地爱女儿，也就明白了母亲对自己的爱为何是"有条件"的。

"无条件的母爱"，是父权制时代的儿子—男人们蓄意炮制的神话。颂扬母爱的"无条件"，是因为儿子—男人们不愿履行"条件"。颂扬"母爱"，是迫使女人"无条件"接受苦难的精神枷锁。女人一旦为了自己的幸福，稍微懈怠一下对儿女的责任，就成了"坏女人"和"坏母亲"。其实"坏母亲"很少比"好父亲"更不负责任。所以吾乡谚语如是说："宁要讨饭娘，不要做官爹。"

"无条件"的孝顺儿子极少，"无条件"的孝顺女儿很多，因为女人最了解女人的不幸。女儿没有做母亲时，或许会对母亲的"有条件"的爱充满抱怨；但她做了母亲以后，就会心甘情愿地履行"条件"，回报母亲对她的爱。

兄弟之爱

好兄弟像朋友，好朋友却不像兄弟。称好朋友为"兄弟"，实为家族制的遗迹，以为亲情较之友情更近。其实近之则亵，远之则怨，恰恰因为兄弟之间天生的近，近到不能再近，基本结局就是分道扬镳。

同样，"多年父子成兄弟"，实际含义是多年父子成朋友。与兄弟相比，父子成为朋友的可能性更大，是因为两者之间的利益纠纷较少。生命时段的历时性交错，使父子之间的利益，容易互惠互施。兄弟成为朋友的可能性较小，因为两者之间的利害冲突较多。生命时段的共时性重叠，使兄弟之间的利益，不易互惠互施。

兄弟反目，比朋友相残更多。兄弟阋墙，常常无法调和。人类最大的争斗，大多由兄弟引起。争夺皇位，煮豆燃萁；争夺遗产，同室操戈。朋友之妻，多不敢欺；兄弟之媳，常至无状。

兄妹友爱和姐弟情深，却极为普遍，因为兄妹是天生的柏拉图式精神恋人，姐弟则是母子的另一种形式。

兄弟之间的无私相爱，如果不是凭借天然血缘关系组成扩大的利己主义阵营，那么兄弟二人必然是超凡脱俗的人物，不过这种兄弟双璧极为罕见。同时达到较高成就的著名兄弟，大多互相敌视，足证伟大的兄弟之爱，实为人间罕有。

朋友之爱

兄弟式的朋友，多是酒肉朋友，以利益维系；有利则狼狈为奸，无利则作鸟兽散。朋友式的兄弟，多如君子之交，以义气鸣求；有话则肝胆相照，无言则笑傲江湖。

兄弟与朋友，如同鱼与熊掌，往往不可得兼。隐兄弟之恶者，每谤朋友之德；扬兄弟之善者，常揭朋友之短。因此，无原则的"好兄弟"，不是可交的朋友；刚正的兄弟，却胜过最好的朋友——他是你的义务监督。因为爱你，他不希望你出丑；因为敬你，他希望你比他杰出。

生死不渝的同性友谊，是人类最纯洁最伟大的情感，比异性之间的爱情伟大得多。因为爱情有上帝的阴阳之谋在做媒，友谊却有魔鬼的挑唆离间在作祟。爱情是顺天应人，如同顺风扬帆；友谊是逆天之举（自然法则要求同性进行优胜劣汰的互相残杀），如同逆水行舟。因此爱情一旦衰退，婚姻的形式照样可以顺流而下，终生维持；而默契一旦消失，友谊的形式就只能不进则退，中途搁浅。所以历史上的友谊逸闻，远比爱情佳话稀有；极为有限的友谊佳话，又有同性恋的嫌疑。

不过伟大的友谊，并非只有伟人才能享有。两个平凡的人，完全可能建立神圣的友谊。友谊之伟大与否，与两个人的自身价值大小无关，而取决于两个人的忘我程度。最强烈的爱情可以舍弃生命，最伟大的友谊则可以舍弃爱情——不过必须是真正的爱情，而非"妻子如衣裳"的大男子主义。真正的情侣，不会仅仅为了证明爱情之强烈，而故意舍弃生命。真正的朋友，也不会仅仅为了证明友谊之伟大，而故意舍弃爱情。只有当某种特定的历史性困境，乃至悲剧性境遇，迫使人们做出非此即彼的抉择之时，为了友谊而舍弃爱情，才堪称伟大。一对倾心相爱的恋人，在特定情况下愿意舍弃各自的生命，是因为相信情感的价值比生命的价值更为宝贵。两个道义相交的朋友，在特定情况下愿意舍弃各自的爱情，则是因为知道，信义比生命和情感远为崇高。正是这种崇高，使人类走出了动物界；正是这种崇高，使人类变成了万物之灵长。

陌生人之爱

永不信任陌生人的人，也愿意结交陌生人，希望陌生人相信自己是好人，以便自信是好人。

对陌生人，人们大都说实话，因为说实话最省力，编瞎话太费脑，但是人们对陌生人隐瞒自己的缺点。如果陌生人恰好疑心病不重，如他所愿相信他是好人，陌生人就会成为新朋友，直到新朋友看穿他的把戏，对他冷淡甚至断交为止。于是他不得不再结交陌生人，再装"好人"直到被看穿。其实即便被看穿，他也并非真正的"坏人"。当然，陌生人可能对他要的是同一套把戏。很多人的一生，就在时"好"时"坏"地结交若干朋友之中，打发掉了。可见陌生人之间的相互信任与相互友爱，可以帮助人们不一条道走到黑，不铤而走险坏到底，至少要常常装成"好人"。

每个人生下来，都既不好也不坏。由不好不坏变成真好，从装好人开始。由不好不坏变成真坏，从装坏人开始。一个不好不坏的人，究竟打算装好人，还是决定装坏人，首先取决于亲人是否好人。亲人是否好人，又取决于是否信任陌生人。除了真正的坏人，每个人都信任自己人和亲人，否则自己人和亲人都变成陌生人了。每个人一开始，总是倾向于学做与亲人一样的人。

如果亲人是好人，信任陌生人，那么他也会学做好人，信任陌生人。如果他信任的陌生人也无一例外信任他，那么他就会好到底。可惜这是天方夜谭。更可能的是，陌生人大多不信任他，于是他就不能一味装好人，因为一味装好人容易被陌生人暗算，甚至明目张胆欺负。所谓不信任他人，就是疑心他人是坏人，时刻准备暗算自己。一旦疑心强烈到变成恐惧和焦虑，仅仅出于防患未然的自保本能，就会先发制人地发起攻击。因此不少好人会在陌生人面前故意装坏人，编造和吹嘘自己如何收拾别人的辉煌历史，以便警告眼前这个不信任他的陌生家伙：别惹我！

如果亲人只信任自己人，不信任陌生人，那么他也会只信任自己人，

不信任陌生人，这样在外人眼里，离坏人已经不远。如果他碰到的陌生人如同亲人警告的那样，确实不值得信任，那么他就再也不会信任陌生人。即使他并不真坏，比如对亲人就相当不错，也会在陌生人面前装坏人。由不好不坏变成坏人，从在陌生人面前装坏人开始。装坏人的人常常发现感觉不坏，甚至发现装得越坏感觉越好，这样他就可能从假装坏人，变成真正的坏人，不仅对陌生人很坏，甚至对亲人和自己人也很坏。

幸而这种人也不多见。更可能的是，他其后碰到的不少陌生人信任他，于是他就暂时装好人。信任他的陌生人越多，他就越要常常装好人，直到他醒悟，装好人尚且如此快乐，做真正的好人岂非更加快乐？于是他成了真正的好人。

疑心病太重的人，往往一个朋友也没有，至少不会有终身厮守、莫逆于心的朋友。真正的朋友，可以完全信任，甚至可以性命相托。没有朋友的人，容易一条道走到黑。朋友未必劝你向善，只要有朋友，人们就会向善。不少人不仅不信任陌生人，对朋友也不太信任，而人们却把这种人视为成熟老练，经验丰富。不可无的"防人之心"，正是不可有的"害人之心"。得到信任，使一个可能变好也可能变坏的人，满怀希望地向善。

"防人之心"应该交给法律，公正的法律，可以使一个可能变好也可能变坏的人，不敢轻易作恶。法律具有力量的前提，就是人们信任法律，信任执法者。由不信任陌生人的人们制定、执行的法律制度，不可能真正惩罚坏人，不可能有效制止邪恶。只有信任陌生人的人们制定、执行的法律制度，才能保障陌生人在任何地方宾至如归，才能使全体人类四海一家，把每个陌生人视为自己人。

不信任陌生人，就是不相信人性的光辉。这样的人，不可能有德。

人与神之爱

爱神的人与神同在，他们是不朽者，正如神是不朽者。

人与人的爱，忘我中包含着自恋——生产自我的复制品。对异性的爱固然是为了复制自己，而与同性的功利性交情，同样是为了建立有利于保全自己和复制自我的利益同盟。

人与神之爱，却意味着个体完全放弃肉体的执着和精神的傲慢。放弃肉体的执着，是人与神同在的先决条件；并非由于神是精神的，而是因为精神依附于肉体。放弃肉体的执着，仅仅意味着，决不为了使自我比他人更快乐而向世界超额索取。放弃肉体的执着决不意味着人有自杀的权利。自杀与杀人一样，是对上帝所赐生命的最大蔑视。这种蔑视正说明自杀者在放弃生命的同时，没有放弃精神上的傲慢。只有生命的赐予者——神，才有权力剥夺生命。

不了解他人，就不可能了解神；不了解神，更不可能了解人就是神。热爱神，就是热爱他人。而他人不分种族，也不分国界，他人还包括古代的人和未来的人。因为热爱古代的人，我们继承和发展优秀的文化传统；因为热爱未来的人，我们批判和扬弃腐朽的传统文化。因为热爱古代的人，我们珍惜他们遗留给我们的世界；因为热爱未来的人，我们保护我们暂时寄居的世界，因为未来的人、更接近神之完美的人，还将生活其中。每个时代的总人口，与未来的人类总数相比，仅仅是极少数人。因此任何时代的人，都没有权利为了当代人即极少数人的眼前利益，而破坏自然。大自然是神的杰作，人类仅是其中的一部分。

性别的人（上）

男人

他是阳具。是执行上帝意志的工具，也是执行魔鬼意志的玩具。上帝让阳具变成魔杖，使他做爱时可爱；魔鬼让阳具变成恶棍，使他作恶时可恶。

做爱时他跪着，作恶时他站着。他跪着时，他的阳具站着；他站着时，他的阳具跪着。

他的阳具见不得太阳，喜欢待在卧室里；文明从卧室开始，阳具是文明的杠杆。

为了在卧室里跪着，站起他的阳具，他捏造了工具，驱遣跪在一边的奴隶站起来，拿着工具离开他的卧室。

为了在卧室里跪着，站起他的阳具，他捏造了玩具，打发躺在一边的孩子站起来，拿着玩具离开他的卧室。

后来不再允许公开的奴隶制存在，他就捏造更好的工具，让更好的工具使奴隶获得解放，回到自己的卧室，在奴隶喜爱的女孩面前，跪着，站起奴隶自己的阳具。

后来不再允许随便打发孩子出去，孩子也越来越早地开始告别玩具，他就让早熟的孩子得到自己的卧室，在孩子喜爱的女孩面前，跪着，站起孩子自己的阳具。

在卧室里，他的阳具是必备的家具。

走出室外，整个世界成了他的卧室。

女人

　　她是卧室。她的胸部有两座闺房，她的体内有一座宫殿。闺房是上帝造的，宫殿是魔鬼建的。

　　她的闺房和宫殿需要梁柱。上帝给她一根肋骨，举起她的闺房；魔鬼给她一条阳具，支撑她的宫殿。

　　她胸部的两座闺房，一座让孩子做梦，一座让情人做爱。等她死后，一座闺房变成坟墓，让她的情人们做梦；一座闺房变成卧室，让她的孩子们做爱。

　　为了让孩子降临她的宫殿，她让情人进入她的宫殿；为了让情人回到她的宫殿，她让孩子离开她的宫殿。

　　除了第一根肋骨，所有的肋骨都是她复制的；除了第一条阳具，所有的阳具都是她复制的。

　　她常常仰躺在草地上，欣赏夜空中的繁星。她的情人乘机背负青天，偷食她胸口那两颗鲜红的草莓。她的情人因为背叛了上帝的意志，在野外偷食了禁果，无须回头仰望天空，很快就会眼冒金星，仿佛急吼吼吞吃了一颗核桃，在嗓子眼里噎住了。

　　她更喜欢在卧室里仰慕她的情郎，为了考验他的腿部力量，她要他翻过围墙，攀上梯子，带着月光，从窗口跳进来。

绅士

世界是男人的，也是女人的，但归根结底是男人的，尤其属于成功的男人。成功的男人，过去被称为"绅士"，现在被称为"成功人士"，不过"成功人士"与"绅士"不是一个概念。为了方便，把炒股票者、炒地皮者、偷税漏税者、贪污受贿者，甚至拾荒者和乞讨者，无论何种行当，只要发了财，一律称为"新派绅士"，以便与老派绅士比较。

老派绅士穿浆过硬领的衬衫，系领带，带手帕。新派绅士不穿衬衫，不系领带，不带手帕。老派绅士穿系鞋带的皮鞋，新派绅士穿不系鞋带的皮鞋。老派绅士的衣服，一定向名裁缝定做，你能看出做工，但看不出品牌。新派绅士的衣服，一定去专卖店购买，你能看见商标，但看不出是否冒牌。

老派绅士有一手漂亮的书法，新派绅士识字有限，除了签名，都由女秘书代劳。老派绅士即便有钱，打电报也用语简洁，意思精确无误。新派绅士即便没钱，打电报也极其啰嗦，意思常常弄反。老派绅士拿手杖，至少像英国公务员那样，拿一把长柄雨伞。新派绅士拿手机，至少腰间别个拷机。老派绅士夏天也穿长裤，新派绅士春秋天已穿西装短裤，以此显示身体极好。

老派绅士下围棋，打桥牌，弹钢琴。新派绅士搓麻将，洗桑拿，唱卡拉OK。老派绅士穿礼服听音乐会，新派绅士穿时装打高尔夫。老派绅士咳嗽时用手帕捂着嘴，新派绅士打嚏时对着酒席。老派绅士评论国际时事，新派绅士谈论股票行情。老派绅士戴夹鼻眼镜，读古典名著。新派绅士戴平光眼镜，看富豪传记。

老派绅士去郊外打野兔，新派绅士在家里捉老鼠。老派绅士喜欢独自旅行，去登山探险。新派绅士喜欢随团观光，去拍照留念。老派绅士称人"先生"，也喜欢别人叫他"先生"。新派绅士称人"师傅"，但喜欢别人叫他"老板"。

老派绅士年纪轻轻，就蓄起了胡子，一副老成持重的样子。新派绅士年纪一大把，却天天刮脸，每个月还要把白发染黑，一副来日方长的样子。

老派绅士凭着他的大胡子，再出丑也留着一半面子。新派绅士凭着嘴上没毛，必要时可以不要脸。总之，新派绅士似乎有意把老派绅士的一切规范，全部推翻。

老派绅士与女士约会一定早到半小时，但女士会准时到。新派绅士不必提早半小时，因为女士会晚到半小时。在这件事上，新老绅士打了个平手，谁都得等半小时。

老派绅士与女士跳舞，像捧着瓷器。新派绅士与女士跳舞，像绑票劫持。老派绅士为女士拉椅子穿大衣，给女友写信送鲜花。新派绅士为女士拎提包扛煤气罐，给女友买时装办出国。新老绅士对妻子基本上差不多，都是大男子主义。不过也有区别：老派绅士结婚七年后，偶尔与女秘书喝喝咖啡，这个女秘书他会用一辈子。新派绅士不管婚前婚后，总是不断更换女秘书，不到七年就可能换妻。所以两个老派绅士见面后互相问候："喝了吗？"两个新派绅士见面后互相问候："换了吗？"

英国女作家阿加莎·克里斯蒂认为："考古学家对越老的东西越喜欢，女人嫁给考古学家不必怕老。"于是嫁给一位考古学家。所有的老派绅士，都是考古学家。所有的新派绅士，都收藏假古董。按理，所有的女人都理应喜欢温柔忠诚的老派绅士，但是许多新新女性只嫁金钱、地位、权力，而这些只有新派绅士才有。有钱就是成功，没钱就是失败，这是衡量当代男人的唯一标准。老派绅士在今天不仅落伍，而且落魄。因为游戏规则已经大变，现在是无规则游戏时代。

淑女

　　淑女是十八世纪的概念。当代男人如果被称为绅士，就显得落伍。当代女人如果被称为淑女，依然是一种荣誉。尽管世界的变化主要是女人的变化，但是不同的男人永远喜欢同样的女人——淑女。

　　十八世纪的淑女做刺绣，不小心针尖戳破手指，沁出第一滴血，立刻娇喊一声昏过去。因为十八世纪的少女缺少户外运动，普遍贫血和神经衰弱。当代淑女不仅不做刺绣，而且不打毛衣，有足够时间参加户外运动，所以当代淑女的神经系统非常坚强，看见再多的血也不会昏过去。她们愤怒之时，大喊"气得昏过去"，其实丝毫没有倒下的意思。这使随时准备勇救美人的男子汉们，深感英雄无用武之地。十八世纪的淑女喜欢绅士，当代淑女喜欢武士。

　　十八世纪的淑女因为缺少运动，胸部发育不足，不得不穿高跟鞋，使自己昂首挺胸，让男人仰之弥高。当代淑女热爱运动，身高早已猛增，胸部更是巍乎高哉，因此不假外求，穿平跟鞋。如果再穿高跟鞋，就难以得到"那一低头的温柔"。当代淑女固然要求男女平等，却永不要求男女身高平等。十八世纪的淑女希望情郎才能高，最好才高八斗。当代淑女希望情郎身材高，最好身高八尺。

　　十八世纪的淑女为丈夫点香读书，当代淑女要男人替她点烟。十八世纪的淑女在客厅沙发上抱　只波斯猫，当代淑女在街头散步时牵一条狮子狗。十八世纪的淑女拿长柄眼镜，当代淑女戴隐形眼镜。十八世纪的淑女害怕阳光，出门也随时举着小遮阳伞。当代淑女喜欢阳光，在家也在阳台上晒日光浴。十八世纪的淑女洗澡也穿浴衣，决不游泳。当代淑女游泳穿比基尼，不游泳也穿上空装。十八世纪的淑女在后花园拜月许愿，当代淑女在大街上追星发烧。十八世纪的淑女穿鲸骨裙坐马车，当代淑女穿羊皮裤骑"电驴"。十八世纪的淑女头上插鸡毛吃鸡腿，当代淑女吃肯德基喝鸡尾酒。十八世纪的淑女坐时双腿并拢，当代淑女坐时双腿分开。十八世纪的淑女把香水点在耳背腋下，当代淑女把香水涂在脚背膝下。

十八世纪的淑女戴一枚戒指，当代淑女戴三枚以上戒指，外加手链脚链。手铐脚镣齐全，像解放了的女奴。十八世纪的淑女把金锁片或护身符戴在内衣里面，当代淑女把项链挂在T恤外面。十八世纪的淑女不涂红指甲，当代淑女把十个脚趾也染得血红，并且穿一双露趾凉鞋。

十八世纪的淑女穿曳地长裙，当代淑女穿超短裙。十八世纪的淑女反叛者尽管穿长裤，但是纽扣在右腰。当代的淑女反叛者穿工装裤，有与男裤完全一样的拉链。男人如果忘了拉上拉链，对自己是悲剧，对他人是喜剧。淑女永远不会忘了拉上拉链，因为女人与男人毕竟不是同一物种。

十八世纪的淑女整天读书，当代淑女与书为敌。第一读书会导致近视，影响秋波的传送；第二读书会低头窝胸，影响胸部的发达；第三当代男人也不读书，女人读书越多学识越高，嫁不出去的危险越大。十八世纪的淑女喜欢知识丰富温文尔雅的老派男人，当代淑女与书呆子不共戴天。学富五车的穷酸，肯定竞争不过用五部豪车迎接新娘的粗汉。

十八世纪的淑女与情郎写了三年情书才约会，约会时戴着面纱，约会一年后才接吻，接吻时不仅闭着眼睛，还闭着嘴巴。当代淑女与情郎打了三个电话就约会，约会时涂着面膜，第一次约会就接吻，接吻时除了张大嘴巴，同时张大眼睛——寻找下一个约会对象。

水女人

　　我赞成贾宝玉的男女观：男人是泥做的骨肉，女人是水做的骨肉。男女有清浊之别，善恶之分。人之所以"一半是天使，一半是魔鬼"，是因为人的基因，男女各占一半。人性之所以善良多于邪恶，是因为人的生育，女人出力更多。因此人类至今未被自身的邪恶毁灭。那么究竟谁是魔鬼？男人们认为，被化身为蛇的魔鬼引诱的是女人，以此暗示女人是魔鬼。其实魔鬼不需要魔鬼引诱，所以被魔鬼引诱的女人不可能是魔鬼。所谓"女人是祸水"，意思非常明白：男人的引诱是"祸"，被引诱的女人是"水"。

　　女人天然水性。好女孩是一滴露珠，是五色斑斓的诗，是一滴水中映现的整个世界。好女孩是一股喷泉，蓝色的多瑙河，华尔兹的华美华彩。好女孩是一湾溪流，逐水的桃花。好女孩是一方池塘，出水的芙蓉。好女孩如画，好女孩入画。好女孩是泼水节的女儿，滋润了美丽。好女孩是清晨的薄雾，遮蔽了丑恶。女人是母性的大海，大海是水性的女人。

　　好女孩是地中海的海妖，她的歌喉有美妙的磁性，吸走了战士手上的屠刀。好女孩是爱琴海的爱神，她的眼睛有雄辩的口才，说服男人弃恶从善。好女孩的眼睛是两汪深潭，让好男人游泳，把坏男人淹死。好女孩是尼罗河的克莉奥佩特拉，她的鼻梁是眼睛的分水岭，即便改变不了历史，至少可以重塑一个男人。好女孩是阿波罗的女祭司，她的耳朵是大大的问号，启迪了一切智慧，使最有智慧的希腊男人苏格拉底终于明白：自作聪明的男人，其实一无所知。

　　好女孩是水杉，风华绝代，亭亭玉立。好女孩是水仙，纤尘不染，冰清玉洁。每一个好女孩都是一棵绛珠仙草，都应该得到一个神瑛侍者用玉露精心浇灌，终生呵护。因为好女孩即使到了垂暮之年，还是一个好女孩。

　　那喀索斯自恋而死、化为"水仙"的神话，十分可笑。男人理应热爱女人。爱女人的男人都是诗人，因为他们爱美如痴，从善如流。他们赞叹："水之精英为草木，草木之精英为人。"水是不受约束的，水是不可形容的。好女孩是水，好女孩有任性的自由。一个好男人的责任，就是尽一切努力，给她自由。想一切办法，让她欢笑。直到把一个好女孩，彻底宠坏。

火男人

五行是中国人的看家古董。民间把五行叫作金木水火土，既不按照五行相生的原理，也不遵循五行相克的法则。五行相生的次序是金水木火土：金生水（金属熔化成液体），水生木（没水的地方不长草木），木生火（木能燃火），火生土（火能把东西烧成灰），土生金（岩石里隐藏着金属）。五行相克的次序是金木土水火：金克木（金属能断木头），木克土（树根能钻入泥土），土克水（水来土掩），水克火（水能灭火），火克金（火能熔化金属）。于是构成两个相生相克的循环。

五行都是名词，民生日用派不上用场，相生相克的初民直观，又与科学毫不沾边，于是科学昌明时代的人们就废物利用，把名词当形容词用。

一个男人衣着过时，人们说："这男人很土。"

一个女人妖冶妩媚，人们说："这女人很水。"

不论男女只要迟钝，人们说："这个人很木。"

很难另换一个字，比这三个字更为贴切。然而奇怪的是，五行的另两行"火"和"金"，一向遭到冷落。不过现在已是老黄历了，如今满大街的人都在说："那男人很火。"

"火"不仅成了形容词，而且整个世界都着了火，每个人都巴不得引火烧身。不过从来没人说"这人很金"，"金"为何偏偏做不了形容词？

仔细琢磨，似也有理。土、木、水、火四个形容词，其实都与金暗通消息。很土、很木的人，命中注定五行缺金，自然缺钱花，所以受到嘲笑。很水的女人，很火的男人，命中注定是五金店小开，自然不缺钱花，所以受到企羡。然而水女人比不水的女人，火男人比不火的男人，更觉得钱不够花。

在淘金比赛中领先一步的火男人们，自我感觉极其良好，坚信自己是"真金不怕火炼"的伟丈夫。

上海男人

　　上海男人可以给北方妇女开不少选修课：美容（他常替太太买化妆品）、园艺（他常给太太买鲜花）、服装面料（他对毛涤、混纺及各种新式面料了如指掌）、流行款式（他陪太太看电视里的时装秀）。世上从来就是女人赶时髦，但是上海男人也赶时髦，流行什么上海男人就穿什么，这与上海男人惧内有关。外地是男人做主，他们比谁的老婆漂亮，自己却有权穿得邋里邋遢，如同遗老遗少。上海是女人做主，她们比谁的老公奶油，于是把老公打扮得花里胡哨，如同宾馆侍者。

　　有些上海男人带两盒不同的烟，或者次的自己抽，好的敬别人，或者好的自己抽，次的敬别人。在公共场合掏烟，要过半分多钟，才从口袋里摸出一支。

　　上海男人读地摊读物，会摆弄小手工，家用电器坏了能自己修理。上海男人在家戴个袖套，出门戴个假领，秃了头戴个假发，掉了牙装个假牙，见了人一脸假笑，一张嘴一口假话。高谈阔论时一身假正气，一脸假撇清。好不容易放了假，老老实实在家陪老婆孩子。上海男人冬天戴个小围脖，弄得像个五四青年。上海男人视力很好也戴副平光眼镜，弄得像个金丝猴。上海女婿，与北方姑爷不是一个概念，有甲 A 与甲 B 之别。北方男人是专业男人，上海男人是业余男人。

　　上海男人藏私房钱，一分钱掰成两半花，是察言观色的小职员，打小报告的小密探。上海男人浅薄浮滑，精打细算，投机取巧。上海男人不敢明火执仗，不敢单打独斗。上海男人暗里使绊，拉帮结派。上海男人喝酒最不痛快，一瓶啤酒要分三顿喝，抿一口就憋个大红脸，像娘儿们似的，北方的娘儿们也胜过这样的窝囊男人。

　　这年头，连女人都不带手绢只带手纸了，上海男人却带手帕。上海男人在街上背个女式包，原来是他老婆的。可既然由他背，干吗不带个男式包？看着就让人生气。上海男人在家里只是副家长，正如在单位顶多是副科长。这也没办法，副科长有五个，科长只有一个，还是上面派来的北方人。上海女人都"援外"了——外地和外国，而上海的地方大员，都是南下接收的北方干部。上海的头面人物——教授、学者、作家，大都是南下干部。整个城市都给接管了，上海男人还能干什么呢？打麻将吧！

上海女人

　　上海女人是最受父亲和丈夫宠爱的中国女人。从出生后到恋爱前，上海女孩受尽父母尤其是父亲的宠爱。上海父亲不会因为孩子是女儿，产生任何歧视，反而更加宠爱。一方面是上海在中国城市里工业化最早，最早建立了退休金制度，上海人养儿防老的观念十分淡漠。一方面是上海的独生子女政策执行最有力，"男女都一样"观念比其他城市更深入，因此父母会把慈爱倾注到唯一的女儿身上。

　　恋爱以后，出嫁以前，每个上海姑娘都意气风发，扬眉吐气，打扮时髦，为所欲为。上海小伙子对女友必须竭尽温柔体贴之能事，准岳父岳母对毛脚女婿也竭尽差遣刁难之能事。上海青年的男女比例，原本基本平衡，但是近年大量上海姑娘出国深造或远嫁海外，男女比例开始失调。男多女少的新局面，使上海小伙子的地位进一步下滑，不过他们知道翻本机会在婚后。上海姑娘同样深知这一点，因此婚前更加标劲十足。与男友约会，上海姑娘一定迟到半小时以上，哪怕因此漏看了电影片头。有新电影上映，上海姑娘一定颐指气使让男友去买情侣包厢座。外国乐团、舞团访沪，或是世界级美术大师的原作在沪展出，上海姑娘一定怂恿男友去轧一脚。其实上海人的艺术修养尚未与国际接轨，但是有了爱凑热闹的恋爱中的上海姑娘撬边，任何高雅的文化活动在上海都不会冷清。而在音乐厅吃瓜子，在美术馆奚落现代派，也是她们的专利。

　　出嫁以后，上海女人与大部分中国女人的命运开始接近，因为丈夫在婚后很快就会"从奴隶到将军"。与上海男人"马大嫂"（买汏烧）的漫画形象相反，实际上大部分上海家庭里，下厨房做家务的仍是妻子，但是上海女人有权感到委屈并以此居功，进而以此为武器在吵架中占尽上风，而不下厨房的上海男人会深感气短，觉得亏欠了妻子。这与外地妇女的心甘情愿，外地丈夫的受之坦然，具有本质差别。上海女人与丈夫吵架，得胜的多，万一闹到回娘家，最后一定凯旋。所以上海男人之间的调侃叫"跪搓衣板"，尽管根本不可能发生。

　　简而言之，上海女人小时候受到一个男人（父亲）的宠爱，恋爱时受到几个男人（追求者）的宠爱。丈夫在婚后通常比较"模范"，于是受到两个男人（父亲、丈夫）的宠爱。如果生了儿子，则受到三个男人（父亲、丈夫、儿子）的宠爱。众所周知，女人很容易宠坏，所谓"近之则不逊"。从大男子主义立场来看，上海女人确有被宠坏的迹象。不过女人被宠坏的社会（即便她们并不满足），毕竟比女人受欺压的社会更为文明。

不笑的男人

　　男人们明白，不爱笑这一特点，对自己的公关形象不利，但是他们不肯正面承认，却反过来往自己脸上贴金：男儿有泪不轻弹。言下之意，男人不爱哭，当然也不爱笑；正如爱笑的女人，同时也爱哭。爱哭是女里女气，爱笑同样是女里女气，所以不爱笑正是男子气。永远不笑的高仓健，因此成了男子汉的代名词。硬派小生，如今称为酷哥，全都轻易不笑。男人们创造的神，也是如此：耶稣苦兮兮，圣母笑嘻嘻；四大金刚凶巴巴，观音菩萨笑眯眯。微笑的如来，大笑的弥勒，尽管是男的，然而男性雕塑家却把他们塑成男身女相。总之，男人们想尽一切办法不笑。生活中爱笑的那些男人，都是智商比阿甘还低的傻子。只有那些低能导演，才会"戏不够，笑来凑"。了解了男人对笑的基本态度，就能明白，男人如果平易近人，作微笑状，一定是公关姿态的假笑。

　　从心理学角度来说，男人的假笑表明了理智与情感的冲突。也就是说，一旦理智与情感无法协调，男人就会假笑。女人的欢笑使人近悦远来，男人的假笑却会把人吓跑。男人们先失去了自然欢笑的能力，然后通过理智的权衡，认为假笑能够带来利益。于是通过修养，练就了逼真的假笑。假笑越逼真，越是成熟练达，越有气质风度。男人可以假笑得极有魅力，女人一旦假笑就让人汗毛凛凛。

　　处于社会等级之顶峰的帝王，无须向人献媚，假笑已无必要，于是永远不笑。长期不笑使帝王们成了面瘫病人，为了治疗这一不治之症，他们网罗了许多宫廷小丑逗自己笑。笑而要逗，可见笑的机能已彻底退化。逗笑的艺术，谓之幽默。女人根本不必逗，就会扑哧一声笑出来，所以女人根本不需要幽默。男人中最幽默的那些人，尽管能逗得别人捧腹大笑，然而他自己还是不肯笑。据说这是具有幽默感的真正标志。

　　女人的情感总是胜过理智，男人的理智总是胜过情感。教育总是理智的，因此受教育程度越高的男人，原本有限的情感越是泯灭。未受教育或仅受很少教育的粗汉，理智与情感的冲突较小，因此被矫枉过正的思想家誉为"淳朴的人"。受过教育的男人，常常批评别人"感情用事"，却从不自问：理智永远值得赞许吗？

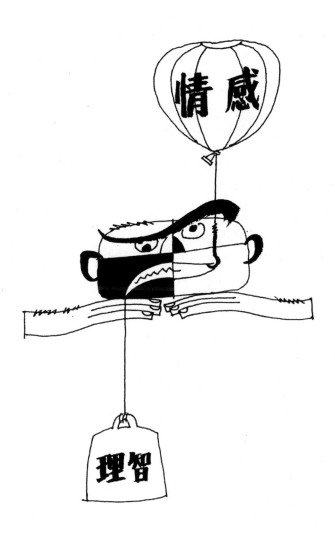

爱笑的女人

人是唯一会笑的动物，笑是人类的重要标志。然而男人不肯笑，而女人最爱笑，可见女人比男人更有人性。

不爱笑的欧洲男人说：鸡鸭多的地方，屎多；女人多的地方，笑多。男人们明白，不爱笑使自己远离了人性，所以别有用心地把女人之笑与鸡鸭之屎相提并论，似乎笑尽管并非兽性，却与家禽的咯咯呷呷相近。不爱笑的男人远离人性，并非进化不够，而是进化过度。大部分惨绝人寰的悲剧，均拜理智战胜了情感，甚至泯灭了情感的男人之赐。早就有人建言，如果世界由女人统治，血腥味会少一些，男人们可以坐下来大喝鸡鸭血汤。

不爱笑的中国男人说：三个女人一台戏。三个女人的戏，未必一定是滑稽戏，但是三个女人之所以能上演一台热闹大戏，是因为她们笑个不停。这正是令男人奇怪的地方，女人们说的话明明不怎么有趣，她们却笑得一地碎银。甚至笑的时候比说的时候多，揉肚子的时候比动脑子的时候多。《红楼梦》最精彩的一幕，是刘姥姥高呼"老刘老刘，食量大似牛，吃个老母猪，不抬头"之后，从老祖宗史太君，到哭煞鬼林妹妹，一干老妇少女，一齐笑翻，直到"笑不动"为止。总之，世上有不幸福的女人，却没有不笑的女人，更没有不爱笑的女人。褒姒或许是唯一的例外，但她之所以不爱笑，是因为知道自己是高级女奴。谁也没有权力，要求奴隶欢笑。周幽王为了引她笑，点起了烽火，诸侯们慌忙赶来，褒姒确实笑了。然而周幽王至死不悟，褒姒笑的是男人的理智和愚蠢。周幽王以为女奴可以被逗笑，殊不知只有让女奴获得解放，她们才会无限欢畅地巧笑倩兮。

站在男人立场，女人确实较为缺乏幽默细胞。因为幽默正是理智的产物，而女人的情感不可能被理智战胜。女人尽管较少理智，却永不缺乏情感。认为理智不足是缺点，仅是男人的偏见，正如男人不认为自己缺少情感是缺点。受过良好教育的女人，原本相对薄弱的理智，得到了后天开发和补充，与先天的丰沛情感，达成了平衡。因此受过良好教育的女人，笑得最为美艳迷人，是人类文明的灿烂花朵。女人的笑，稀释了男人的理智，软化了男人的凶残，充当了文明的安全阀。

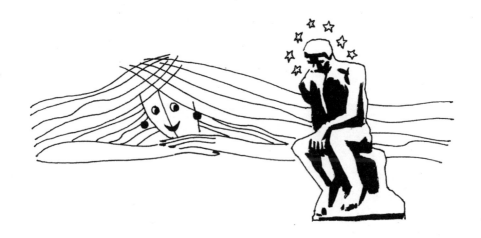

性别的人（下）

化妆的女人

上帝造人，女人造脸。这是造化的两大奇迹。

女人造脸，是与上帝作战。她不可能战胜上帝，但可以使一部分男人的眼睛，变得血红。

造脸的女人除了与上帝作战，还与所有其他女人作战，因为所有女人都在造脸。她不可能战胜所有女人，但可以使一部分女人的眼睛，变得碧绿。

两面作战的女人，不得不扩大战线，直到把整个身体变成战场：血红的嘴，血红的手指，血红的脚趾。简直惨不忍睹。

每个时代的女人，造脸方法基本相同，因此漂亮女人和不漂亮女人的脸，都变成了一样的脸。由于丑的真脸都变成了美的假脸，于是美的真脸也不敢理直气壮地素面朝天。

化妆固然是艺术，同时也是骗术，或许是最值得鼓励的一种骗术：尊重观众，美化市容。因此对原本不漂亮的女人，男人愿意承认，她现在很漂亮。对原本很漂亮的女人，男人却会疑心，她原本或许不漂亮。

化妆可以变得漂亮，不能获得气质。而最让男人着迷的，正是上佳的气质。好气质决非天生，培养气质，只有读书。

化妆是与上帝作战，读书是与上帝合作。不漂亮的女人通过化妆得到漂亮，通过读书得到气质。漂亮女人化妆已经得不偿失，不读书损失更大。漂亮女人更应该读书，正如聪明男人更应该读书，因为两者都有良好的基础，都不应该半途而废，辜负了上帝的美意。通过读书，聪明男人获得了智慧，漂亮女人得到了气质。上帝赐予的漂亮，加上读书得来的气质，天意加人为，便是美。漂亮会随着年华流逝而逐渐衰败，优雅的气质却历久弥芳，美得令人心醉。

善变的女人

　　中国谚语"女大十八变"，用于安慰女儿长相不佳的父母。欧洲谚语"女人善变"，则是抱怨美貌女子的心思太活。中国女孩的长相即使越变越难看，也有一句谚语在那里等着："丑女不愁无夫。"这是对中国人重男轻女、人为控制男女出生比例的报复。好在女大十八变，大多越变越好看，于是不论男女皆大欢喜。不过大多数男人是空欢喜，顶多只有眼福，因为美术馆挂着警告牌子："敬请参观，请勿动手。"美女如云，都是过眼浮云，云中之雨，很少砸到大多数男人额头上。只有少数男人，才会"雨点不停地落在头上"，可以随心所欲地翻手为云，覆手为雨。所以古代阔男人爱造"听雨轩"，现代阔男人爱造"滴水檐"。

　　女孩尽管越大越好看，"大"却有个限度，一旦大到"大龄"女青年，男人就不太可能叫她"达令"。拜伦笔下的唐璜说："我从来不与二十二岁以上的女人恋爱。"不过已非妙龄仍然大妙而特妙的现代女人，可以嘲笑拜伦的落伍。拜伦不知道，三十岁的现代女人，比当年二十二岁的妙龄少女，还要妙不可言。妙者，少女也。现代欧洲谚语"四十是人生的开始"，拜伦必定闻所未闻。拜伦更做梦也想不到，现代女人永远不会超过三十岁，她们只为三十岁举行十周年纪念，二十周年庆典。所以现代男人不像孔老夫子那么幸运，四十就能不惑，现代男人像金庸笔下的包不同先生，年过四十仍然大惑而特惑。于是被集体耽误了青春的中国男人，万众一心地老当益壮，老来学艺，老夫聊发少年狂，春华秋实，冬行夏令。一言以蔽之，偷闲学少年。

　　美貌女子的心思，比平凡女子变化更快。因为美女是稀缺资源，以有限资源应对众多开采者，美女频频易手，当然毫不足怪。从前男人穷则思变，现在男人富则思变。从前男人一阔脸就变，现在男人一阔心就变。男人不变心，也吃着碗里，看着锅里。男人变了心，也是得到新的，不放弃旧的，即使心理上已经放弃，形式上也不肯放弃。古代中国的男人，喜欢让几个女人在自己家里吃大锅饭。现代中国的男人，喜欢让几个女人分住不同地方，加入自己的股份公司，变来变去，万变不离其宗：韩信将兵，多多益善。女人变心的总体动向，是从碗到锅。为了爱情，女人下油锅都干。不过女人变心与男人相反，要么在碗里，要么在锅里；琵琶固可别抱，四手不宜联弹。古今中国女人，都是"天不变道亦不变"，永远喜欢"独夫"，永远喜欢"唯精唯一"。所以男人的三角孽债，永远在婚后。女人的三角恋爱，永远在婚前。不过，作为现代新女性的新气象，女人的三角故事，还可以在再婚前重演。

女大十八变，原本局限于自然的生理变化，现在进一步走向非自然的物理变化和化学变化。不变的黑头发，可以变成金色栗色亚麻色。不变的黑眼睛，可以用有色的隐形眼镜，变成"蓝色的大海"，或"寒山一带伤心碧"。三围可以"玛丽莲·梦露"化，从"胸怀全球"，变成胸怀橡胶。女人的腰部，变成了人造油田，不时去美容医院抽掉一点板油。现代整容术，可以让不知天命的五十老妇，"人定胜天"地"还我女儿装"。

女人千古不变的心愿，是被人爱。呜呼！现代男人之歪理已罄竹难书，现代女人竟然也有古代淑女不敢想象的歪理："饮食男，女人之大欲存焉。"难怪崔健唱道："不是我不明白，这世界变化快。"

嗲女人

上海女人的优点，可用两个字概括：一曰嗲，二曰作。

上海女人之"嗲"，早已名闻大江南北。"嗲"字不仅进入了汉语字典，甚至进入了计算机字库，而许多常用字却没收。"嗲"是上海女人集体申请的专利。有外人在场时，上海女人尤其"嗲"，不知道是为了让人知道丈夫多么爱她，还是为了让人知道她多么风情万种，反正"嗲"是上海女人的注册商标。然而"嗲"是外在的，也是表面的，如今假冒伪劣产品如此猖獗，上海女人又在注册商标之外，加上了一个防伪标志——作。

"作"是关起门来的事，只有丈夫知道，不足为外人道，所以外地人很少知道上海女人这一优点。至今没有一本字典，收入如下条目：作，上海女人为了表达对某个特定对象（主要是丈夫）的爱，而采取的无理取闹、不按牌理出牌行为。

上海女人的"嗲"，与北方女人的"撒娇"略为相似。而上海女人的"作"，与北方女人的"撒泼"颇为不同。北方女人的撒娇和撒泼，都是偶然的行为。上海女人的嗲和作，都是恒久的情态。女人之"态"，最是动人。北方女人撒娇，是知道地位不如男人。上海女人发嗲，却是知道自己的性别优势。泼妇动辄大怒，横眉立目，毫无美感。作女只会薄怒，娇嗔轻叱，仪态万方。出嫁以前的上海姑娘，差不多都是嗲妹妹；出嫁以后的上海女人，差不多都是作女人。

又嗲又作的上海女人，是中国新女性的代表。嗲与作无须任何借口，每个女人都有权向她所爱同时爱她的男人大嗲特作。嗲与作是一枚硬币的两面，是现代女性满足情感需要和心理快感的正当方式。不过嗲与作的分寸，颇难拿捏。嗲得一过分，常常不分对象，嗲得失去分寸，难免有点做作。作得再厉害，总是对丈夫的，而对丈夫的作，又是一种特殊的发嗲。

嗲与作是上海女人在中国最早最大的都市文明中，久经历练培养起来的优秀精神品质。上海女人以及每一个不愿再被男人踩在脚下的中国女人，应该理直气壮地嗲起来，作下去。无理取闹怎么啦？不按牌理出牌怎么啦？中国大男人讲了几千年大道理，闹得天翻地覆慨而慷，却连爱情幼儿园还没毕业呢！又嗲又作的上海女人，正可以为那些老少爷们洗洗旧脑筋咧。

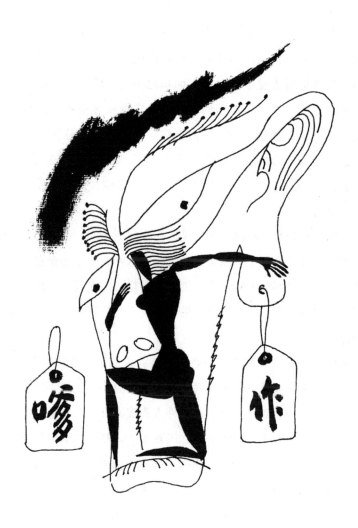

乍女人

作固然是上海女人的优点，但是某些上海女人，尤其是上海年轻女人，还有一个与作相近的特点：乍。实在难以恭维。

"作"与"乍"，字形上是近邻。"作"比"乍"多个单人旁，可见作的女人最有人味。"乍"比"作"少个单人旁，也就少点人味。作是女人味，乍也是女人味，但作毕竟是一种特殊的嗲，而且只针对一个特殊对象，即使被作的男人受不了，受灾面积也不大。但乍并非针对一个特殊对象，而是像嗲一样不分对象的常态，受灾面积无所不至，甚至无远弗届，尤其是在公共场所，更是所向披靡。北方话里不易找到"乍"的对应词汇，较为相近的是乍乍乎乎。不过"乍"之异于"乍乍乎乎"，正如"作"之异于"做作"。"乍"和"作"都言简意赅，更为传神，在上海话里韵味十足。

很乍的老年妇女，不仅见所未见，甚至闻所未闻。很乍的上海成熟妇女也很少见，除非个别半老徐娘，自我感觉太好，一定要青春焕发，让人误解她的年纪。大部分上海女人，随着年龄增长，尤其有了孩子以后，身受孩子吵闹之苦，明白了自己过去的乍乍乎乎是一种听觉污染，于是不知不觉变得安宁沉静。

上海的年轻女人乍起来，声音高八度，说话频率加快，在公共场所，旁若无人地用尖利刺耳的声音做狮子吼，为一点小事大惊小怪，故作娇弱一惊一乍，让对话者难以招架，令局外人头皮发麻。两个年轻的上海乍女人吵起架来，更是看不得，听不得，围观不得，然而这偏偏是公共汽车和公共场所经常上演的保留剧目，想回避都无法回避，实在令挤车族苦不堪言。北方汉子总是嘲笑上海男人，吵起架来干打雷不下雨，可是没人比较过上海女人与北方妇女的吵架艺术之优劣。其实上海男人吵而不打，是文明的表现，是君子动口不动手的修养，而某些上海年轻女人不吵也乍的脾性，与北方妇女撸袖挥拳的爽直比起来，离豪放十万八千里，却又实在毫不婉约。

　　上海的年轻女人，什么时候才能学会浅斟低唱，进入宋词般"乍"暖还寒、暗香浮动的美妙境界？

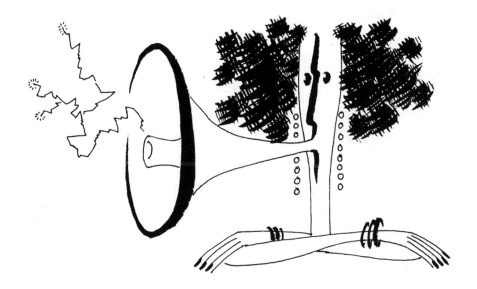

馋女人和懒男人

说人没出息，老话叫又懒又馋。其实从本性来说，人都愿意既偷懒，又解馋。仅因难以两全，每个人不得不在偷懒与解馋之间，做出非此即彼的痛苦抉择。一个真正的馋人，为了解馋必定不会偷懒。一个真正的懒人，为了偷懒只好放弃解馋。大致说来，男人偏于懒，女人偏于馋。三个女人在一起，是蜚短流长的一台戏，但是三个女人一分开，每人都是一条虫：馋虫。三个男人在一起，是舌战群儒的诸葛亮，但是三个男人一分开，每人都是一条虫：懒虫。

人皆有饮食男女之欲，不过男女各有偏嗜。男人偏嗜男女，谓之"花心"；女人偏嗜饮食，谓之"馋猫"。饮食之欲，通常又称口腹之欲，此说过于笼统，未能明察男女差别：女人之馋在口，男人之馋在腹。易言之，男人之馋较为初级，女人之馋较为高级。

男人以吃饱为最高目的，女人以不吃饱为最高目的。男人狼吞虎咽，食物未及细嚼，早已迅速滑过口腔，直奔肠胃。摸着将军肚的男人，转眼开始打鼾，变成了懒虫。女人细嚼慢咽，食物到达肠胃之前，经过了绕树三匝的漫长巡礼：手抓，眼观，鼻嗅，唇吻，舌舔，齿嚼，喉咽。此时此刻，每个女人都是一条最大的馋虫——恐龙。不过恐龙吃不饱，乃因脖子太细，它多么渴望真正吃饱！然而每个馋女人，都是一种特殊恐龙，希望一天到晚在吃，却永远不吃饱。女人减肥，永远只减饭食，不减零食，之所以减饭食，正是为了多吃零食。许多女人几乎不吃饭，三围却蒸蒸日上，令男人百思不解。

男人大多懒到不愿为解馋而忙碌。吃零食，嫌烦琐。吃梨子，怕削皮。吃西瓜，怕吐籽。无籽西瓜、无核橘子之类，瞄准的都是男人的腰包。男人只馋一样东西：酒。其实男人馋酒仍是为了偷懒，因为喝醉以后，可以躺倒不干。男人馋山珍海味，那是虚荣心作怪，因为吃山珍海味，可以证明自己的财富和地位。其实许多山珍海味，例如燕窝海参，与鼻涕唾沫极为接近，吃过的人大多不愿招惹第二回。男人结婚更是为了偷懒，因为所有的妻子都愿意在满足馋欲之时，顺便替丈夫做一份盒饭。

女人的不懒，可举打扮为例。为了出门买两块肥皂，不惜化妆两小时。为了每天换一套衣服，宁愿有洗不完的衣服。男人却可以把一打袜子，永远不洗地替换着用，衣服更可以一年四季不换。牛仔裤、乞丐服之所以受单身男人欢迎，是因为永远不必洗。

男人之懒，无与伦比。懒得吃喝、懒得发财、懒得成功、懒得结婚的男人，决非少数。能偷懒省力的机器，大多是懒男人创造的。能让佛祖跳过围墙的美味，大多是馋女人发明的。懒男人对机器文明做出了最大贡献，馋女人对饮食文化做出了最大贡献。懒产生了物质文明，馋导致了精神文化。当馋女人嗑着瓜子，听着懒男人高谈阔论的时候——那时英国人在喝下午茶，而法国人在沙龙夜谈——世界真是非常美妙。

阔男人与窄男人

常有人批评暴发户"一阔脸就变"，其实这本是人之常情。因为暴发户的脸，业已随着他的阔，而横着长。金融行话，把现金叫作"头寸"。可见现金一多，头脸尺寸必定见长。由于头脸见长，脖子太细难以支撑，因此阔人的脖子，比窄人的腰身还要粗些。脸面大，嘴巴自然也大，因此阔人难免癞蛤蟆打哈欠，口气比窄人的力气还要大些。要求腰缠万贯、一脸横肉的人不变脸，实为强人所难。某些中国人的脸，本就不供自己使用，而是专门摆给别人看的。面子大，正是阔人本分，一如面子小，正是窄人本分。

其实做窄人也有好处，不必劳动脸部肌肉作表演状，放松得很。可惜大部分窄人不甘于永远面子小，他们愿意在阔人面前，进一步缩小自己的脸面，以小花脸之窄，衬出大阔佬之阔，希望以此精神代价，换取阔人的利益提携。这种窄人，本就獐头鼠目，尖嘴猴腮，现在又愿意在原有基础上再接再厉，让自己的脸面进一步小下去，同时让自己的脑袋进一步尖起来，希望物极必反、否极泰来的辩证法发生奇效，让自己的小脸有朝一日也能面子大起来。这种窄人以为，他的韬晦之计和自贱之术，会使自己从平头窄人变成尖头阔人，成为"尖头鳗"。到那时，他的脸虽小，面子却大了。现在他的脸面小，不怕做低伏小，一旦他也变阔，现金头寸变多，那么头脸尺寸也会见长，脖子也会随之变粗，口气也会相应变大，于是他也成了头面人物。这位前任窄人兼现役阔人，会比他曾对之窄过脸的阔人还要阔，不仅脖子比腰身粗，拔根汗毛也比窄人的脖子腰身粗很多。他的汗毛不仅像孙悟空的毫毛一样，吹口气叫声"变"，立刻脱胎换骨，从尖嘴猴腮变成一脸横肉，而且这根毫毛迎风一挥，就会变成孙悟空的如意金箍棒，一棍子把窄人打死。只可惜，即便他比川剧绝活更加善于变脸，还是遮盖不住那副雷公嘴脸。

一阔脸就变的阔人，在未阔之前，必是一见阔人就变脸的小人。可惜更多的窄人对着阔人变了一辈子脸，最终没能变成阔人，颇为得不偿失。正因为太多的窄人都有一见阔人就变脸的奴性，暴发户们才会一阔脸就变。只有当所有的平头百姓都懂得自尊，见了阔人面不改色心不跳，那些小人才会失去一阔脸就变的社会心理基础。到那时，如果小人们还要一阔脸就变，就再也争不到任何面子，仅是暴露了不要脸。

寻找艳遇的男人

真正的艳福，一定来自奇遇。但是奇遇的价值，不在于所遇之人是否艳得空前绝后，而在于"蓦然回首，那人却在，灯火阑珊处"的"遇"，也就是蓦然回首的意外惊喜。把任何人丢在一大堆异性中，相遇"那人"的概率固然大为提高，但是相遇的奇迹性或"蓦然"性也随之降低。倘若可在艳遇和奇遇之间选择，浪漫的人会选择奇遇的惊"奇"，不浪漫的人会选择艳遇的惊"艳"。

大多数人期待的并非艳遇，而是遇艳。如果相遇是可预料的，甚至是人为安排的，那么即便所遇之人艳得炫目，所遇本身，却无艳可言。所有被强迫去相亲的人，都心情沮丧。即使对方很美，也因被夸张地预告过，而失去了意外惊喜。因此真正的浪漫者，决意自己找到浪漫，甚至不惜冒找不到的危险，也不愿一跤跌入花堆中。他们知道，贾宝玉是最不浪漫的俗物。贾宝玉也心知肚明，所以自称"俗之又俗的俗物"。眼热者把他的老实话当成以退为进，以为他风雅得紧。所有羡慕贾宝玉之艳福的男人，无一例外也是俗物。只有具有诗人情怀的人才明白，不论此生能否找到，寻找过程最为浪漫。

说得彻底一些，只有永远找不到却永远在找的寻找者，才是真正的浪漫主义者。已经找到的人，浪漫已经完成，接下去要用一生时间证明浪漫，这就太不浪漫了。因此浪漫的终结，恰恰是艳遇。天赋美貌者，有艳遇却没有奇遇。天生不美者，才有可能体验奇遇。由于不美，奇遇不被期待，而不被期待的奇遇一旦从天而降，自然摄魂夺魄。

一对平淡相遇的男女，总会互出难题，考验甚至刁难对方，越是不合理的考验，越是不讲理的刁难，越能证明奇迹。无中生有的"苏小妹三难新郎"传奇，正是迎合这一集体心理。一切爱情，都寻找传奇。一切婚姻，都论证传奇。

男女从相遇的第一刻起，就为自己，也为对方，出了一道须用一生论证的命题：我找到了你，你找到了我。爱情是否合理而真实的假说，每个人一生都在用试错法加以论证。有人一旦证伪了旧的假说，立刻投入对新假说的证伪。投入极大热情证伪，目的在于最后的证实。因此，爱情是大胆假设，婚姻是小心求证。

四种丈夫

传统观点认为，男主外，女主内。港台和海外华人，至今仍然丈夫称妻子"内子"，妻子称丈夫"外子"。现代男女，大都内外兼修，这一说法早已失去意义。本文借用这一观点，根据在内（家庭）和在外（社会）两个领域的柔弱和刚强，将丈夫分为四种类型。"柔弱"具有宽容、懦弱（在内），以及守法、怯懦（在外）等人格内涵；"刚强"具有果敢、粗暴（在内），以及刚毅、蛮横（在外）等不同表现。

简单的分类，只是为了比较时方便。每个可归入某一类型的丈夫之具体表现，因不同的知识修养和社会地位，包括妻子的知识修养、社会地位，以及夫妇感情等等，而千差万别。本文仅是一般化地讨论：作为女性，选择四种丈夫之任何一种的得与失。同时供丈夫们自我审视：你让妻子得到了什么？又让妻子失去了什么？

第一种丈夫：在外柔弱，在内也柔弱。妻子所得是：安宁，和谐，太平。这是家庭的基本价值，几乎等于幸福。妻子所失是：丈夫常在社会竞争中落败，希望丈夫晋升、加薪，跻身成功人士，从而提高消费水平，乃至满足虚荣心，通常都会落空。传统型或非知识型女性，不宜嫁给这种丈夫，因为她们自己尽管无能，却难以原谅丈夫无能。知识女性或女强人，如果有这种丈夫，倒可以确保后院不起火。

第二种丈夫：在外刚强，在内也刚强。妻子所得是：丈夫常有较高收入、地位和社会影响，消费水平令人羡慕，在社会生活的主流之内，感到"世界是我们的"。妻子所失是：丈夫以成功为资本，要求妻子在意志上完全依附自己。妻子必须在家庭内放弃现代法律赋予她的诸多权利，接受屈辱，在冲突中永远是妥协一方，有时还被任意打骂。传统型或非知识型女性，往往认为这种丈夫属理想型。有鉴于第一种丈夫之"窝囊"，她们认为这样的男人才像男人，她们因丈夫的一项长处，原谅其所有短处，甚至不惜付出被丈夫打骂的高昂代价。知识女性也容易被此类男性吸引，因为恋爱之时，他的短处尚未暴露，但是婚后一旦显出本相，较难得到知识女性原谅。她们或者为了孩子及种种缘由而终生忍受不幸，或者断然与之分手。

第三种丈夫：在外柔弱，在内刚强。在等级社会里，大部分男子不得不对上司唯唯诺诺，对蛮横者忍让屈服，而这样的男子往往是某种程度的失败者。这些失败者维持自身心理平衡的最后法宝，就是在妻子儿女面前的有限优势，或许仅是体力优势，为了把失落在外的优越感找补回来，甚至不惜使用暴力。任何女性嫁了这种丈夫都很不幸。传统型或非知识型女性嫁给这种丈夫，通常毫无出路。由于大部分男子都可归入此类，因此大部分女性不得不选择这样的丈夫。妻子除了尽量不引发丈夫的"脾气"，不以成功男子为例奚落丈夫，尤其不以先前比丈夫无能而现在比丈夫"有出息"的老同学、老同事为例刺激丈夫（传统型"长舌妇"的通病），只有走现代女性的自尊自强之路：不把经济重担全部压在丈夫身上，也不把幸福完全依赖在丈夫身上。

第四种丈夫：在外刚强，在内柔弱。在外有社会性成功，在内不失温柔体贴。这是提倡男女平等的现代社会中，丈夫的理想型。但是一种理想从提倡到普遍实现，必有漫长的历史进程。因此这样的丈夫，在近期内是"稀有动物"。作为男子，应该向这一目标努力。作为女性，则不宜陷入不切实际的幻想。

门当户对的男女

　　传统的门当户对婚姻观，有其合理依据，单纯以阶级性和腐朽性加以批判，未免失之轻率。在反对父母包办的前提下，应该鼓励门当户对的自由恋爱。

　　门当户对的男女双方，受过相当的教育，生活习惯相似，志趣爱好相近，共同语言更多，更容易平等交流和沟通情感，有利于爱情持久稳定。而且门当户对的男女之间，通常交往较长久，了解更深入，基础更牢固。门当户对的夫妇，在子女的教育问题上较少分歧，在子女的培养方向、人生目标和父母自我缺憾的心理补偿上，更容易达成共识。众多的婚姻矛盾和情感破裂，往往并非来自夫妇自身，而是来自子女教育。门当户对的双方姻亲，也更容易相处，尽管婚恋是两个年轻人的事，但是社会并非由两个人组成，割不断的双方血亲之间的和谐融洽，有利于小两口的幸福美满。

　　门不当户不对的婚姻，没有以上种种优势。男女双方的知识水平、生活习惯、志趣爱好都相差很大，缺乏共同语言，感情难以沟通。客观存在的自卑或自傲，或许能掩饰于一时，却不可能掩饰到永远，一旦产生矛盾，必然真相大暴露。门不当户不对的男女之间，交往大多是短暂的，偶然的，意外的，了解往往是皮相的，表面的，甚至建立在误解、偏见和幻想之上，爱情基础很不坚实。门不当户不对的婚姻，常常属于一见钟情。一见钟情的爱情，与其称为爱情，不如称为一时冲动的激情，这种激情必定会在婚后迅速降温。门不当户不对的夫妇，在子女的教育问题上分歧更大，各自不同的幼年处境和人生经历，使双方在子女的培养方向、人生目标和父母自我缺憾的心理补偿上，较难达成共识，往往由此导致感情裂痕，甚至婚姻解体。门不当户不对的双方姻亲，往往互相挑剔，甚至互相厌恶，会把年轻夫妇之间不可避免的小摩擦，推波助澜地加剧放大，激化到不可调和，使婚姻最终成为夫妇双方的苦难渊薮，人生失败的直接根源。

　　失败的婚姻，往往使下一代从幼年起，就在身心两方面造成终生难以愈合的巨大创伤，导致他们对婚姻、爱情和男女关系，产生悲观阴暗的先入之见，并有可能重蹈上一代的覆辙，使人间不幸走向代际循环。

门不当户不对的爱情和婚姻，也有可能通往幸福，成为一般通例的例外。例外永远是小概率事件，中奖可能不大。

幸福的男女

　　托尔斯泰认为："幸福的家庭都是相似的，不幸的家庭各有各的不幸。"这一看法大错特错。其实真正的幸福无法模拟，真正的幸福不可能相同。因为真正的幸福极其稀有，正是普遍的不幸，使所有的生命极其相似。每天的通俗晚报，每月的高雅月刊，登载的都是相似的故事。现代的外交周旋，与古代的折冲樽俎，也没有本质不同。这些相似的故事，大多属于不幸的范畴。偶有幸福的故事，也大多十分苍白。之所以苍白，决不是因为幸福之相似，而是观看幸福、描写幸福、报导幸福的人，多属不幸者。看看从柏拉图的《理想国》到莫尔的《乌托邦》，从《礼记》的大同，到康有为的《大同书》，不幸者眼中的幸福，其实很不值得向往。顾准曾说，如果那样的世界到来，他就会自杀。所有的幸福者，都会拒绝生活在这种乌托邦里。真正的幸福者，必定拒绝千篇一律的幸福。只有不幸者眼中的他人之幸福，才会显得相似。

　　真正的幸福者深切地知道，自己的幸福与他人的幸福极少相同之处。如果他的幸福尚有缺憾，正是与他人的相似之处。其实某人的幸福，在别人看来很可能是无法忍受的痛苦。当幸福论者自以为有了统一的幸福标准时，那些得到独特幸福的人对自己之幸福的描述，由于在他人眼中纯属痛苦，因此众多不幸者往往把这种独特的幸福视为自虐。真正的幸福者，也无法把自己的幸福真切描述出来。即使他自以为描述得极为真切，也无法成功地传达到不幸者心中。人类语言的主要功能是描述不幸，因此人们只能用不幸的语言描述不幸。真正的幸福者只能沉默，因为在普遍不幸的世界里，言说并张扬自己的幸福极为犯忌。故而只有伟大的悲剧，没有伟大的喜剧。

　　生活不是一座影院，更不是一座天堂影院。每个人的幸福，不可能有一个预定包厢，因此幸福不可能有标准模式。所有的幸福模式，都是关于舒适和享乐的模式，而舒适享乐并不等于幸福，没有直接因果关系。倘若以为幸福有标准模式，以为生活是一座可以预订座位的电影院，必定属于不幸者。不幸者的生活，只是虚假的表演。表演者遮蔽了真实的自己，用假面替代了真相，于是千人一面的行尸走肉，替代了独一无二的活泼生命。

许多自以为抵达幸福之标准形式的人，常常公开炫耀幸福，而不自知仅仅是在炫耀舒适和享乐。于是尚未得到足够舒适和享乐的人们，急起直追这种标准形式的"幸福"。然而他们离舒适和享乐越近，离真正的幸福也就越远。真正幸福的男女深知，自己的幸福不足为外人道。

类型的人

高人

道家思想被长期曲解，导致中国大部分优秀人物退隐山林自得其乐，而置苍生于不顾。从概率论角度来看，这些优秀人物的问世，以群氓的出生为代价。然而高人们无视群小嚣乱朝廷，却自己躲到世外桃源中"保命全生"去了。

高人们淡泊名利，高蹈自赏而游戏风尘，胸有机杼而置身局外。其热心冷眼，高则高矣，可惜让苍生自生自灭，不知人道为何物。

高人们寄意山水，酣醉高卧而心系天籁，孤傲脱俗而大隐隐于市。其神游物外，高则高矣，可惜让苍生盲人瞎马，不知文明为何物。

高人们脱略形迹，藏头露尾。高人们装疯卖傻，矫情作态。高人们待价而沽，买椟还珠。高人们满腹才学，不思救黎民于水火，三顾三辞，半推半就，偏有许多做作。高人们热衷宦海，却以屡诏不仕自傲，口逊心喜，勉为其难。

更有一些冒充高人者，就职伊始，发表一通"无甚才学，诸位抬爱"的高论，其心奸似鬼，恶形恶状，令人作呕。一旦大权在握，却草菅人命，欺上瞒下，无恶不作，老子天下第一的虚骄之气，不可一世。

高人众多的中国，没有甘为万民献身捐躯的基督。

高人众多的中国，没有悲天悯人普渡众生的佛陀。

叫声惭愧，不知高低。

诗人

人类是最早被驯化的家畜，如同狼之被驯化为狗，诗人是少数不甘驯服、不惯驯养的野狗。诗人向往狼的野性和自由，狂放和孤独，喜欢在旷野徘徊，在月下嚎叫。东方诗人嘲笑东郭先生的妇人之仁，赞赏中山狼的生存智慧，它钻进书袋，终是为了出来。西方诗人嘲笑犬儒主义的半途而废，第欧根尼走出户外，拒绝了帝王的阳光，却钻进木桶不肯出来。

诗人厌恶一切与房舍相似的东西，因为房舍拘束了他的躯体自由。诗人也痛恨所有与道德雷同的玩意，因为道德规范了他的灵魂自由。诗人追求绝对自由，向往没有墙壁的宫殿，没有堤岸的河流。从人类成为家畜的第一天起，居家的诗人就有了失家之痛，永远成了精神上的出家人。一旦楼群街市淹没了全部山岭旷野，诗人就彻底成了丧家之狗。

诗人自以为最清醒，却终日浸泡在醉乡之中。自称最痛苦，却整天快乐得像小丑。穷得像乞丐，却比帝王更具尊严。接受你的供养，却仿佛不忍拂逆你的善意。如果你希望他向东，必须命令他向西。

诗人兼具狗性和狼性，却总是偏离一般人性。你穿鞋袜，他偏不穿袜子。你不穿袜子，他就穿拖鞋。你穿拖鞋，他就打赤脚。你也打赤脚，他就光膀子。等你光了膀子，他已脱了裤子。

然而，诗人与诗人并不相同。有狗性较强的诗人，也有狼性较强的诗人。产生较多狗诗人的时代，常被称为"黄金时代"。产生较多狼诗人的时代，常被叫作"英雄时代"。诗人的最大敌人，往往是另一个诗人。狗诗人与狼诗人之间的仇恨容易理解，因为狗是羊群的首领，狼是羊的天敌。如果两个诗人是同类，这种仇恨就有点费解。大致说来，只要作相反理解，就较为接近真相。两个狗诗人，都会攻击对方是"狼诗人"，狗咬狗被誉为英雄的决斗，于是上演喜剧。两个狼诗人，都会攻击对方是"狗诗人"，英雄的决斗堕落为狗咬狗，于是上演悲剧。

大自然正在越来越不自然，诗人也逐渐成了濒临灭绝的稀有动物。仅仅为了诗人的观赏价值，也有必要加以保护。然而诗人的天性是拒绝保护的，这就使动物保护协会的先生们，陷入了进退两难的境地。

酒徒

"醉里乾坤大，壶中日月长"，这是酒徒的老话头。"山为樽，水为沼，酒徒历历坐洲岛"（元结），似乎只要每日醉醺醺，就赛过活神仙。醉与梦颇为相似，国人的评价却大为不同，醉谓之生，梦谓之死。醉与梦，竟有生死高下之别。

刘伶乘醉出游，令人荷锄随后，说"死便埋我"。又嘱咐妻子，"死后三天才可以埋我，或许我只是醉了"。刘伶确信，醉不同于死，是生的最佳状态。刘伶又说："妇人之言，慎不可听！"其实酒徒的疯话，最是慎不可听。酒后未必吐真言，高适就认为："醉后语尤颠。"古今酒徒之言，大都应作如是观。因此一个酒徒认为"一醉解千愁"，另一个酒徒却认为"举杯消愁愁更愁"。

酒徒似乎都是多忧善愁之人。"何以解忧？唯有杜康。""酒入愁肠，化作相思泪。"酒徒到底忧些什么？主张"先天下之忧而忧"的范仲淹，又宣称"把酒临风，其喜洋洋者矣"。可见酒徒只有"生年不满百，常怀千岁忧"的杞人之忧。酒徒究竟愁些什么？是乡愁还是春愁？唐人孟浩然认为"愁因薄暮起"，宋人辛弃疾却承认"为赋新词强说愁"，可见都是不相干的"闲愁"。"闲愁"不在于"愁"，而在于"闲"："终日昏昏醉梦间，忽闻春尽强登山。因过竹园逢僧话，又得浮生半日闲。"（李涉）可见酒徒连愁滋味也不识。

酒徒大多意志薄弱，是无聊透顶的闲汉。狂饮既无法解忧，更不能消愁，他们就用酒自我麻醉，然后自我陶醉。酒徒常自以为怀才不遇，仿佛世界应该用完美来恭候他这位稀世天才，仿佛天才的降世并无使世界更为完善的义务，仅是专程前来享受完美。然而酒徒除了用八斗酒才证明"酒有别肠"，却不能用八斗诗才证明"诗有别才"。

中国一向独多"但愿长醉不愿醒"的高人，酒的生产量与消费量几千年来雄居世界之首。所谓东方睡狮，实为东方醉狮。"几日寂寥伤酒后"（晏殊）、"病来把酒不知厌"（贺铸）的东亚病夫，似应正名为东亚醉夫。时至今日，东方睡狮确实不再酣睡，然而酣醉了。东亚病夫确实不再病歪歪，然而醉歪歪了。"日中为乐饮，夜半不能休"（白居易）的饮酒盛典，古已有之，于今为烈。难怪许多中国人不喜欢痛斥"朱门酒肉臭"的杜甫，更喜欢坚信"古来圣贤皆寂寞，唯有饮者留其名"的李白。

借问：今宵酒醒何处？——杨柳岸？晓风残月？

弈者

不喝酒者，也知酒能醉人。不好弈者，却不知弈之魅人。曹操有"何以解忧，唯有杜康"之问，李白有"举杯消愁愁更愁"之叹，足证酒能解忧，也能增愁。然则何以解忧？曰：唯有围棋。现存最古棋书，名为《忘忧清乐集》，可见围棋不仅能忘忧，而且得清乐。或问输棋也乐吗？正是。有东坡诗句为证："胜固欣然败亦喜。"倘若手谈之乐仅在博胜，棋力不论，棋品必劣。

弈道称手谈，饮局尚拇战，故弈者哑然，饮者哗然。哑然者，一默一笑皆为天籁；哗然者，一饮一啄无非聒噪。是以饮者多嘴，弈者寡言。酒楼高悬"只谈风月，莫论国事"，弈场相戒"观棋不语，言者有罪"。饮者道可道，弈者言无言。可道之道岂是道，无言之言无非言。饮者终日言，千载之下，未闻其言；弈者终无言，万世之后，聆其啸傲。

饮者热中时局，弈者冷眼观世。饮者愿入世，不得其门而入，不得已而旁观他人争竞，必计自身之得失，故忧。弈者欲出世，不得其路而出，不得已而旁观他人争竞，必笑他人之得失，故乐。是故饮者之忧浊，弈者之乐清。观局者曰："怕死贪生错认真，运筹多少费精神；看来总是争闲气，笑煞旁观袖手人。"

然而局内抑或局外，亦复扑朔迷离。世人以下棋者为局内者，以观棋者为局外者，殊不知世有大棋盘，以真人真马为棋子，下棋者置身局外，决胜千里；做棋子者，入彼局中，任人摆布。因此每每局外之对弈者，毫无风险，而局内之被弈者，动辄得咎。胜则荣归弈者，败则辱属棋子。棋诀有云，"舍小救大"，"逢危须弃"。做棋子者，常常被舍被弃。可见旁观棋局，并非毫无风险。一为目击者，即无局外人。

古之弈者，称围棋为"木狐狸"，言其魅入于骨。迷于木狐者，必不惑于人狐。故世之好弈者，必远于尘世之声色。棋道如世道，知棋者必知世，知世者必知人。世局如棋局，唯智者明乎饮弈之辨。诗曰："古来圣贤皆寂寞，唯有饮者留其名。"饮者已矣，弈者其默如雷。

圣人

只有单单在道德上，超绝到常人难以企及之高度，才有望被尊为圣人。倘若道德高尚之士，同时智力超常，反而无望被尊为圣人。仁者是圣人的同义语。智者未必不仁，但是既然已成智者，也就失去了圣人的候选资格。因此成圣是愚人的至高目标，而非智者的至高目标。或许这是对愚人的心理补偿。即便终生成不了圣，想想自己的候选资格，愚人也觉得不坏。

姑且假设道德是促进人类幸福的最高法宝，进而假设圣人的道德不受特定时代局限，确实完美无缺，然后看一下：圣人的道德，究竟会产生怎样的实际影响。

人们对自己的道德状况，不外乎三种判断：一种认为自己道德高尚，但他不愿成为不食人间烟火的圣人。另一种承认自己道德败坏，但他不认为自己是该上绞架的罪人。这两种人都很满意自己的道德状态，否则就不会让自己的道德偏离中间状态，因此圣人的道德感召对他们毫无作用。前者大部分是知识分子，学识宏富，能独立思考，因此不佩服圣人的自戕性灵，更不赞成圣人的悖逆人性。后者大部分是社会底层的干练角色，因为缺乏受教育的机会而知识有限，难以独立思考，但是智力往往不低，仅凭直觉就能看出，圣人哄抬的道德高标，是统治者用来哄骗愚众的虚假道德。由于离统治阶层最远，因此不仅不会拜倒在圣人脚下，反而会与圣人的一切道德高标对着干。

第三种也就是大多数人，在圣人没有出现以前，认为自己的道德水平既不算太好——"我与大家差不多"，但也不算太坏——"我可不想做坏蛋"。他们大都愿意勉力维持自己的道德状态。但是圣人出现以后，他们突然发现：自己与圣人相比，早已坏得不能再坏了；与圣人相比，自己简直是十足的罪人。于是想做好人的信念崩溃了，此时此刻，他们还能干什么呢？像圣人一样？做不到。他们唯一能做的，就是承认自己有罪，然后破罐破摔。

　　这就是《庄子·胠箧》认为"圣人不死，大盗不止"的原因。这一出人意料的结局，圣人及其追随者不可能预见，因为这超出了他们的智力水平。

经验主义者

老年人热衷于向年轻人传授经验，尤其是所谓生活经验。殊不知除了科学知识和历史教训，纯属个人性质的生活经验，对涉世未深的年轻人不仅无益，甚且有害。这种所谓经验，常使年轻人失去生活勇气。

老人以及未老先衰者乐于传授的，大抵并非有益的经验，而是世故。世故者通常以"我吃的盐比你吃的饭还多"、"我过的桥比你走的路还多"之类老生常谈，作为立论依据。其忠告无非是劝你，终生不要吃盐，万万不可过桥，因为有一次他吃盐太多，差点得肺炎，另有一次他过桥失足，差点被淹死。他并非危言耸听，确实有过喝盐卤喝死，过桥落水淹死之事。不过他老人家的历险，毕竟只是虚惊一场，故其谆谆教诲，难以阻止偏偏不怕吃亏，不愿听老人言的初生牛犊愣头青。年轻人们设想：自己也会像这老头一样，侥幸没事。欲使这种经验真正有效，最好请已经付出生命代价的人开讲。尽管他们死时或许十分年轻，但是仍比这位老人家更有资格教训人。只可惜真有经验者已死，没机会传授宝贵经验。况且若能重新复活，大概也不愿开这种必修课。因为他还年轻，连他自己也免不了还要吃盐，还要过桥。只有等到吃了太多盐，并且早已吃腻，过了太多桥，并且腿脚发软无力再过之时，老人以及未老先衰者，才会来念"别吃盐"经，做"勿过桥"论。

老先生们的意见，其实是叫年轻人不要生活。比如说，不要恋爱，那是愚蠢的，"我愚蠢过，但你不要像我一样愚蠢。"又比如说，不要相信别人，否则必定上当，"我上过当，但我不愿看见你再上当。"他确实是好意，但是年轻人若是听信这种蠢话，简直就不该活着。失败和成功，欢乐与痛苦，都是人生必不可少的一部分。受过挫折的人，也不该因一时困难而逃避生活。因受挫折而失去生活勇气的所谓"经验"，对老人以及未老先衰者自己尚且无益，何况对于他人？

倘若真有什么经验教训应该铭记在心，也是每个人从真实生活中自己得到的。因为只有自己的经验，才是真正有益的。这尽管使人性迁善过于缓慢，却能保证每个人的生活都是真实的。正因为有太多的人害怕生活，逃避生活，拒绝生活，才使得人类真正有价值的经验至今少得可怜。一个真有这种经验的人，能够告诉年轻人的，就是勇敢地走自己的路。

骗子

第一个人觐见皇帝，自称有神技。皇帝要他拿出绝活。三年后，此人雕成一片假树叶，颜色，厚薄，筋脉，与真树叶毕肖。混在真树叶里，真假难辨。皇帝非常叹服，给予优厚赏赐。哲人笑道：倘若大自然要用三年时间才长出一片叶子，世上根本不会有树。其实此人相当笨，他只要拿一片真树叶，声称是自己的作品，皇帝也会相信。不过那就成了骗子，可他是艺术家。艺术家是世上最笨的"骗子"。

第二个人也来觐见皇帝，自称掌握魔法，能把刚出生的小公主一下子变大。皇帝让他带走了公主。一年过去了，三年过去了，皇帝每次追问，此人都说魔法尚未成功。皇帝相信这种魔法确实很难，一直耐心等着。五年过去了，十年过去了，魔法依然没有成功。十八年后，他把公主带到皇帝面前，说魔法已经成功。皇帝看见公主果然"一下子"长大了，非常叹服，给予更为优厚的赏赐。此人是不折不扣的骗子，不过仍是很笨的骗子。他只要找个十八岁的平民少女，第二天送进宫去，声称是"一下子"变大的小公主，皇帝也会相信，甚至更加刮目相看，没准还会把"公主"下嫁给他，招为驸马。

第三个人又来觐见皇帝，自称能织出世上最美丽的织物，但是只有最聪明的人能够看见。大臣们唯恐说自己看不见织物，会被皇帝视为愚人，于是面对空空如也的织布机，纷纷说看见了世上最美丽的织物。皇帝同样担心被臣民视为愚人，也对着空空如也的织布机赞美子虚乌有的织物，并给骗子最为优厚的赏赐。皇帝还不得不穿上用这织物裁制的"皇袍"，举行欢庆大典。每个臣民都担心被视为愚人，于是举国赞叹皇家威仪。只有一个小孩说出了疑惑："皇帝陛下竟然也喜欢当众裸奔！"这个骗子最高明，他擅长利用人类的弱点，迫使所有的聪明人心甘情愿受骗，并且帮着骗子一起哄骗皇帝。

以上三个故事证明：骗子越来越聪明，皇帝却永远愚蠢。骗子的骗术越来越高明，并非害怕皇帝识破骗术，而是害怕自己比别的骗子拙劣。没有一个骗子担心皇帝突然变得聪明起来，每个骗子需要做的，仅是在智力上超过其他骗子。竞争使人聪明，不竞争使人愚蠢。竞争愈演愈烈的人们，必将越来越聪明；没有竞争者的皇帝，必将永远愚蠢下去。即使现在已经没有皇帝，但是骗子会让受骗者相信：你就是皇帝！骗子甚至能让受骗者相信：你就是上帝！

间世者

中外哲学家认为，人有两种处世方式。第一种是入世，追逐名利，热爱此生。大多数人如此。第二种是出世，拒绝名利，追求永生或长生。献身宗教的僧侣，逃避尘世的隐士如此。

道家宗师庄子，提出了第三种处世方式：间世。他为此讲了许多寓言故事。他曾以树为例：一棵树长得笔直，成材后就会被砍下来造房子，做家具，这就成了器。成器对他人有益，却对树有害；为了成器，树必须死掉。反过来也不好，如果一棵树一开始就长得歪歪斜斜，那么谁也不会为它施肥浇水，而是砍下来当柴禾烧掉。

庄子认为，有智慧的人应该处在成材（喻入世）和不成材（喻出世）之间。一开始看上去像是能成材的样子，让人们为它浇水施肥，盼着树长大，尽快成器。但是树长到老大，总是不能让人完全称心。砍下来派大用场吧，显然还没成材；砍下来烧掉吧，又舍不得，说不定再长两年能成材呢。于是，这棵树就能不受干扰地自由生长，终其天年。

庄子又借庖丁之口说了一个神奇的解牛故事：普通厨师（喻入世者）的刀，用一个月就坏了，因为他用刀砍断牛的骨头。优秀厨师（喻出世者）的刀，用一年也坏了，因为他用刀割断牛的筋脉。顶级厨师庖丁（喻间世者）的刀，却在骨头与筋脉之间，筋脉与皮肉之间，游刃有余。庖丁的刀用了十九年，解了上千头牛，仍像新的一样锋利。

中国的道家思想，在其他文明中没有同类可比物。而庄子的间世哲学，更是人类智慧的奇观，是道家思想的最高结晶，是一种伟大的生命艺术。不过大多数道家信徒，只学到了老庄思想的皮毛：投机取巧的滑头主义，以及明哲保身的市侩哲学。倘若九泉之下的庄子有知，或许会念诵海涅的诗句："我播下的是龙种，收获的却是跳蚤。"

割肉者

　　第一则寓言出自印度。一只鸽子被鹰追捕，逃到国王怀里，请求庇护。鹰随后追来，要求国王把鸽子还给它。国王说："我曾发愿普渡一切众生。"鹰说："我也是你要普渡的众生之一。你不把鸽子给我，我就会饿死。"于是国王从自己身上割下一块肉给鹰。鹰说："陛下应该公正。鸽子多重，你给我的肉也该多重。"国王让侍从取来天平，鸽子放一边，自己的肉放一边。肉不够重，于是又割。但是国王割完身上的肉，仍比鸽子轻。国王纵身跳上天平，刹那间人天震动，鹰受到了感化，而国王完好如初。

　　第二则寓言出自英国。为了帮助他人，商人安东尼奥以自己即将归航的商船做抵押，向高利贷者夏洛克借了三千元钱。由于安东尼奥曾经抨击夏洛克发放高利贷牟取暴利，夏洛克声称不要利息，只要求立一个契约：如果到期不还，夏洛克可以在安东尼奥身上割一磅肉。安东尼奥同意了。不幸的是，他的商船在海上遭遇风暴沉没了。期限一到，夏洛克立刻要求法庭主持正义，允许他按契约规定，从安东尼奥身上割一磅肉。法官说："可以。但是按照契约，你只能不多不少，正好割下一磅肉，而且不能流出一滴血，更不能危及他的生命，否则将按法律判处你蓄意谋杀罪。"夏洛克只好放弃割肉，要求偿还三千元本金。法官说："按照契约，安东尼奥逾期不能还债，夏洛克不许收回本金，只能割一磅肉。"于是夏洛克既无法收回本金，又不敢割肉。偷鸡不成，反而蚀了一把米。

　　第三则寓言出自中国。齐国有两个勇士，互不服气。甲提议双方比拼酒量，结果不分胜负。甲又提议比赛吃肉。乙说："你我身上都有肉，何必另外花钱买肉？"甲也不甘示弱，于是向店家要来作料，双方各自用刀割下自己的肉下酒。谁都不肯露怯，直到双双倒下死去。

　　三则寓言，折射出印度、欧洲、中国三大文化的文化偏至。

　　印度文化是利他主义：割自己的肉给别人吃。这种视众生为绝对平等的慈悲，超越了个人中心主义，种族中心主义，人类中心主义。

欧洲文化是利己主义：割别人的肉给自己吃。这种思想极易陷入个人中心主义、种族中心主义、人类中心主义。寓言中的反犹主义，透露出纳粹屠犹的预兆，也与殖民时代灭绝印第安人、欺凌弱小民族不无关系。然而其中的契约观念和法律精神，却为其他文化陌生，因而有时也能有效遏制绝对利己主义。

中国文化是中庸主义，介于绝对利他与绝对利己之间：割自己人的肉给自己吃。这种"万物皆备于我"的自给自足思想，也为其他民族所无。尽管中国人最喜欢大团圆结局，但在三则割肉寓言中，中国人的结局最为不幸。

知者与为者

道家人物曾经讥讽孔子违背天道的努力是"知其不可而为之"。从"知"与"为"（即知与行）的关系中，可以演绎出七种行为模式。

其一，不知其不可为而不为，不知其可为而为之。

不知道不能做，正好没做；不知道能做，正好做了。做与不做，与知完全无关，而所做暗合自然本性。

这是本能的"自失"存在，人类的大部分行为永远如此。

其二，不知其不可为而为之，不知其可为而不为。

不知道不能做，偏偏做了；不知道能做，偏偏不做。做与不做，与知完全无关，而所做不合自然本性。

这是盲目的"自为"存在，堂吉诃德是其典型。

其三，知其不可为则不为，知其可为则为之。

知道不能做，就不做；知道能做，就做。做与不做，完全取决于所知，而所知合于自然本性。

这是超迈的"自然"存在，是中国人的审美人格：神仙。

其四，知其不可为则为之，知其可为则不为。

知道不能做，偏偏要做；知道能做，偏偏不做。做与不做，完全取决于所知，而所做违反所知；因为所知固然合乎自然本性，但是所做超越自然本性。

这是超越自然的"自觉"存在，是希腊人的审美人格：悲剧英雄。

其五，知其不为则不可为，为则或可为，而不为。

知道不做就一定不会成功，做了就有可能成功，但是为了保险起见，宁愿不做。行与知发生了错位，错位的原因是利益算计。

这是自私的"自在"存在，是现代人最为普遍的行为模式。

其六，知其不为则不可为，为则或可为，而为之。

知道不做就一定不会成功，做了就有可能成功，所以不怕一次又一次失败，一次又一次做下去，直到成功或死亡为止。

这是创造性的"自由"存在，是最高的、实践的审美人格。佛陀、孔子、耶稣、苏格拉底都是典型。

其七，不为而以为为，为而以为未为。

没做有价值的事，却认为自己做了；做了无价值的事，却认为自己没做。

这是虚弱的"自欺"存在，阿Q是其典型。

城市的人

观光客

人类之所以不同于一般动物，乃是在于，他们终于动极思静，为自己的身体套上了一个固定的外壳——房子，定居下来。所谓文明，首先就是造一个家。上帝造了亚当和夏娃以后，就在天国的郊区，给了他们两亩地，让他们在无花果树下搭一间茅屋。定起成分来，亚当大概属于小种植园主。无家可归的苦人们，对亚当的两亩地无限向往，称之为"伊甸园"。

希腊哲学家第欧根尼，厌恶人类文明，拒绝一切文明产物，于是住在一只木桶里。且不说木桶也是文明产物，至少第欧根尼没有意识到，定居恰是文明的核心内容。定居在木桶里，仍然属于文明人。所以定居部族中的流浪汉，也有较为固定的栖身之所，比如关帝庙里的供桌，圣母院外的拱廊。

只有逐草而食、傍泉而卧的游牧民族，游离于定居文明之外，在大多数人的视野之外。中亚大草原的骆驼队，永远是遥远的天方夜谭。但是定居民族虽有"金窝银窝不如自家狗窝"的谚语，毕竟吃不到的葡萄，会被想象成格外香甜，于是又会静极思动，时不时离家出走。在定居者眼里，海盗也是一个浪漫诱人的行当，于是有了旅行和观光。

不过旅行和观光，期望完全不同，结果同样相异。真正的旅行是徒步旅行。"行万里路、读万卷书"的行路，是真正的徒步。否则坐火车乘飞机的当代人，就比玄奘、徐霞客、马可波罗、哥伦布还要见多识广了。现代旅游者，只是观光客，而非旅行者。在观光客看来，旅行只是苦行，而观光是找乐子。找乐子无可厚非，只是避免不了浮光掠影的浅薄。

旅行就得出远门，至少必须离开本地。人们从不在家门口旅游。南京人不游玄武湖，北京人不游颐和园。很多人没去过本地的名胜，即使去过，也是陪外地亲友去的。去过的次数，远远少于去外地名胜的次数。外地的名胜，去了一次又一次，从来不知厌倦。人们通常这么想：我要在这里住一辈子，本地的风景名胜随时可去。这样想原本不错，结果往往一辈子也没去过。

如果是名人，死后倒可能长住本地名胜的一个角落。其墓地有望成为本地一处新名胜，足以吸引全国各地乃至世界各国的观光客，坐着火车，乘着飞机，千里迢迢，风尘仆仆赶到这里，举行一次野餐。

失踪者

　　旅游者购买的是"似曾相识燕归来"的双程机票，失踪者购买的却是"无可奈何花落去"的单程车票。失踪相对于寻找而存在，没有人寻找短期失踪且预定归来的旅游者。上海每天有三百万流动人口进出，其中绝大多数都是匆匆过客，三天后就会在家看电视。他们离家时，不会被亲友当成失踪者；他们离沪时，也不会被上海人视为失踪者。只有流动人口的极小部分，才会在一座陌生城市滞留下来。所以一座城市的部分新住客，正是其他城市或乡村的失踪者。正如一个远嫁海外的少女，既是本地本国的失踪者，又是外地外国的不速之客。一座人口急速增长的城市（比如深圳），很可能是失踪率很高的城市，而一座人口进入负增长的城市（比如上海），很可能是失踪率很低的城市。

　　判断失踪究竟算好事还是坏事，是颇费踌躇的难题。因为人们寻找失踪者，失踪者却寻找属于自己的生活，两者很难达成一致意见。不仅对失踪做价值判断颇为困难，甚至判断失踪与否，也没有想象中那么容易。比如一对夫妇的独子离家出走，去少林寺学功夫，他会被视为失踪者。但是如果出走的是他父母，可能就不会被当成失踪者，而他倒成了被遗弃的孤儿。认为少数者的消失才是失踪，很可能是习惯思维的误区。因为除了意外死亡者、被拐卖者等非自愿的失踪者，大部分失踪者都是主动的失踪者。对于他们原有并且即将放弃的生活、社群和亲友来说，他们是逃离者，而对于他们前往并即将加入的新生活、新社群来说，他们却是加入者。失踪其实是有意识的自我放逐和自我解放，因为在他熟悉的原有群体中，他感到了日益增长的敌意，以及无法忍受的压抑。也就是说，在众多熟识者中，他感到孤独和痛苦，压抑和焦虑，而在崭新的陌生人中，他希望获得宽容和温情，乃至获得自由和欢乐。似乎失踪者们多多少少在新生活中接近了自己的目标，实现了自己的愿望，因为人们很少看到和听说，失踪者主动回到他们原有的生活中去。

人一旦走出熟识者的视野，就成了失踪者。失踪是每个人的必然命运，正如死亡是每个人的必然归宿。盗墓者曾经一一掘开曹操留下的七十二座疑冢，结果每一座都空空如也，连死者的遗体都失踪了。每个人在生活和历史中留下的踪迹，最终都会消失殆尽。侥幸被人记得的少数人，留下的只是被扭曲的幻影，真实已经消失得无影无踪。因此被人记住，究竟属于侥幸，还是属于不幸，也是不易判断的莫大难题。

销声匿迹者

一位建筑学家说："每一块砖头都想出类拔萃。"以此说明，所有建筑师使用的材料基本相同，但是优秀建筑师可以用普通砖头建造出类拔萃的伟大建筑，与此同时，建筑师自己也实现了出类拔萃的愿望。

渴望出类拔萃是每个人与生俱来的物种基因，也是所有伟人对人类文化做出巨大贡献的初始动力。

一块砖头在人生道路上绊人一跤，从而引起"关注"，甚至登了报，上了电视，成了红极一时的角色，这是否砖头的真正向往？我认为不是。每块砖头的真正愿望，是不被闲置于工地之外，而成为一幢建筑的组成部分，尤论该建筑是否伟大。除非成为任何建筑之组成部分的所有努力，都遭到彻底挫败，砖头才会铤而走险，不择手段地靠绊人一跤"出人头地"，代替真正的出类拔萃。

然而一块砖头一旦成为一幢建筑的组成部分，即使这幢建筑非常伟大，它自己可能会永远消失。砖头成为伟大建筑之组成部分的愿望，往往以自我消失的方式实现。也就是说，砖头没有在一幢伟大的建筑中，成为"出类拔萃"的飞檐或柱头，而是成了销声匿迹的内墙或过道。面对这一两难，砖头何去何从？一块真正出类拔萃的砖头，宁愿在建筑中销声匿迹，也不肯在大道上绊人一跤。因为人不仅渴望出类拔萃，而且渴望销声匿迹。正如西方谚语所言："隐藏树叶的最佳处所是森林，隐藏水滴的最佳处所是大海。"隐藏砖头的最佳方法，就是把它砌入建筑。

出类拔萃和销声匿迹，尽管截然相反，并非不能兼容。

渴望不朽，是渴望出类拔萃的放大和极化。然而真正的不朽者，必须愿意做速朽的事业。鲁迅说："愿我的文章速朽。"正因为愿意速朽，鲁迅没去经营名山事业。正因为不怕速朽，鲁迅成了同时代最伟大的批评家，真正走向了不朽。一切逃避时代、逃避责任、逃避义务的人，都会像那块不愿消失在建筑中，宁愿不择手段地绊人一跤以"出人头地"的砖头那样，很快身败名裂，然后永远销声匿迹。

远交近攻者

"远交近攻"是秦国的外交策略，对不接壤的诸侯国予以怀柔，对相邻的诸侯国则逐步蚕食。一旦隔在中间的邻国被全部吞并，原先不接壤的诸侯国成了新的邻国，那么原先的"远交"对象就成了新的"近攻"目标。这一策略的成功运用，分化瓦解了敌对各国，最终帮助秦始皇统一了中国。

生活中的许多摩擦，正是因为不少人在社会交往中运用"远交近攻"策略所致。

情侣的疆土尚未接壤，距离产生美，横看成岭侧成峰，于是处于相互爱慕的远交状态。一旦成为夫妇，双方疆土近得不能再近，原先惊艳的优点经过放大，转而成为无法忍受的缺点，于是进入短兵相接的近攻状态。

人们与朋友相处，关系疏远时愿意接近，一旦接近又频频冲突。不少年轻人，在公共场所尊重老人，女士第一，在家里却不能善待父母长辈、兄弟姐妹、亲人子女。很多教师对学生耐心开导，循循善诱，对自己的孩子却极不耐烦，动辄呵斥打骂。许多人在单位和公司，是人际关系的楷模，但在家里却本性大暴露。

人是社会性动物，所谓社会性，首先是与亲友的关系。人的生活，主要是与亲友的共同生活。本该最善待的亲友，却成为最没善待的人，这种遍布于生活中的"远交近攻"现象，似乎揭示了人性的某一侧面。人们距离越近，越是相互看透，越是容易利用对方的弱点，越是容易撕下礼仪、修养的假面。许多人办事爱找熟人，但也有人反其道而行之，正是因为深谙某些人"独吃自家人"，今语谓之"杀熟"。

美国人做过一项社会调查，请被调查者做出抉择：你是否愿意出卖或陷害自己的某个亲友，不论他将陷入何种厄运，以换取一百万美元？百分之四十以上的人表示愿意。如此高的比例，实在令人震惊。不过撇开道德评判，这一调查至少说明：人们最容易出卖和陷害亲友，因为熟知亲友的秘密和软肋。

如果把调查题目换成：你是否愿意出卖或陷害一个陌生的路人，以换取一百万美元？或许愿意的人更多。但是人们很难出卖和陷害完全不了解的陌生人，因为人们只能出卖"自己的"东西。人们最容易伤害的，正是"自己人"。一个人要出卖企业机密，能够出卖的只有自己供职的企业。一个人要出卖国家利益，能够出卖的只有自己的祖国。这说明距离越近，利益纠葛越是复杂难解。

　　然而越是难分难解，超越利益原则的道德行为，才越能成就人的高尚。尽管伤害陌生人和出卖异己集团也不高尚，但是人们最不该伤害的，正是自己人。人们最不该背叛的，正是自己的祖国。

施者与受者

在公交车上让座给老弱病残孕，是我从小养成的习惯。如此微不足道的善意，我当然不会施而望报。然而奇怪的是，接受让座的人，常常不仅不道谢，甚至连微笑点头也不会。他（她）会面如霜雪地坐下，转头去看窗外，似乎对我十分厌恶。后来我学了乖，让座后立刻走开，免得受座者怪模怪样不自在，反过来又让我也不自在。这使我颇为感慨：为何付出善意，也成了找罪受？

道德家们习惯于教导人们行善，然而善行善举在当代社会却日益稀有。从让座与受座这一极其平常的人际关系之难以建立，说明还必须推广一条与行善相反相成的道德准则：学会坦然接受善意。这一道德准则，同样适用于一切人际交往。只有当人们能够坦然受座，才会有更多的人愿意欣然让座。很难相信，一个不愿接受善意的人，会是乐于行善的人。不愿接受善意的人，其善举之动机也令人起疑。只有愿意接受善意的人，才能在遇到比他更需要帮助和善意的人时，毫不犹豫付出。学会坦然接受善意，说明心理不阴暗，对人性光辉充满信心。因为他知道，如果自己不接受善意，对方的善意就无法实现为善举，这样对方行善的意志就受到了挫折。接受善意，对方就会因你之接受而快乐——这是一切行善者的"自私"成分。没有一个正常人，会主动做毫无快乐之事。因此不接受善意，正是某种不善。接受善意，则是特殊的行善。

施与受，具有内在的统一，这与爱情非常相似。其实一切美好的人类情感，都与爱情相似，即便表现形式大相径庭。母爱的伟大，固然是因为施善不望报，但也取决于接受对象的"成全"。儿女通常不会拒绝母亲的善意，而是坦然接受。正是儿女的坦然接受，母爱得以升华，每一位母亲由此成为精神富翁。付出本身，带给母亲极大快乐。任何能够付出的人，都是精神富翁。物质富有的葛朗台，精神一贫如洗。物质赤贫者，只要还有善意，只要还会微笑，就还没有精神赤贫。任何人，都不可能精神赤贫到无法释放善意。至少可以通过接受善意、成全善举，释放自己的善意。乞丐之所以能够在人类社会长期存在，其人性基础，就是满足了施舍者行善的愿望。不过与职业乞丐不同，所有宗教性的托钵僧，都是通过行乞化缘，接受人们的行善和施舍，来做人间的最大善事。一个人只要接受他人的善意，就极大地唤起了施受双方天性之中的善根。于是一朵来自天国的七彩祥云，萦绕在施者与受者的头顶。

流行主义者

明年流行什么？我不知道，不过有人知道。谁？权威。我最佩服权威，因为他金口一开，有耶稣般权柄，上帝般伟力。上帝说，要有光，于是有了光。说什么，就有什么。权威说，明年流行红裙子，于是流行红裙子。说流行什么，就流行什么。耶稣说，我三天后复活，于是便复活了。权威说，明年流行六十年前的旗袍，于是便流行了。就这么神！就这么灵！神灵就是上帝。

我不信上帝，不信复活，因为上帝不存在。但我信权威，信流行，因为权威预测流行确实灵验。明明白白摆着：先有世界，随后有人虚构创造世界的上帝。世界在先，上帝在后。同样明明白白摆着：先有权威的预测，后有百发百中的流行。预测在先，流行在后。古往今来，自称先知者不计其数，看相算命，测字画卦，推背图，烧饼歌，以赛亚，耶利米，诺查丹玛斯，但大多属于"说是一物即不中"的卡珊德拉。唯有预测流行的现代权威，才是不折不扣的先知。

预测流行的权威决不像巫师那样，搞玄玄乎乎的象征主义，他预言起来斩钉截铁，通俗易懂。试想，如果权威说得含糊其辞，深奥费解，比如他说"明年可能流行暖色调"，你是赶着做红裙子好，还是做黄裙子好？你拿不定主意，明年就流行不起来。他说得明白，"明年流行红裙子"，于是唯恐赶不上流行的女生，人人做了一条红裙子，到夏天一齐穿出来，于是红裙子果真流行了。

预测流行的权威决不像巫师那样，搞鬼鬼祟祟的神秘主义，他预言起来大声疾呼，广而告之。试想，如果权威仅是悄悄告知妻女亲友："明年流行旗袍。嘘，噤声，天机不可泄露！"那么明年穿着旗袍上街的这些亲友妻女，就会被人当成傻瓜或疯子，权威也就不权威了。权威借助大众传媒，登报纸，上电视，办时装表演周，开新闻发布会，努力让所有人听见："喂，告诉你们：明年流行旗袍！"于是唯恐赶不上流行的太太小姐，人人做了一件旗袍，到秋天一齐穿出来，于是旗袍果真流行了。

可见预测流行的现代权威，与预卜休咎的古代巫师，确实大不一样。手段迥然不同，结果自然相反。巫师们越是鬼鬼祟祟，越是流年不利；权威们越是贼煞胆大，越是心想事成。到最后权威成了魔术师，可以无中生有地信口雌黄，厂家只能生产他"预测"过的流行商品，店家只能经销他"预测"过的流行商品。不赶流行的人，也只能买权威"预测"过的流行商品，因为你买不到不流行的东西。所以你不得不信权威，不得不信流行，因为信不信由不得你。

无后主义者

几年前，上海成为第一个进入人口负增长的中国城市。这对被人口重负压得喘不过气来的中国，是极大的喜讯。达到这一成就，除了严格执行独生子女政策以外，另有一个甚少引起关注的重要因素：拒绝生育。统计显示，上海每百对新婚夫妇中，至少有四对不生孩子。他们并非独身主义者，而是无后主义者。今语谓之"丁克"一族。

无后主义者大多受过高等教育，夫妇双方各有热爱的事业。他们放弃生育后代，大概有三个原因：一、逼仄的住房。尽管这一困境正在缓解，但是其他市民的育婴室，知识分子可能优先考虑做书房。二、有限的收入。其他市民可以把自身衣食开支以外的全部收入用于育儿，但是知识分子可能优先用于文化消费。三、已过最佳生育期。女性三十五岁以后，生育风险增大，而许多知识女性往往过了这一年龄才谈婚论嫁，为了自身安全，也可能为了保住收入优厚的白领职位，她们不得不放弃生育。还有一些缺乏普遍性的因素，比如立意要为缓解人口压力做点贡献。或者，作为知识分子，当然希望自己的孩子也是知识分子，但是知识分子的生存困境使他们不愿让后代承受同样的痛苦。有些夫妇一心想出国，暂时不考虑生育，结果出国遥遥无期，生育也耽搁了。另外，上海的长辈大多较为开明，较少用"不孝有三，无后为大"之类传统观念对子女施加压力。况且上海妇女的地位之高，在国内首屈一指，无论公婆还是丈夫，都难以把自己的意志强加于她们。以上各方面因素的综合作用，使上海的无后主义者日益增加。

有人曾经认为，严格遵守独生子女政策的公民，大多素质较高，而文盲、半文盲则无视国策坚持超生，长此以往必将降低国民的整体素质，因而主张加强对超生者的处罚和打击力度。对此我非常赞同。但是上海刚刚进入人口负增长，就有人援引新加坡的政策，建议市政当局考虑放宽独生子女政策，允许知识分子生育两胎。对此我无法苟同。我认为新加坡的政策是一项歧视政策，没有充分的科学依据，却有血统论的气味。任何法律法规都应对全体公民一视同仁。

除了应该避免对低文化者的歧视，更有必要避免对无后主义者的不公正：在多子多福的传统观念支配下，许多人对无后主义者竭尽冷嘲热讽之能事，以致迫使某些无后主义者为了证明自己并非没有生育能力，而赌气让妻子先怀上孕，然后再声势浩大地做人流。而更大的压力来自一种偏见，即认为拒绝生育是为了一己幸福而拒绝神圣义务的自私行为。事实上，大部分无后主义者将把他人用于生儿育女的精力，转而倾注于工作和研究，为中国经济的腾飞和中国文化的复兴做出贡献。

足球人

今天，任何人如果决意成为人类公敌，只要反对足球就行。否则，无论你如何倒行逆施，总会有追随者。希特勒不仅活着时有追随者，死后也有新纳粹主义者为其招魂。但谁要是胆敢反对足球，嘿，走着瞧吧，没你的好果子吃。

当今时代，既不是黄金时代，也不是黑暗时代，既不是战争时代，也不是和平时代，而是足球时代。我不敢成为人类公敌，所以不敢反对足球。据统计，全世界有五千万职业球员。业余的少说也有五亿，再加上既非职业又非业余的二十五亿球迷，反对足球就是与人类的一半做力量悬殊的对抗。如果算上这一半人的配偶，你就是公然挑衅全人类。要是再算上他们的亲友子女，三姑六姨，你就是在与五倍以上的人类对抗。尽管数学家不会同意这种神经错乱的算术，但是难以否认，你在与加了倍的宗教性狂热对垒。

任何时代的人类都需要宗教，足球就是当代人的宗教。基督教没有征服世界，而地球统一于足球，梵蒂冈的影响力被意大利足球甲级联赛所取代。世界三大宗教，三位一体，三教合一，统一于足球教会。足联主席如同教皇，一个国家如同一个教区，国家队主教练就是红衣主教，球星就是圣徒和民族英雄。一个外籍教练，就是一个传教士。一个球迷，就是信仰世界性宗教的虔诚信徒。而一个足球流氓，就是一个用武力维护圣教的皮萨罗。苏格拉底并非哲学之父，而是一个巴西球星。圣保罗并非基督教会之父，而是一支万众景仰的巴西球队。一支球队，就是一个圣殿骑士团。一次世界杯赛，就是一次十字军东征，因为世界杯正是他们的圣杯。因此，判断一个人是否爱国，只要看他是否与本国足球队进军世界杯的命运休戚与共就行。

足球教会奖励一个足球教区，就是授予世界杯主办权，足球教会惩罚一个足球教区，就是剥夺一个足球教区的世界杯参赛权。这是中世纪的教皇恩准或开除国王教籍的现代改版，其震撼力有过之无不及。因为足球兴衰，足以影响一个政权。足球恩怨，足以引发一场战争。足球荣辱，成为国耻和国光。足球分歧，离合爱情和婚姻。正所谓：千里之行，始于足下；悲欢喜怒，系于一球。基督教徒说，太阳绕着地球转。足球教徒说，地球绕着足球转。世界只有一个地球，人类只有一个足球。球乎球乎，唯一而足。赞美真主，阿弥陀佛，哈里路亚，阿门！

僭妄者

　　文艺复兴以后兴起的人道主义和科学至上主义，使人类变成了不顾地球环境的承受极限，而向自然无限制宣战、无限度索取的僭妄者。这种僭妄，首先表现在认为"一切问题都可以由人解决"的迷信。如果没有现代医学，许多人可能未及中年，即已夭亡。由于现代医学以及其他多种综合因素，导致了人口爆炸及其长寿，大量食物变得不可缺少，于是又导致了始于二十世纪七十年代的"绿色革命"。然而绿色革命的副产品，正是大量动植物的灭绝。人口压力是人类历史上诸多战争的重要原因，然而现代人已经不可能把大规模战争作为减少人口的主要手段。因此人道主义即人类中心主义，已经成为解不开的死结。每一次近期目标的解决，都有大量余留问题。批评者认为，一个问题的解决会产生一批新问题，这些新问题的出现，往往使对旧问题的解决得不偿失。

　　不仅农业，现代畜牧业和养殖业同样带来问题。生态理论告诉我们，自然环境能够忍受数十种土生土长的不同食草动物，因为它们分别以植被的不同部分或同一植被的不同阶段为食。但是自然环境无法忍受同等数量或更少的牛羊，因为牛羊吃同样的植物。为大量人口所需的单一牲畜的放养，无法避免土地的沙漠化。人类不仅是工具的制造者，更是沙漠的制造者。甚至沙漠中有限的动植物，也不得安宁。一次跨越沙漠的摩托车赛，将对500平方英里（约1295平方公里）的沙漠植物群落造成严重损害。这一损害需要百年才能恢复，然而尚未等到恢复，无数次越野赛又将开始。沙漠扩展的必然结果，就是大量物种的消失。而任何物种的消失，都是永远无法弥补的损失。

　　必须纠正把一切自然物都视为人类资源的纯经济学观点。某些貌似暂时没有资源价值的自然产物，也未必永远没有资源价值。所以不仅对资源不能听任其枯竭，而且对非资源也不能随意毁灭。人类必须尽最大努力，保护自然环境的多样性和原生态，因为生态危机出现之前，无法预知自然生态的哪些方面，为人类长期生存所需要所依赖。法国哲人蒙田早就提出过警告："我们应当公正地对待人，友好地和善意地对待敏感的其他生物：在我们和它们之间有一条秘密纽带，一种双方相互依赖的存在。"

　　人类必须批判所谓的"技术中性论"。原子弹之父罗伯特·奥本海默曾经令人震惊地认为，广岛和长崎的核爆炸，"从技术上讲是成效卓著的"。许多所谓"科学真理"，只是人类或个别族群集体性自私的体面说法。不妨再听一听文艺复兴巨人达·芬奇的忠告："当它（现代科学）控制所有一切创造物，并且改变它们的处境和形态时，它也就急匆匆地迎来所有物的解体，并且由此而改变了自己。"英国哲人培根的名言"知识就是力量"，曾经极大地助长了用现代知识武装起来的人类的僭妄，现在应该想起他的另一教导了："自然通过顺从它，而被战胜。"

末世论者

"末世情结"是永恒的病态心理，古老的"小资情调"。相对于人类早期历史，当代人确有理由认为，自己生活在末世。然而孔子、佛陀、耶稣，乃至但丁、卢梭、歌德、托尔斯泰，也都感到自己生活在末世。可见"末世情结"的悲情愁绪，每百年就要宣泄一回。二十世纪末的人们，也难免感染一回。

我却觉得，生当末世其实万分幸运。只有生于末世，才能读到无数先贤大哲的杰作。同样，如果麻将爱好者生当麻将发明之前，网上冲浪者生当计算机发明之前，他们怎么过这一辈子？如果失去了赖以生存的主要游戏，人们怎么活下去？正如唯利是图者一旦破产，爱情至上者一旦失恋，权欲熏心者一旦下台，思想艺术家一旦才尽，自杀可能是唯一的解脱之路。或许罗密欧会劝江郎去打麻将，江郎会劝罗亭去玩电子游戏，然而各有嗜好的人们，互相之间话不投机。由此可见，自杀者在他自杀之前是幸福的，或至少自以为是充实的。可是如果失去了麻将，失去了电子游戏，普罗大众尽管未必自杀，但是肯定非常无聊。无聊无药可救，无论是末世时代的无聊，还是黄金时代的无聊。

诗人的自杀理由可能是：如果我活在两千年前，我就有望创立一个哲学流派或一种宗教。如果我活在一千年前，我就有望成为诗圣或文豪。由于不幸生当末世，天生我材竟无用，于是只好自杀。

白痴的自杀理由可能是：如果我活在爱迪生以前，电灯的发明者就可能是我；如果我活在爱因斯坦以前，相对论的创立者就可能是我。可现在该发明的都已经发明了，该创立的都已经创立了，我的天才毫无用处，于是只好自杀。

以天才自居的庸人认为，生当末世仅仅意味着：他能做愿做的，别人都已做了；别人还没做而需要有人去做的一切，他偏偏不会做，或者不愿做。这正是末世论的根本内涵。当然现在还有另一种末世论的变体：如果我不是一个中国人，而是生在美国，我就可能……这是从文化的末世论，变成国家的末世论，从时间性的末世论，变成了空间性的末世论。

无论是两千年前，还是两千年后，无论是在中国，还是在希腊，任何时候的任何地方，都有这种或时间或空间的末世论。所有的末世论者，必然都是失败者。无论他在任何领域取得多么巨大的世俗成功，他的生命存在都是虚脱的，因为他把希望建立在"如果"上面。一位美国诗人说："语言文字中所有最凄惨的字眼里，最凄惨的莫过于：本来可以。"失败者和末世论者异口同声地说："早知道可以这样，我本来可以……"这是那只吃不到葡萄的狐狸的内心独白。所有的失败者，都有狐狸式的聪明。对他们来说，幸福这颗葡萄，就像代达罗斯吃不到的仙果，永远高高地悬挂在不属于自己的那棵树上。

既没有世纪末的残月，也没有新世纪的朝阳。世纪末或"末世"，仅是极为普通的时间点，无论此前还是此后，月亮每月照样圆缺，太阳每天照样升起。

吵架的人

吵架的动物

死生亦大矣。除了生死二事，有没有第三件人人不可避免的大事？

恐怕每个人的回答都不相同。甲说是吃，乙说是爱，丙说是老，丁说是病。然而人人饮食，却有人辟谷或绝食；个个男女，竟有人独身或禁欲；无人不衰老，偏有人英年早逝；没人不生病，也有人从不服药。可见这些看似重大之事，全都缺乏无一例外的普遍性。说起来或许令人吃惊：仅次于生死，无人可以幸免的人生第三件大事，是稀松平常微不足道鸡毛蒜皮啰里啰嗦的吵架。

吵架甚至比生死更重大。人出生时浑沌无知，人死后又无法感知，因此吵架是人生的头等大事。况且生死固然牵动着家庭，影响着社会，毕竟是个人独舞，吵架却是双人舞，没舞伴不行。正是吵架，使自然人成了社会人。

生死也与吵架不可分割。男孩出生，父母亲属会因为想要女孩而吵架，会因为他是否聪明而争论；女孩出生，父母亲属会因为想要男孩而吵架，会因为她是否漂亮而争论。一个人在吵架声中厌倦而死，子女亲友又会或因争夺遗产，或因评价功过，吵得沸反盈天。人生不如意事常八九，于是吵架也就从生到死，自始至终，像影子一样紧紧追随每个人的脚跟。

人是吵架的动物。短暂的个人史，就是每个人休戚啼笑与之相关，荣辱成败之与相伴的吵架史。漫长的人类史，更是闹嚷嚷乱哄哄，你方吵罢我已登场，话音未落骂声四起的吵架史。

吵架先驱

细究世界吵架史，希腊的苏格拉底和中国的公孙龙，堪称东西方吵架界两大先驱。

传说苏格拉底得到阿波罗神谕，说他是全希腊最有智慧的人，这与其妻子对他的评价"你一无所知"出入太大。苏格拉底既不敢怀疑阿波罗神谕，更不敢与妻子顶嘴。不得已，只好站在雅典街头，与路人吵了一辈子架。尽管所向无敌，然而他在家里，对自己那位出名的不贤之妻的呵责，除了承认"我一无所知"，决不还嘴。

希腊吵架奥林匹克冠军苏格拉底的吵架绝技，或许仅是蹈袭其妻的些微末技，待在家里吵不过妻子，走出家门又找不到对手，有嘴没嘴的避之唯恐不及。苏格拉底尝到了"话不投机半句多"的苦闷，于是开始怀疑阿波罗神谕，进而质疑奥林匹斯山上的希腊众神。于是苏格拉底的嘴下败将们，终于找到了消灭他的借口，以侮慢众神的罪名判其死刑。

哲学之父苏格拉底的榜样力量是无穷的，从此以后，聪明的男人都与上帝吵架，愚蠢的男人才与妻子吵架。

且说公孙龙骑着白马出关，被关吏拦住，因为关口竖着牌子："骑马者不得出关。"略知吵架学皮毛者一看便知，竖这块牌子，就是成心找人吵架，否则不会吃饱了没事干，竖一块毫不讲理的牌子，而吵架正是吃饱了没事干。关吏没想到，公孙龙是中国吵架史上第一名嘴，其妙语千古传诵："你的牌子上只写'骑马者不得出关'，没写'骑白马者不得出关'。"关吏哑口无言，这场架竟吵不起来，只好眼睁睁让公孙龙骑着白马轻松过关。公孙龙的吵架绝技流播甚广，后世吵架爱好者无不沿用。莎士比亚名剧《威尼斯商人》，鲍西娅斗败高利贷者夏洛克的方法，也如出一辙："你的契约上只写着到期还不出钱，可以割一磅肉，没说顺便可以割出血。"于是鲍西娅大获全胜。可见吵架高招放之四海皆准。

《庄子·天下》曾经批评公孙龙"能胜人之口，不能服人之心"，尽管很不公正，确实揭示了吵架学精髓。吵架者只图胜人之口，不求服人之心。对吵架界祖师爷的最佳纪念，就是继承其遗志，大吵而特吵。因此，关于苏格拉底是否该死，西方人始终吵个不休。关于白马到底是不是马，中国人至今争个没完。

进化了的打架者

从打架进化到吵架，是人类迄今为止的最大进步。打架的初民，还徘徊在动物丛林，而尽可能用吵架代替打架的人们，已经进步到足以组成人类社会，因此吵架是人与人最基本的社会关系。兵法之祖孙子，最早提出化打架为吵架的文明主张："不战而屈人之兵。"孙子名武，本该提倡动武打架（尽管他研究的是打群架），而反对掉文吵架，但他老人家菩萨心肠，宁愿名不符实，也要让老祖宗从动物进化到人类，从丛林进化到社会，确实令人肃然起敬。至于孙子的子孙们酷爱吵架却不敢打架，被别有用心者总结为"装孙子"，是不是嘲讽主张偃武修文的他老人家，不得而知。

有怨气要发泄，又不想打架，保持心理平衡的唯一秘诀是吵架。因为打架非死即伤，打群架则死伤无算。吵架尽管大高而不妙，但是避免了杀生之恶，在吵架中用点手段无可厚非。有人认为，外交就是为了本国利益，进行爱国主义撒谎。这对外交家十分不恭，其实外交家的主要工作，是从事爱国主义吵架。爱国主义吵架，避免了不少爱国主义打架，乃至爱国主义群架，实为功德无量。可见吵架与撒谎一样，不可一概否定。撒谎不过是吵架的常用技巧罢了。毫不奇怪的是，外交官正是每个国家派出的顶级吵架国嘴，联合国则相当于吵架奥林匹克。由于联合国的事务至今一团糟，看来人类要从吵架进步到"对话"，并不比从打架进化到吵架容易。彻底根除打架已很困难，遑论根除吵架的乌托邦。所以先别忙着主张"对话"，还是老老实实研究吵架，鼓捣出一些吵架的称手家什，更加切合民生日用。学会科学地吵架，可以避免打架；学会艺术地吵架，可以减少烦恼。墨子说："两害相权取其轻。"可见这位擅长打架的先秦吵架名嘴，也主张武戏文唱。

德国吵架名嘴叔本华认为，人类就像一群冬天的豪猪，寒冷使他们挤在一起，但是挤得太近又会互相扎痛，于是不得不离得远些，然而离得太远又害怕孤独，只好保持不远不近的最佳距离。——这真是至理名言。不远不近的距离之所以最佳，正是因为最有利于酝酿吵架，最有利于爆发吵架，最有利于延长吵架时间，最有利于享受吵架乐趣。挤得太近而扎痛，就难以无关痛痒地吵架，只能打架。离得太远，固然避免了打架，但是吵架也找不到对手，人生的寒冷将会难以忍受，而吵架正是人类为生命取暖的最佳手段。

由于担心失去吵架对手，法国吵架名嘴伏尔泰如是说："虽然我不同意你的吵架内容，但我誓死捍卫你神圣的吵架权利！"

吵架的君子

法国吵架名嘴卢梭，敢于站在上帝面前自称世上最诚实的人，却不敢说自己从未与人吵架。他如此口出大言，正是成心找人吵架。他一生吵过的架，以及他死后别人因他而吵的架，少有人能望其项背。

如果把吵架者和打架者除外，历史名人殿就会空无一人。因吵架而青史留名的人数，远远超过因打架而青史留名的人数。一场大规模战争，千百万人白白死去，后人记得的，仅仅是为那场战争而吵架的极少数人。

一个人是否天才，取决于他是否出名。一个人是否出名，取决于他是否吵架。名人不太好惹的主要原因，就是他们擅长吵架。仅在一时一地吵架出名的人，被称为"有名的坏坯"或"小流氓"。吵架声名超越时空的人，则被誉为"罕见的天才"或"大伟人"。这与"窃钩者诛，窃国者侯"的政治原理，完全一致。

不食人间烟火的神鬼仙佛，也免不了吵架。八仙互相捉弄，神魔不断斗法。奥林匹斯诸神也争讼不已。有人从不打架，却没人从不吵架。"君子动口，小人动手"，说明君子擅长吵架。不吵架无以成君子，不吵架无以成伟人。在"一切人对一切人战争"的蒙昧时代，打架是家常便饭。文明开化以后，大多数人尽量避免打架，这是和平成为历史发展总潮流总趋势的原因。人民总是反对打架，更反对打群架。即使在史无前例的动乱年代，也有"要文斗不要武斗"的最高指示。由于没人愿意打架，和平总是可能的，然而吵架难以避免，所以世界不可能真正太平。不过真正太平也未必好，否则人们就不会把停尸房称为"太平间"。

无论如何，活着的每个人时常要干的一件事，就是吵架。如果哪位先生不同意，那么他肯定准备与我吵上一架。但愿与我吵架的先生，抱着"以吵止吵"（正如"以战止战"）的高尚态度，积极投入吵架。这正是我偶尔投入吵架实践的意图所在：了解和掌握吵架的普遍"规律"，以便化打架为吵架，化大吵为小吵，化"热炒"为"冷盘"。剔除其糟粕，汲取其精华。

吵架爱好者

吵架是一门艺术。热爱吵架的人，都是艺术爱好者。中国人口众多，吵架艺术的爱好者遍布神州。"六亿神州尽舜尧"被视为乌托邦，"神州大地皆吵架"则近于理想国。我一向坚信，美国人比中国人笨得多，因为他们不会吵架。但愿随着中国向美国的不断移民，未来的美国人不再那么笨。美国人一旦不得不吵架，就让自己长期雇佣的吵架名嘴，代替自己到法庭上去吵。正如擅长吵架的中国人里，也有不爱吵架的，不擅长吵架的美国人里，也有例外的吵架职业高手——律师。这些吵架职业高手，在生活中毫无用武之地（他们多么渴望生在中国），唯一的出路是成为律师或总统，这样就有一辈子吵不完的架。一身兼二任的林肯，能够赢得美国人的特别崇拜，恐怕是物以稀为贵的缘故。

不仅美国人，不少欧洲民族也很不会吵架，所以他们在公众场合说话都轻声细气，唯恐惹怒了谁。而深知"有理不在声高"的中国人，说话一律大嗓门。这是因为对吵架早已习以为常，而且吵架大多没什么道理。不明真相的老外，常常误以为正在套交情的两个中国人是在吵架。后来知道是说话，老外非常害怕："中国人说话都这么厉害，吵架更不得了，怪不得他们不需要律师。咱们还是别惹他们为妙。"

老外实在古怪，咱中国只有官老爷出巡，衙役高举"肃静"牌子，街头巷尾才能安静一小会儿。据说并不怕官的老外，却一天到晚窃窃私语。凡是中国人，都爱那闹哄哄的市声，因为中国人明白，到那白马黑马是马非马一概万马齐喑的时代，就不是好年景了。哪像老外的街头，一天到晚默哀似的，瞧着就丧气。说来可笑，老外的街头像咱们的法庭一样肃静，老外的法庭呢，倒与咱们的街头一般喧闹。

中国人吵架吵累了，就吹吹唢呐，敲敲锣鼓，放放鞭炮，打打孩子。那个热闹劲儿，老外八辈子也没见过。中国老人耳背，旁人有义务大声喊着对他说话，以示心地坦荡，事无不可对人言。老外的老头老太们耳朵不好使，却爱戴上助听器，也不嫌累赘。这真要让苏格拉底悲哀，老外没能继承雅典人街头吵架的优良传统，只继承了斯巴达人的打架遗风，称为奥林匹克运动会，每四年大伙儿开打一次。现在中国人也已加入奥运，这或许意味着，中国的吵架艺术也会像锣鼓喧天的京剧那样没落下去。

吵架运动员

吵架是身体健康的标志，更是热爱生活的表现。人们吵架之时，满脸通红，热血沸腾，心跳加快，肺活量增大，骂得痛快时汗如雨下，吼出警句时欣喜若狂。

吵架是最佳的健身运动。这一取暖方式，不借助体外能源，独独消耗体内脂肪，小而言之有利于减肥美容，大而言之有利于缓解日益加剧的能源危机。

吵架还能提高智力。吵架者常常急中生智，表现出平时少见的伶牙俐齿。吵架是许多人歌唱生命的抒情诗篇，不吵架时他们从不使用感叹句。吵架是许多人表达爱情的温存方式，不吵架时他们从不使用祈使句。

心如死灰的厌恶尘世者，没有心情吵架；奄奄一息的生命垂危者，没有能力吵架。吵架者心情不太好，也不太坏。心情太好的人不会吵架，但是没人心情好到天天中大奖。心情太坏的人吵架不过瘾，而是渴望行凶打架。吵架者的心情，比起表情阴沉、郁郁寡欢的家伙，显得轻松而愉快；比起喜滋滋乐癫癫的白痴，显得正常而健康。吵架者对吵架的胜负毫不介怀，具有胜固欣然败亦喜的超然。如果吵输了，心情固然略坏一些，但比憋出病来肯定好得多。况且只要善于捕捉战机，随时可以投入下一场吵架，总有足够的翻本机会。如果侥幸吵赢了，也不会像侥幸中举的傻瓜范进那样狂喜得发疯。一切烦恼和不快，乃至一切有碍健康长寿的精神狂喜，灵魂飞升，都在吵吵嚷嚷中消散了。

吵架是支撑大多数人活下去的唯一精神支柱。正如和平是战争的备战阶段，不吵架之时，正是下一次吵架的酝酿阶段。到了后冷战时代，活得腻烦的后生，有生之年大多盼不到战争，于是吵架成了死水无波的平庸生活中，聊胜于无的唯一期盼。与其说是道家思想让中国人随遇而安，倒不如说是勇于吵架的民族传统，使中国人能够长期忍受不幸。因为生存的大不幸，都被一次次吵架化解了。那些学会了隐忍的君子，那些在一切争执中退避三舍的好人，不是得了癌症，就是短寿早死。那些脾气暴躁的粗汉，那些不放弃一切吵架机会的坏坯，却从不生病。

　　某个吵架爱好者，如果突然言语有味，面目可亲起来，我难免会忧心忡忡地想起那句深谙国人吵架本性的先贤箴言："人之将死，其言也善。"考虑到上天好生之德，我赞成人们偶尔吵吵架，只要讲究艺术性，必定有利于健康长寿。不过考虑到日益加剧的人口压力，又另当别论。

吵架艺术家

　　精通吵架艺术者，不仅口才好，热情高，而且风度雅，台风佳。听了增长见识，看着心旷神怡。稍做归纳，街头常见的舞台造型和艺术亮相，大致有如下五种。

　　一、潇洒自如的南京大茶壶式。左手叉腰，右手戟指，以直指对方脑门或鼻尖为度。因叉腰之手似茶壶柄，戟指之手似茶壶嘴而得名。吵架易口干，吵完一场架，回家对着茶壶嘴灌上两口，也算中场休息，然后出门再找人吵。可见这一命名大有深意。

　　二、攻守兼备的无锡大阿福式。双手抱胸，神定气闲，即便手上不拿诸葛亮的羽扇，也足以舌战群儒。夏日街头的骂街斗士，正好手执蒲扇，行头齐全。

　　三、锋芒毕露的武当点穴式。一根精通一指禅的兰花指，在对方面门划来划去，颇有精于点穴的武林高手风范。对方若不立刻讨饶服软，就有以身试法的危险。这一舞台造型，美学效果奇佳，常能实现"不战而屈人之兵"的善良愿望。

　　四、以守为攻的少林捶胸式或拍胸式。捶胸者多为妇女，拍胸者多属男人。经典台词是："我不想活了，我死给你看！"这一艺术亮相，属于打架的赛前训练，一旦迫不得已升级为打架，久经锤炼的胸部，就能显示防患于未然的抗击打功力。

　　五、气急败坏的手枪自杀式。右手握拳，但不挥向对方面门，而是伸直食指如同手枪，瞄准自己张开的大嘴。经典台词是："我怕你？我怕你咦？"让人忍不住想起大唱"现在世界上究竟谁怕谁"的火红年代。

　　吵架姿势属于宏观战略方针，吵架武器属于微观战术手段。一般开骂以后，吵架起因和具体纷争暂搁一边，甚至永久逐出话题，主要施展以下顺口的，称手的，五种常规武器。

　　一、夸大对方智商。比如"你真了不起！我怎么能与你比！"

二、高估对方性魅力。比如"谁不知道，你在外面轧姘头！"

三、预测交通事故。比如"你明天出门，就被车撞死！"

四、断言对方以及对方子女无生育能力。比如"你这种人，活该断子绝孙！"

五、宣布对方有牢狱之灾或血光之灾。诸如"枪毙鬼"、"杀千刀"之类。

这些常规武器，具有一次性专利。一方已说，对方必须忌口。严于自律的吵架艺术家认为，学舌等于认输。一旦犯忌学舌，观众必喝倒彩。不过一次性专利仅限于本场吵架，善于学习的嘴慢败将，会在另一场合占得先机。

除了常规武器，还有核武器。常规武器品种繁多，核武器仅有一种，即对方女性亲属的生殖器官。核武器不具有一次性专利，只要一方认为不用核弹无以济其技穷，另一方按照你不仁休怪我不义的对等原则，必定以牙还牙。吵架艺术尚未入门的笨伯粗汉，通常一开吵就启动核程序。由于常规武器无法与核武器抗衡，因此即便另一方是吵架艺术大师，若不甘心抱头鼠窜，迫于无奈也只能还以核弹，于是中华文明古国的文化优越性立刻显示出来。若是姐姐、妹妹都不分的老外，即使博学淹通，核弹库存也极有限，半分钟不到必定词穷。然而两个毫无文化的中国老粗，也能从奶奶、姥姥、母亲、妻子、姐妹，扯到直系的姑妈、堂姐，旁系的姨娘、表妹，一直扯到五服八荒之外，俨然核大国最高统帅。双方高声背诵女性亲属表，可以超过半个小时，甚至耗上两个时辰。

只要吵架不从常规战上升到核大战，时间再长也有观众欣赏到底。一旦上升为核大战，由于艺术性太差，科学性太强（或曰医学性太强，临床性太强），水平低劣，单调乏味，腥味扑鼻，殃及无辜，因此观众兴致大减，不须两分钟，必已无人围观捧场，更无一人喝彩起哄。而吵架双方，如同真正的核战双方一样，不分胜负地同归于尽。

吵架对练者

　　无论战争还是吵架，在不可避免时，我主张仅限于常规战，坚决反对核大战。为了提高常规战的艺术性，表演性，观赏性，娱乐性，吵架爱好者不应错过每次操练机会。因为吵架艺术像任何艺术一样，必须拳不离手，曲不离口。只有勤讲多练，熟能生巧，才会久病成医，臻于高境。谨对有志于提高吵架段位的吵架爱好者，郑重推荐以下吵架对练者。

　　一、邻里斗口。中国人的住房结构，有利于经常与邻里吵架。这是改革开放后许多老街居民不愿搬迁到西式盒子房的原因之一。因为西式房子人情冷漠，连吵架都找不到对手。与邻里吵架有利于培养想象力，因为不捏造谣言难以取胜，通常以"你以为别人不知道啊"起兴。不管别人是否知道，当事人确实不知。这有利于当事人自我反省，同时展开批评与自我批评："什么什么？我是这种人？你自己是什么货色！"

　　二、夫妻拌嘴。既然夫妻的舌头经常搅拌在一起，时常拌拌嘴也属合情合理。夫妻吵架有利于培养诚实美德，因为情侣恋爱必讲假话，夫妻吵架必讲真话："我一直不愿说出来，是你逼着我说的……"有话憋在心里，容易憋出病来，吵架提供了讲真话的机会，既符合时代精神，又有利于健康长寿，以便"老伴老伴，直拌到老"。中国人几乎没有弗洛伊德所说的压抑，不必像西方人那样，在律师之外另找一位精神病医生。不少夫妻天天拌嘴，吵架一如炒菜，是其婚姻生活不可或缺的日常大餐。

　　三、秀才大兵对练。这一吵架模式，无法进入吵架的最佳状态，那必须是两个秀才；也没有达到打架的理想配置，那必须是两个大兵。大兵所恃为"力"，秀才所恃为"理"，双方分属不同门派。习惯于战争恐吓的大兵，一旦威胁要将吵架升级为打架，秀才也必搬出一句经典台词，作为撤退的体面借口："就算我秀才碰到了兵！"秀才的中途退场，令观众十分扫兴。不希望一场好戏半途而废的观众里，通常会冒出一位技痒难耐的吵架爱好者，志愿出任替身演员，接替秀才出演下半场。

四、男人女人吵嘴。吵嘴与亲嘴是一枚硬币的两面。所谓"好男不与女斗"，仅指武斗，不含文斗，所以好男不与女人动手，常与女人动口。与女人吵嘴，能使男人趋于文明，因为吵架本是女人的艺术，男人只有打架或打群架的"艺术"。比如公共汽车紧急刹车，男人撞了前面的女人。女人生气开骂：三只脚的，怎么比两只脚的还站不稳？男人只好认输：我只有一张嘴，怎么吵得过你两张嘴？

人生何处不吵架？只要善于捕捉战机，就有可能在任何场合，与任何对象吵上一架。至于婆媳勃谿，母女口角，父子内讧，兄弟阋墙，更属就地取材的日常热身，兹不赘述。每一个不同的吵架领域，都有特殊技巧和秘传绝活，也都各有专家权威。作为光说不练者，我还是少说外行话为妙。

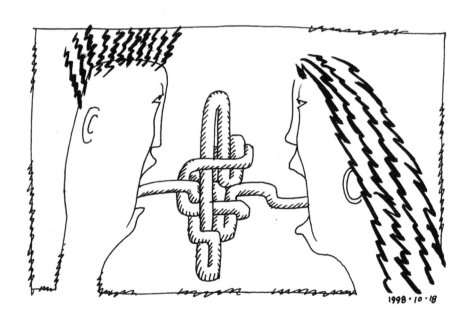

1998·10·18

职业吵架者

有位俄国演员，说话也要结巴，吵架更是一句话也说不出来，只会张大嘴巴，指着对方发愣。但他一上舞台，背诵剧作家事先写好的吵架稿，立刻声情并茂，雄辩滔滔。顺便一提，所谓戏剧高潮，其实就是吵架。哪怕剧情主线是打架，舞台打架也必以花架子虚虚带过，重点放在吵架上。究其底里，剧作家多属手无缚鸡之力的书生，打架缺乏心得，吵架才是行家。

剧作家比小说家更擅长吵架，所以会为自己在剧中安排一个能说会道的对手，最后当然是代表剧作家本人的主角高奏凯歌。如果剧中注定要输的反角，笨嘴拙舌不堪一击，就是失败之作。小说家的吵架本事比剧作家差得远，所以他们编造的故事里，对手一定毫无口才，即使爱说话也漏洞百出，驴唇不对马嘴，而代表小说家本人的主人公也一定轻易获胜。很多人写小说，就是为了虚构一个自己可以与之吵架并一定吵赢的人。剧作家之所以不写小说而专写剧本，则是因为在剧本里可以比在小说里吵得更过瘾。

不过剧作家虽比小说家吵架更内行，也仅限于纸上谈兵的实战演习。在短兵相接的真正吵架中，他们却思路混乱，结结巴巴，反应不够快，脸皮不够厚，结果总是丢盔卸甲，落荒而逃。

作家写作，就是为了安全隐秘地满足吵架欲。弗洛伊德认为，艺术是生活缺憾的化装满足。这不无深刻，但他断言作家在作品里主要是满足性缺憾，却过于偏颇。对作家进行心理分析的合理结论应该是，他们在作品中化装满足的，主要是吵架欲。

除了现实中的吵架失败者，也有一些吵架常胜将军，最终不得不当了作家。因为人们总是避免与他们吵架，而他们也不愿大失身份与平庸对手开吵，不得不把吵架天才转移到写作上，在想象中虚构出一些吵架劲敌，痛快过瘾地一一击败。这就是文学的真正起源。

因此最好的文学风格，与最佳的吵架风格略无二致，都是简洁洗练，明白如话，用短句子。只有蹩脚作家才会酸溜溜文绉绉地掉虚文，用结构复杂精心修饰的长句子，意思曲里拐弯，令人晕头转向。只有不会吵架的书呆子，才会满口书面语，有板有眼地做口头八股，当然不是粗汉们的对手。因此文章写得佳妙，一定读者如云；吵架吵得精彩，必然观者如堵。

　　写作以读者追捧论成败，吵架凭观众喝彩定胜负。

吵架观众

口才好属于精神财富，更是天赋特长。特长必会技痒，一有机会就想炫技；富有就要摆谱，毫无必要也要露富。炫技露富，非有观众不可，吵架也不例外。

中国人是口才最好的民族，所以中国大地的每一角落，每时每刻有人吵架。只要走上街头，电车没来之前，就有机会成为吵架的免费观众。鲁迅说中国人爱看杀头，把中国人看成过于麻木残酷的生物，何况杀头并非街头常演节目，即便爱看也供不应求。说中国人是热爱吵架更爱观赏吵架的民族，无疑更为确切。中国人的主业是吵架，观赏吵架则是业余爱好，从盘古到如今，只要有吵架或杀头，就万人空巷。外国人的主业是打架，观赏打架是业余爱好，从亚当到现在，只要有打架或拳击，就买票观看。

中国人爱看杀头，也是因为爱看吵架。因为杀头是一场吵架的精彩结尾，是皇帝对付吵不过的臣民的最后手段，因为那张利嘴就长在头上。所以绑赴刑场问斩前，往往在被砍头者嘴里堵一颗绳结，或撑一节木塞，就像用假奶嘴塞在婴儿嘴里防其哭闹一样。给焦大灌一嘴马粪，也不失为良策。于是观众兴尽而归，作鸟兽散。

只有看兴浓的观众多，吵架者才有兴致尽情发挥，并且在观众的喝彩声中，渐入最佳竞技状态。可惜吵架双方均有上佳口才的概率极小，所以观众常常只能满足于一方占绝对优势的猫捉老鼠，就像多年前的大批判时代。优势一方得意地"喵喵喵"，观众亢奋地"妙妙妙"。劣势一方惊恐地"吱吱吱"，观众痛快地"嗤嗤嗤"。尽管大批判很像吵架，实际上被批判一方已被剥夺还嘴权利，只被允许跟着观众一起高呼口号"打倒"自己。批判者如同相声中的逗哏，被批判者如同相声中的捧哏。批判者骂道："你是一头猪！"被批判者只能承认："我是一头猪！"哪怕批判者骂得不通："你是三头猪！"被批判者也能帮他圆谎："我是猪头三！"

这一世界吵架史上的罕见奇观，证明被强奸者也有可能欲仙欲死。自古以来只有双方互不服气才能吵下去，大批判却是在一方完全服气的情况下"追穷寇"。被批判者作为吵架一方，竟帮着对方与自己吵架，古今中外的国嘴、世界嘴、天下第一嘴，真要羡煞大批判时代的开骂者。大批判是被告并未缺席的缺席审判，被骂者就在开骂者面前，但是无论开骂者怎样胡说，被骂者无不衷心服膺。大兵骂得越是不合逻辑，越是强词夺理，秀才越是心服口服，越是欲仙欲死，观众越是心潮澎湃，越是狂热欢呼。

美国电影《农家女》有个竞选场面——

农家女对选民的狂热非常惊讶。

旁边有人煞风景道："观众一旦失去理智，随便你吆喝什么，他们都会欢呼。"

农家女不信。

煞风景者大喊一声："卖鱼喽！"

满场观众立刻鼓噪叫好。

民族的人

埃及人

　　埃及比早已湮没无闻的巴比伦更为古老，埃及为人类留下了最多的不解之谜。

　　埃及曾是早期希腊天才荷马、伊索、希罗多德的圣地。然而不少人仅知道罗马是希腊的翻版，却不知道埃及是希腊的蓝本。向俄狄浦斯提问的斯芬克斯，就原产于埃及。其化身之一狮身人面像，至今伏于胡夫大金字塔脚下。可惜被奥斯曼帝国的炮兵当作靶子，轰掉了鼻子。说到鼻子，自然容易想起托勒密王朝的末代女王克莉奥佩特拉。但是不必相信帕斯卡尔的夸夸其谈"如果克莉奥佩特拉的鼻子再低一点，整个大地的面貌将会改观"，更无须被伊丽莎白·泰勒的《埃及艳后》迷惑，克莉奥佩特拉不可能有传说中那么美。令恺撒和安东尼真正着迷的并非其美貌，而是其优雅风度所代表的古老文明。这就是每一时代的名妓，总是来自某个衰落中的古老民族的原因，比如埃及的巴比伦名妓，罗马的希腊名妓，晚清的苏扬名妓，等等。因为优雅的风度，只有经过时间之水的长久冲刷，才会风情万种，仪态万方。

　　由于《旧约》对埃及法老的诋毁，全体埃及人被视为迫害摩西的罪人。这一不公正的偏见，使埃及成了不该谈论的话题。文艺复兴以后，希腊恢复了名誉，但是埃及依然只有盗墓贼感兴趣。拜伦只愿为希腊捐躯，却不愿阻挡拿破仑的埃及远征军。

　　如果把地球比作圣诞老人的脸，那么埃及所在的非洲，就是鼻子，欧亚两洲是一双眼睛，澳洲是其歪斜的嘴，美洲是其侧面的一只耳朵，两极冰原是其苍苍白发和飘飘长髯。埃及正处于人脸中心的印堂位置，正如它曾是世界的中心。

　　地球老矣，人类老矣，文明老矣，流浪了两千年的犹太民族劫后余生，又重新回到了埃及身边的迦南——一颗祸福难测的"美人痣"？还是一块生死未卜的"老人斑"？——完成了一个神秘莫测而颇有玄机的历史循环。

　　耶稣诞生两千年后的今天，历史将走向怎样的未来？

1998.4.18

印度人

印度人总是令人迷惑不解，他们矛盾得如此和谐。他们甚至不是一个统一的民族，因为他们对统一根本不感兴趣。他们让矛盾双方对立，然而永不寻求统一。于是矛盾双方对立而且并存：狂欢与苦行，圣洁与罪孽，创造与毁灭。

这一切，源于征服者雅利安人（婆罗门）与被征服者达罗毗荼人（其他种姓）的对立和并存。征服者既不消灭被征服者，又阻止任何一方与对方同化。几千年来，种姓隔离的禁令竟能得到如此彻底的执行，实为令人震惊的奇迹。在其他地方，任何禁令迟早会被另一条禁令取代，或者一开始就是一纸空文。

印度几乎没有历史，它是最早的文明古国之一，但是至今依然故我，仿佛超然于时间之外。

任何民族都不像印度人那样，把狂欢视为天经地义。在印度，寻求欢乐是第一宗教。湿婆的男根——林伽，被视为擎天之柱。没有一个文明民族，会像印度人那样公开陈列男女交欢的艺术品；没有一种伟大宗教，会把男女交欢的雕塑奉为神像——欢喜佛。

任何民族都不像印度人那样，把苦行视为最高德行。在印度，寻求痛苦也是第一宗教。肉体的苦行——瑜伽，被视为神的奇迹。没有一个文明民族，会像印度人那样如此尊敬一个自虐狂患者；没有一个民族领袖，会像甘地那样，把自我折磨——不断绝食和主动入狱，当作斗争的基本武器。令人惊奇的是，甘地居然胜利了，因为习惯于逻辑思维的英国人被吓坏了。

《老子化胡经》曾经杜撰说，老子骑着青牛西出函谷关，到了印度，转世为大雄释迦牟尼。所谓化胡，实为胡话。然而老子的理论"柔弱胜刚强"，在中国本土没有指导过任何有效实践，却在两千多年后的印度，由圣雄甘地令人信服地做到了。那么圣雄甘地缔造的现代印度，会与古代印度有所不同吗？

吉卜赛人

　　人作为动物而非静物，在内心深处有一种无法遏制的冲动——流浪。在世界民族之林中，犹太人和吉卜赛人是相映成趣的两大奇观，都与流浪结下了不解之缘。

　　吉卜赛人无疑是更悲壮的民族，他们是天生的主动流浪者。对吉卜赛人而言，流浪是与生俱来的唯一生活方式，他们世世代代流浪着，没有目的地，没有终点站，仿佛是固置于"走廊意象"的偏执狂，拒绝被任何定居文明同化。可是当他们（茨冈人、吉卜赛人、波希米亚人）欢天喜地、奇迹般地出现在一个定居的、自诩文明种族的土地上，谁不为自己相形之下的平庸和凡俗、苍白和病态而深感羞愧？几乎每一个人，都不由自主地萌动了潜伏在灵魂深处的流浪渴望，这就是"吉卜赛情结"。

　　多少世纪以来，诗人、小说家、音乐家们献给吉卜赛人的颂词，远远超过他们对恋人的热情。市民、农夫、修道士、灯塔守望者对吉卜赛人的羡慕，也决不亚于他们对天堂的向往。成为一名传教士、云游僧、朝圣者、海盗、水手、地质学家，甚至流浪汉，都成了定居者释放吉卜赛情结的可能途径，而大部分人则通过郊游和旅行来满足。鼓舞法显、玄奘、徐霞客和马可波罗、哥伦布、麦哲伦的巨大激情，未必来自学者们言之凿凿的那些琐屑理由。

　　众所周知，西班牙是吉卜赛人最多的国家，哥伦布船上那些安达卢西亚水手和加泰罗尼亚舵工的血管中，流动的正是被吉卜赛人激动起来的血液。毫不奇怪，尽管吉卜赛人也随着殖民者的远征渡过了大西洋，来到了南美洲，然而殖民者们定居了下来，吉卜赛人却丝毫没有改变生活方式，他们只是换一块大陆继续流浪罢了。

　　每一个具有旅行经验的人，都曾感受过逼近目的地的欣喜若狂。你的眼前浮现出一切能够想象的奇景，这是难以忘怀的人生幸福。然而幸福转瞬即逝，随着目的地的真正抵达，至福幻象立刻化为乌有。吉卜赛人以他们真正值得骄傲的阅历认定，海市蜃楼不仅仅存在于大海和沙漠里云蒸霞蔚的颤栗空气之中，也可能由钢铁、大理石或任何看似坚固不朽的材料建成。他们似乎天生就拥有《旧约·传道书》关于"日光之下并无新事"的智慧，对在人间找到乐园不抱任何幻想，他们又似乎彻悟了人生的意义，就在于追求的过程，因而把自己抛掷于由偶然性左右的悲壮的永恒流浪。这样，他们在把至福幻象永恒化的同时，也永远避免了失望。

犹太人

犹太人如同候鸟，其流浪具有某种被动性。又如同西绪福斯，是不情愿的、宿命的流浪者，仿佛是受了诅咒的该隐。上帝对该隐说："你必无家可归，漂泊一生。"当他们不愿做埃及法老的奴隶时，当他们成为巴比伦的囚徒时，当他们最终失去祖国时，当他们一次又一次浪迹天涯时，犹太人更渴望的并非流浪，而是家园。然而摩西为犹太人找到的家园——迦南，并非"流奶与蜜"的乐园，世间根本没有这种乐园。这使犹太人成了最具悲剧性的民族，犹如人类总体命运的象征。

在厌恶出门旅行这一点上，犹太人与中国人极为相似。中国人是世界上最非吉卜赛的民族，中国人的吉卜赛情结在封闭文化中受到了最深最久的压抑。两千年的保甲制和户籍制，把中国人禁锢在自己的土地上，并被儒家伦理合理化，理想化，"生于斯，长于斯"的定居生活，变成了天经地义的唯一生活方式。中国本土的流浪艺人，从未赢得过艳羡的目光，而永远是看客同情的对象。

中国人的旅行，必须具有赴考、贬谪、戍边、流放、逃难、避祸等万不得已的理由。中国文学里，根本找不到正面抒发"吉卜赛情结"的作品。曰"不如归去"，曰"行不得也哥哥"，诗中常闻子规啼，笔下每传鹧鸪声。曰"父母在，不远游"，曰"征夫泪"、"游子悲"，边塞之愁惨风物，不足与论本地之旖旎风光。《诗经》中最感人的诗句是："昔我往矣，杨柳依依；今我来思，雨雪霏霏。行道迟迟，载渴载饥；我心伤悲，莫知我哀。"自称最富历史意识的中国人，从未有过一部史诗，因为史诗必是流浪的，倒有无数悲哀的明妃曲和凄惨的出塞图。唯一描写旅行的《西游记》，却以旅行为苦，故有所谓"九九八十一难"。

定居世界各地的犹太人，无法忘怀放逐的噩梦，他们把这种"内驱力"，外化成对物的搬运——永无休止的商业贸易。在现代世界，他们也借助火车和飞机，把自己快速地搬来运去，但他们渴望最终定居下来，于是搬来运去的物，最终变成了物的魔术形式——钱，在他们的腰包定居下来。最后，历经九九八十一难的犹太人，在人类史上最大一次放逐和屠杀——希特勒的排犹运动以后，终于又把整个民族搬回了摩西的祖国。

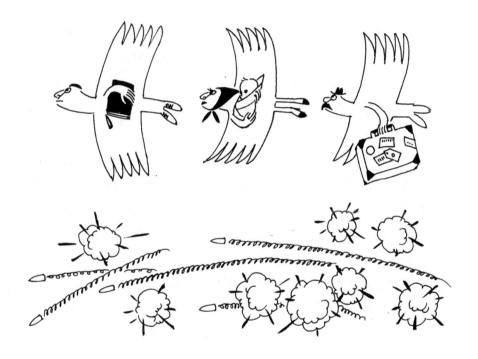

法国人

　　大部分人说"法国如何如何"之时，并未意识到自己说的并非法国，而是巴黎，而且是路易十四以后的巴黎。三百年来，人们已经不再知道恺撒时代的高卢，丕平时代的法兰克，亚维农教廷时代的法兰西。所谓法国，就意味着路易十四、伏尔泰以后的巴黎，然而巴黎却不仅属于法国。

　　没有一个国家的首都比巴黎更大，巴黎比整个法国还要大，大得超出了法国的国土。在它的两个传统对手——英国和德国，有巴黎；在它最瞧不起的强大盟国美利坚，也有巴黎——自由女神是巴黎人的礼物。有一部美国电影，就叫《德克萨斯的巴黎》。所以美国人死后不去天堂，而去巴黎。在远东，上海至今仍沉浸于半个世纪前曾被誉为"东方巴黎"的前世美梦之中。

　　巴黎是一切天才的首都，全世界的天才都渴望成为巴黎的荣誉市民。日内瓦人卢梭成了巴黎人，科西嘉人波拿巴成了巴黎人，西班牙人毕加索成了巴黎人，连蹩脚画家希特勒也梦想成为巴黎人。或许来到巴黎的天才已经过于拥挤，于是土生土长的天才高更，念叨着"我们从哪里来？我们是谁？我们到哪里去？"远远逃离巴黎，做了南太平洋塔希提岛的岛民。也因此，高更成了我最喜欢的法国人和最喜欢的现代画家。我不可能在这里一一提及从拉伯雷、笛卡尔，到比才、雷诺阿等所有土生土长的法国天才。

　　或许巴黎不仅比法国更大，也比地球更大，因为创造了今日巴黎的路易十四，自称"太阳王"。现代法国尽管不是经济大国，但巴黎仍是流行时尚左右一切的当今世界之主宰。英国曾经号称"日不落帝国"，但大英帝国早已成为明日黄花，只有巴黎才是不落的太阳，照耀在包括大英帝国在内的整个世界上空。

　　巴黎永远代表着时尚，但追逐时尚的人们从来不会像高更那样问一问：时尚从哪里来？时尚是什么？时尚到哪里去？时尚是现代人的上帝，而上帝只能信仰，不可追问。

日本人

日本人是最聪明的猴子——身处达尔文之后,日本人或许不会因此而不快?他们不善于创造,然而擅长创造性学习,并且改进其他民族的一切创造。日本民族没有产生过一位影响世界历史的巨人,但在每一历史阶段,都能通过或主动或被迫的创造性学习,成为总体上仅次于老师的老二。而某些局部领域的创造性改进,他们甚至超越了老师。

当李世民的唐朝成为世界最强时,日本人巨细无遗地向中国人学习,于是日本成了盛唐文明的活化石。当维多利亚的英国成为世界最强时,日本人迅速移植了工业革命的成果,于是日本人成了外表上最绅士化的东方民族。

日本人曾有两次不满足于充当二号角色。

第一次,他们向同样移植了欧洲工业革命成果的庞大俄罗斯挑战,这场战争借用他们的第一个老师——中国人的土地做战场。侥天之幸,一场蚍蜉撼大树的决斗,蚍蜉居然赢了。

随后腓特烈的德国成了世界头号强国,于是日本人又立刻照搬普鲁士军国主义,然后与纳粹德国结盟,向新的头号霸主美国挑战。非常不幸,这次螳臂挡车的决斗,螳臂折断了。但是他们毫不犹豫地立刻拜敌人为师,如今日本成了美国文化的最新标本。

发人深省的是,同属岛国的英国,与日本构成了某种文化对衬:日本和英国像欧亚大陆的两只耳朵,总是消息灵通,善于向其他民族学习;两大岛国都有"岛民情结",总是渴望突破岛屿边缘。他们都曾用传统的战争手段扩展国土,可惜岛屿的天然边缘,导致征服之地无法永久并入版图。于是他们现在变得聪明起来。前英属殖民地,现已纷纷独立,成了英联邦的荣誉成员。日本人则在南美买下大片土地,作为国民养老地。以前借助战争未必能够办到的事情,在全球经济一体化的现在,借助金钱都能办到。

接下来的问题是:日本将于何时,再次拒绝充当二号角色?

意大利人

意大利人与中国人极为相似，都曾有过无比辉煌的历史，都曾做过周边民族的老师，都有美丽的山川，都是旅游者的天堂。更重要的是，两国在近代都缺乏保卫自己的手段。意大利在1494年法王查理八世入侵以后，中国在1840年鸦片战争以后，两国都在长期的外国干涉、内战和起义中，开始政治积弱和文化衰退，进而形成了相似的民族性格。

中意两国人民的家族观念都极为浓烈，爱国主义则是对家族之忠诚的政治延伸。而对家族之忠诚，常使他们把国家利益置之度外。中意两国人民的法律观念都极为淡薄，人人希望其他同胞遵纪守法，唯独自己例外。这必然使现代化进程如蜗牛爬行。意大利人像中国人一样，喜欢彬彬有礼，繁文缛节，礼花耀天，吵吵嚷嚷；也喜欢美味佳肴，酬宴宾客，多子多孙，几代同堂。意大利艺术像中国艺术一样，都有高度装饰性，都极度精巧，都把形式看得比实质更为重要。意大利人也像中国人一样，善于在苦难中哄自己高兴，懂得生活的艺术。

意大利人像中国人一样，善于创造生活中的"艺术真实"。意大利各火车站的大钟，都拨快五分钟，免得乘客误车；然而入乡不问俗的外国人，却往往在时间还够时就泄了气，结果真的误了火车。相反，列车上的钟，却拨慢五分钟，使已上车的乘客十分高兴地误以为提前发车，更对别人误车幸灾乐祸；而当列车晚点到达时，还误以为是正点。

更为令人失笑的是，当希特勒于1938年到意大利检阅盟友的军事实力时，意大利全国参加了表演，把希特勒预定经过的破旧街道，用电影布景式的纸板遮蔽起来。希特勒在意大利检阅了无数师团，却不知道这些师团是同样几个，只是提前用车运到这里或那里罢了。上了当的希特勒，错误估计了意大利的实力，贸然发动了战争，最终输掉了战争。意大利人不愧为世界上最大的反面军事天才，一举打败了两个大国——德国和本国。

十　民族的人　　401

德国人

德国总是令世界难以回避的严酷难题：它要么考问世界，要么拷打世界。当它的思想机器考问人类、拷打上帝时，它是如此伟大；当它的战争机器考问上帝、拷打人类时，它又如此疯狂。任何时候，世界都难以回避德国人或精神或肉体的暴虐。

德国人是律法的民族，欧洲人中的犹太人。因此，任何欧洲国土都不如德国更适合失去祖国的犹太人居住，大多数犹太伟人都是德国犹太人：海涅，马克思，弗洛伊德，爱因斯坦……仅举这些就够了。这至少是导致德国人掀起最狂热的排犹运动的部分原因，因为傲慢自负的德国民族，难以接受犹太人成为本国的骄傲，德国青年不愿接受犹太教授的"教导"，德国贫民不愿接受犹太富翁的"施舍"。

其实德国人是得到犹太人恩惠最多的欧洲民族，但任何人都不愿感激一个被自己鄙视的人，民族与民族之间同样如此。因此欧洲不同民族对犹太人的仇恨程度，差不多正与他们受犹太人恩惠的程度相等。德国人受犹太人的恩惠最多，因此最为仇恨犹太人。当你找不出堂皇的理由仇视你的恩人时，你不过是暗中咬牙而已；而当你能够找到神圣的理由（比如犹太人是出卖耶稣的犹大同胞）打击你的恩人时，你的恩将仇报就会极其狂热，甚至超过报复仇人。因为宽恕仇人可以显示"美德"，而打击恩人则表示你不仅不是能被"收买"的小人，还是"大义灭亲"的圣人。犹大仅仅是伟大的犹太民族中的一个败类，而德国人却在人类史上最不义的战争中，成了忘恩负义的犹大式民族。尽管德国人对战争的忏悔远比日本人真诚，但是历史无法改写，德国人永远背上了沉重的十字架。

战争早已过去，柏林墙也已拆除，但是心中的墙可能永远无法拆除。何况纳粹主义的幽灵，至今仍在德国上空盘旋。

美国人

希腊是人类的第一次童年,美国是人类的第二次童年。或者说,未来的新文化将把美国视为自己的希腊,美国正是人类文化的第二个希腊。美国人与希腊人一样不成熟,也与希腊人一样充满理想。

事实上,美国是由形形色色的理想主义者汇集起来的柏拉图式理想国,美国民族就是由在旧传统过于强大的许多国家里难以立足的理想主义者组成的。每一个理想主义者,当他不能被一种既定的价值体系接纳之时,就会被斥为罪犯,疯子,或危险分子。

几乎每一个美国人,都是充满理想的童子军。当然,充满理想乃至理想的纯正,并不能为其时不时的胡闹辩护——美国常常不知道自己在干什么。有时自以为知道自己想干什么,实际上仍然不知自己究竟在干什么,比如投下原子弹之时,又如登上月球之时。但更不能因为其胡闹而嘲笑其理想,因为人无完人,金无足赤。求全责备,是一切理想的死敌。大部分求全责备者,都是虚无主义者。

因此,首先必须把每一个美国人,尤其是美国新移民的个人梦想(往往并不高尚),与整个美国民族所向往的未来人类新理想(总结其全部意义还为时尚早)区别开来。其次,必须把全体美国人的集体意志,与个别美国政治家的个人意志区别开来。个别美国人也许十分平庸,个别美国政客也许相当卑鄙,但是美国的真正奇迹,就是超越了人类个体的人性弱点和政治制度的必有弊病,既不反对个人的自由主义,同时也不走向集体的无政府主义,而充分展现民族全体的最高智慧。也许这就是美国人比希腊人伟大的地方。

所有的精英主义者,都不喜欢美国,因为美国不是一块产生伟人的土地。它是一块平民的乐土,一块不需要英雄的新大陆。

罗马人

罗马既是一座城市，也是一个横跨欧亚非的大帝国。维持帝国统治的最大难题，就是在交通和通讯极其落后的古代，如何让命令和信息上通下达。为此罗马人修建了近代以前最为完善的公共大道。吉本的《罗马帝国衰亡史》写道："大道从罗马的运动场出发，穿过意大利，遍布各行省，然后一直通到帝国边疆的尽头。"尤其重要的是，"连接各行省的道路全成一直线，不论是天然障碍，还是私人产业，都直穿而过。"大道面前，人人平等。罗马把"罗马公民权"，授予为帝国做出贡献的所有外省人。所有罗马公民，一律平等。

"条条大路通罗马"，早已成为"殊途同归"的同义语，人们早已习惯于把这一地理性谚语引申为精神性隐喻，以为所有理想、所有发展，都将抵达一个共同的最终目标，可惜这是无法证实但容易证伪，过分盲目且稍嫌乐观的信念。因为人类至今还不知道，精神上的"罗马"究竟在哪里。

其实根本不存在既定的"罗马"，文明走到哪里，哪里就是"罗马"。但是首先，"罗马"必须是每个人的"罗马"，而非少数人的"罗马"。每个人都是不可驱逐、不可消灭的"罗马"公民。这就意味着，检验文明是在前进还是倒退，就看文明正趋向于使更多还是更少的人享有"罗马公民权"，就看全体公民是否真正平等。其次，"罗马"存在于行走的过程之中，任何命令人类停止在某处，并宣称"罗马就在这里"的人，都是反"罗马"的僭主。

"罗马"是一座永远不会竣工的通天塔，"罗马"存在于建造"罗马"的无尽过程之中。一旦停止建设，"罗马"就会立刻消失。人类曾经建设过无数座罗马城和无数座通天塔，当其初建之时，无不自称"神圣的罗马"，无不自封"上帝之城"，无不自夸"不朽之城"，然而所有自称自封自夸的通天塔，迟早会像比萨塔一样倾斜，最后会像雷峰塔一样倒掉，如同罗马帝国那样,无可挽回地衰亡。

　　人类的每一次真正进步,就是有勇气走出"神圣"的光圈,重建新的"罗马"。一部人类文明史,就是从"有力者有理",向"有理者有力"的缓慢进步史。

相关附录

《人文动物园》简介
——我爱动物

　　我从小喜欢动物。幼年最喜爱的书是"十万个为什么"第十卷《动物》，其中的插图被我一一摹画下来。进大学后读到中国庄子，希腊伊索，德国莱辛，印度《五卷书》《故事海》《百喻经》，法国拉封丹、法布尔、列那尔的动物寓言和动物故事，对这些大师充满感激。当然闻名不如见面，与书相比，我更爱电视里的动物节目。不过电视里的动物尽管活灵活现，毕竟隔着一层，所以我更喜欢去动物园。每到一座城市，有机会我总要去动物园。只要能够看到久闻大名却从未见面的动物，就觉得不虚此行，忍不住对新结识的动物说一声"久仰"，此话我很少对首次结识的同类说起。这也是我喜欢动物的原因之一，说起来相当不恭，大多数人都过于雷同，足以用《旧约·传道书》中的格言"日光之下并无新事"概括。

　　只能到动物园看动物，是现代人的不幸，人类正在逐一消灭旷野中的动物兄弟。我有一个痴念：丰富的大自然，本该百兽率舞；人与兽的生态平衡，是天造地设的。想当年，动物与人类曾经完全平等。上帝并没有为了多救几个人，让诺亚把某些"邪恶"动物逐出方舟。地球剧场就这么大，人一旦多了，兽必然减少。假如地球剧场有一百个包厢供百兽对号入座，那么多一个敝同类进入剧场，必有一位动物兄弟被逐出包厢。因此随着文明发展和人口爆炸，原本由野兽扮演的角色，现在改由人类来反串了。于是通人性的兽少了，通兽性的人多了。所以我写的一百种动物，实为一百种人。这就容易理解，我为什么把这本小书称为《人文动物园》。

　　我愿意向本书读者推荐一种读法或玩法：你不妨在目录里挑选自己最喜欢的三种动物。依次而言，你第一喜欢的动物，代表你的性格理想型或潜在本性，总之是尚未达到或尚未实现的。你第二喜欢的动物，代表你的现实性格，你很可能说不出喜欢的理由，然而就是喜欢。你第三喜欢的动物，代表你的密友性格，假如是同性，则是知己；假如是异性，则可以相爱。当然这并非性格测试，更不是算命，仅仅是游戏，我的文字只能供你参考。但愿这一游戏，有助于每个人进一步认识自己。

我希望本书为读者带来快乐，更希望本书有助于实现《庄子》和《圣经》共同展望的美好图景：

> 故至德之世，其行蹎蹎，其视颠颠。当是时也，山无蹊隧，泽无舟梁；万物群生，连属其乡；禽兽成群，草木遂长。是故禽兽可系羁而游，鸟鹊之巢可攀援而窥。
>
> 夫至德之世，同与禽兽居，族与万物并，恶乎知君子小人哉？同乎无知，其德不离；同乎无欲，是谓素朴；素朴而民性得矣。(《庄子·马蹄》)

> 豺狼和羊羔同居一室，斑豹和幼童相卧而安；幼狮、牛犊和幼畜在牧童的驱使下，前行缓缓；水牛和熊罴在同一片草地上啃草，它们的幼仔平躺在一边睡觉；雄狮像水牛一样吃草，孩童在虺蛇的洞口玩耍，婴儿的嫩手触摸蝰蛇的洞穴。
>
> 在我们的圣山各处，邪恶和歹毒将踪影全消。
>
> 大地充满对上帝的敬意，就像无边之水覆盖着汪洋。(《圣经·以赛亚书》)

1999年7月28日

(本文刊于《中国文化报》2000年3月24日，

收入张远山文集《告别五千年》。)

《人类素描》简介

——从一百个角度打量人

　　《人类素描》与同时出版的另一本拙著《人文动物园》是对称版，从左图右史的角度考虑，建议读者两本书一起买，何况每篇文章都有漫画家王震坤先生所配的精妙插图。在那本书中，我写了一百种动物；在这本书里，我写了一百种人。我曾说过，有通人性的兽，必有通兽性的人。所以在那本书里，我把动物当人来写；而在这本书里，我把人当动物来写。也许这两种写法都会让以"万物之灵长"自居的人们不快，即便我郑重声明，与狼共舞丝毫无损于人的高贵，大概还是有人不快，我愿意为此郑重道歉。不过我相信，即便为此不快的人，读了《人类素描》也一定会大笑；无论是笑你自己，还是笑别人，或者笑作者。总之，不笑的可能性非常小。万一你真的没笑，那么我愿意再次郑重祝贺：你确实是万物之灵长。

　　本书共分十章，每章十篇。第一章《感官的人》，写了手、脚、眼、鼻、嘴等等。第二章《阶段的人》，写了小孩、少女、青年、少妇、中年男女、老头老太等等。第三章《情感的人》，写了迁怒的人、不满的人、一见钟情的人、寻找艳遇的人等等。第四章《伦理的人》，写了心灵之爱、肉体之爱、情人之爱、夫妻之爱等等。第五、第六两章《性别的人》，写了绅士、淑女、水女人、火男人、嗲女人、乍女人、懒男人、阔男人等等。第七章《类型的人》，写了高人、酒徒、弈者、圣人、骗子等等。第八章《城市的人》，写了观光客、失踪者、销声匿迹者、流行主义者、无后主义者、末世论者等等。第九章《吵架的人》，写了吵架爱好者、吵架运动员、吵架艺术家、吵架对练者、吵架观众等等。第十章《民族的人》，写了埃及人、印度人、吉卜赛人、犹太人等等。

　　读者不难发现，这是一本微型人类辞典，从小到大，条目比较齐全。

包罗万象谈不上，世间百态是有的。我必须承认，这本书远比《人文动物园》难写得多，因为类似于辞典，许多条目无法回避，难以避重就轻，不能挑肥拣瘦，该写不敢不写，不懂只好装懂。感谢本书责编陈鸣华，以高度的责任心与我反复切磋达两年之久（其间我另外写了五本书），使我的耐心和书中的文字，都达到了百炼钢成绕指柔的程度。所以本书的缺点全都归我，优点归功于陈鸣华，而快乐归于读者，光荣归于上帝。

1999年7月28日
（本文收入张远山文集《告别五千年》。）

《人类素描》原序

——大块噫气，吹万不同

庄子弟子所撰《庄子·天下》如此评论庄子："以谬悠之说，荒唐之言，无端崖之辞，时恣纵而傥，不以奇见之也。以天下为沉浊，不可与庄语。以卮言为蔓衍，以重言为真，以寓言为广。独与天地精神往来，而不傲倪于万物。"这正是我的毕生追求。仅就个人理想而言，几无剩义。因此这篇序言借用此论，几乎可以不赞一词。

庄子是我最喜爱的寓言家，引无数英雄竞折腰。私下里，我径称庄子为道兄。因为我视万古为一瞬，而庄子也认为，万世之隔如旦暮之间。且以庄子笔下的藐姑射岛（相当于柏拉图笔下的理想国亚特兰蒂斯岛）的时间观来看，天上七年，人间一日。天上两千多年，仅为人间三百来天。因此称庄子为道兄而不称南华真人，我以为颇为合宜。至于庄子在天之灵是否愿意被小子如此唐突，只有等我亲见庄子于九泉之下或九渊之上，当面问过之后才能确知，现在不妨如此荒唐言之。

庄子举世无双的杰作，号称"寓言十九"。易言之，一部《庄子》，十分之九是寓言。我神往意随，心慕手追，尽管描龙如蛇，画虎类犬，然而龙虫蛇蝎，万古同穴，虎啸犬吠，同为天籁。想必庄子与天下同好，不会深责我身处卑贱而陈义甚高。因为一蟹不如一蟹，本为天下之通则，权当大块噫气，吹万不同吧。

1998年12月16日

（本文为《人类素描》原序，出版方未采用。

收入张远山文集《告别五千年》。）

《人文动物园》《人类素描》第3版序
——立正之后的稍息

十一年前回家笔耕，我除了埋头先秦，专祭冷灶，偶有兴致也涂鸦一些小品，作为工作之余的放松，立正之后的稍息。不料很快有出版社编辑觉得好玩，邀我结集出书。我想杂七杂八发表在报刊，读者瞄上一眼，付诸一笑算完，杂凑起来出书过于献丑，所以一概婉谢。

有位在出版社工作的大学学弟，也喜欢这些大题小做的游戏文章，辗转打听才知作者是老朋友。他建议我精选旧作，把动物小品、人文小品都增补到一百篇，各出一书。我被这一卓越建议打动，于是拾遗补缺，拟定框架；小题大做，集中撰写。这才晓得上当。

原本写得随意，有感就写，无感则罢。现在按部就班，难以回避；男女老少，无感偏要硬写。照方抓药，自讨苦吃；鼠牛虎兔，不懂非要装懂。我读中小学时，最讨厌将头脑格式化的语文课，更不喜格式化的命题作文，没想到会有逼着自己命题作文的报应，有一天竟写了十二篇。这已一点不好玩，纯属自虐性写作。

合同已签，不能悔约。只好尽量抹去硬写痕迹，力求在无知之处不露馅。好不容易凑满各一百篇，发现三分之一属废品，只好扔掉另写。再次凑满各一百篇，又发现三分之一是次品，只好推倒重写。折腾甚久，才第三次凑满各一百篇。若非等急了的学弟说，自虐总得有个限度，我不知何时才会罢手。

意外的是，1999年初版问世，两书同时跻身上海书城销售榜前十。2001年出了第二版。2002年出了海外版。后来又发现了剽窃之书，因为《读者》杂志转载了剽窃之书，碰巧有朋友看到。朋友说我的小品风味怪异，易于识别。剽窃之书的出版者承认证据确凿，做了赔偿。

或许我的小品确实很像命题作文，有些中学语文老师出考卷时，会选一篇让学生概括段落大意，提炼中心思想——其实根本没有。考卷上还问了许多我答不上来的专业问题，我真为那些学生犯愁。幸而还有不愿把学生的头脑格式化的老师，要我帮忙到出版社打折批发，给学生人手一册当闲书读。于是清空库存，得以重出新版。

出初版我唯恐太早，出新版却唯恐太迟，因为书出之后我发现了无数瑕疵，又在工作之余，稍息之时，自虐成瘾地一遍又一遍仔细推敲，妄想逼近"增一字太多，减一字太少"的写作理想。尽管理想遥不可及，但是新版早日面世，就能尽快遮掩旧版之羞。

被尘世扰攘、工作压力烦心透了的读者诸君，若能在翻阅之时得到一丁点儿乐趣，那么我的自虐就有了报偿。被段落大意、中心思想折磨苦了的年轻学子，若能在立正之后得到一小会儿稍息，那么我的献丑就不怕见笑。

感谢男女老少、鼠牛虎兔的每位读者。

2006年4月4日

（本文为少年儿童出版社2006年8月《人文动物园》
《人类素描》第3版序，刊于《读者导报》2006年9月8日，
《文汇报》2006年9月23日，《三湘都市报》2006年10月6日。）